prologue
모든 언어의 시작은 '엄마'

아이가 태어나서 처음 내 손가락을 쥐었을 때 감동을 기억하나요?

아이가 뱉은 첫 마디를 기억하나요?

'처음'이 주는 떨림과 감동! 그 감동을 아이와 가장 가까운 곳에서 외국어로도 느끼고 싶은 엄마들을 위해 이 책을 썼습니다.

엄마표 외국어는 엄마가 아이의 모든 '처음' 순간을 함께하지요. 엄마와의 상호 작용을 통해서 엄마도 아이도 모두 성장하고요. 그러면서 언어를 못하는 엄마도 조금씩 공부하는 '척'이라도 하게 되고, 모든 것이 처음인 언어 공부의 세계로 들어갑니다. 옆에서 지켜보고 시키는 것이 아니라 함께 그 안에 빠져들어서 같이 '삽질'을 하다 보니 아이에게 무리한 기대는 하지 않게 된다는 장점도 있네요.

저는 언어는 어려서부터 노출해야 한다고 생각합니다. 혼자서 아무것도 하지 못하는 어린 나이에 언어 노출을 시작하는 겁니다. 그렇기에 엄마의 역할이 무척 중요합니다.

일찍 시작해서 좋은 점도 분명 있지만, 일찍 시작했기 때문에 엄마가 먼저 지치는 일도 발생합니다. 잘 되고 있는 건지, 늘고 있기는 한 건지 성과가 빠르게 눈에 보이지는 않아서요. 그래서 엄마가 정신을 단단히 무장하는 것이 제일 중요합니다. 또 하나 중요한 것은 상황을 빠르게 판단하고 타이밍을 잡아 방식을 전환하는 엄마의 소신입니다. 적절한 시기에 그에 딱 맞는 자극을 주어야 하니 늘 아이를 관찰해야 하고요. 시기에 맞춰 듣기 중심의 자극을 말하기 중심으로, 무게중심을 이동해야만 합니다.

    외국어를 친숙하게 느끼도록 어려서부터 소리로 노출하자는 책은 많습니다. 읽기가 가능해지면 원서를 읽는 방식으로 외국어를 편하게 받아들일 수 있도록 잡아보자는 책도 많습니다. 하지만 엄마들이 가장 궁금한 것은 어떻게 결정적인 시기에 말하기를 자극할 것인지, 말하기 위한 기둥을 어떻게 세워줄 것인지, 어떻게 말하고자 하는 의지를 계속 유지해줄 것인지가 아닐까요? 서연이가 5개국어를 하기까지, 말하기를 통해 말하기를 익혀나간 경험담을 이 책에 담고 싶었습니다.

    꾸준함은 확신에서 나오고, 확신은 경험에서 나옵니다.

    이 책을 읽는 모든 엄마, 아빠가 아이의 말문이 열리는 감동적인 순간을 경험하여 꾸준히 아이와 동반 성장하실 수 있기를 바랍니다.

서연맘 이지나

프롤로그 4

엄마표 외국어, 어떻게 준비할까   16

01 | X 엄마는 하나도 몰라도 된다?   18
     O 엄마가 함께 공부하자!
     `bookmark 1` 엄마의 외국어 공부법

02 | X 아이는 알아서 습득한다?   23
     O 엄마에게 어려운 건 아이에게도 어렵다!
     `bookmark 2` 외국어 학습 방법 모델링

03 | X 무조건 많이 노출하면 된다?   27
     O 유효 노출이 중요하다!
     `bookmark 3` 유효 노출, 아는 만큼 들린다

04 | X 원서를 많이 읽어야 한다?   31
     O 원서는 시작점이 아닌 종착점이다!
     `bookmark 4` 반복을 위한 쉬운 전집

05 | X 엄마가 재미있게 해줘야만 한다?   35
     O 재미는 엄마 역할의 전부가 아니다!
     `bookmark 5` 외국어의 시작은 땅파기

06 | X 기다리다 보면 언젠가 말을 한다?   39
      O 마냥 기다리지 말고 효과적인 격려를 하자!
      `bookmark 6` 말하기는 반복! 반복! 반복이다

07 | X 내일은 꼭 다해야지?   43
      O 오늘 끝낼 수 없는 건 내일도 끝낼 수 없다!
      `bookmark 7` O, X를 확인할 수 있는 계획을 세우자

08 | X 스트레스는 절대 주면 안 된다?   47
      O 스트레스 없이는 발전도 없다!
      `bookmark 8` 슬럼프는 반드시 극복해야 한다

엄마표 정신무장 서약서   50

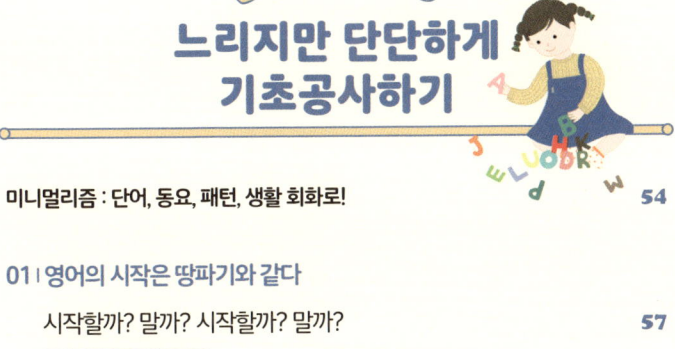

Step two
느리지만 단단하게 기초공사하기

미니멀리즘 : 단어, 동요, 패턴, 생활 회화로!   54

01 | 영어의 시작은 땅파기와 같다
      시작할까? 말까? 시작할까? 말까?   57
      `서연맘's 생각 나누기`
      0개 국어의 공포에서 벗어나자!   62

모든 아이에게 통하는 방법은 없다　　　　　　　　　　67
　　서연맘's 생각 나누기
지루하지 않게 반복하라!　　　　　　　　　　　　　　75
　　이렇게 해보세요　책 거부가 심한 아이에게 새로운 책을 어떻게 보여줄까?
　　서연맘's 실전 TIP　어떻게 반복할까?
바로 아웃풋이 나오는 것을 기대하지 말자　　　　　　86

02 | 유효 노출, 아는 만큼 들린다

기본은 알고 노출을 시작하자!　　　　　　　　　　　93
단어 : 내 주변이 바로 외국어 사전　　　　　　　　　98
　　서연맘's 실전 TIP　단어의 간접 노출과 직접 노출
　　서연맘's 생각 나누기
패턴 : 골격이 있어야 말이 나온다　　　　　　　　　104
　　서연맘's 실전 TIP　패턴형 전집의 간접 노출과 직접 노출
　　이렇게 해보세요　패턴, 이렇게 활용해요!
동요 : 소리로 공간을 채우자　　　　　　　　　　　111
　　서연맘's 실전 TIP　동요의 간접 노출과 직접 노출
생활 회화 : 일상을 영어로 표현하자　　　　　　　　117
　　서연맘's 실전 TIP　생활 회화의 간접 노출과 직접 노출

03 | 영어 책, 체계적으로 노출하자

기본 아웃풋 유도 : 매주 주제별로 집중! [영어 전집]　123
　　서연맘's 실전 TIP　영어 전집, 체계적으로 노출하기
　　이렇게 해보세요　주제별 노출 계획표 예시
하루 1시간 직접 노출 & 적극 노출 [상호작용]　　　130
확장 : 베드타임과 주말 아침은 골고루 [영어 책 다독]　133

`이렇게 해보세요` 베드타임 책 고르기
　　　`서연맘's 베드타임 스토리 북 추천`

04 | 캐릭터로 몰입하는 환경을 만들자
　　　회화체에만 집중해본 적 있나요?　　　　　　　　　　　　**139**
　　　캐릭터 북, 효과적으로 노출하자!　　　　　　　　　　　　**142**
　　　`서연맘's 생각 나누기` 캐릭터 북 리딩, 이래서 중요해요
　　　`서연맘's 캐릭터 북 리스트`
　　　`이렇게 해보세요` 디즈니 풀 패키지 만들기
　　　말하기의 질을 좌우하는 회화체 뼈대잡기　　　　　　　　　**158**
　　　`서연맘's 생각 나누기` 회화체를 따로 접하게 할 필요가 있을까?
　　　`서연맘's 실전 TIP` 회화체 뼈대잡기 세 가지 방법
　　　`이렇게 해보세요` 회화 늘리기 실제 예시

　　쉬어가기 : 시작하는 시기의 Q&A　　　　　　　　　　　　**166**

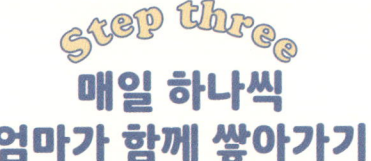

　　홀로서기까지 엄마가 함께하는 외국어

01 | 영어 학습 방법을 모델링하자
　　　영어가 아닌 영어 학습법을 가르치자　　　　　　　　　　　**177**

입 모양과 동작을 크게   180
  (서연맘's 생각 나누기) 오버하는 엄마가 되자

오감을 활용하여 영어에 노출시키자   186

자투리 시간을 활용하여 앞으로만 달리자   190

시작은 상호작용이 아닌 원맨쇼, 혼자 문답하기   195
  (서연맘's 생각 나누기) 테디베어 효과

02 | 정확성과 즉시성은 엄마표 영어의 핵심

엄마 영어, 그 출발점이 달라야 한다   203
  (서연맘's 실전 TIP) 엄마 영어 공부 우선 순위표

문법 공부는 뒤에서부터   212
  (이렇게 해보세요) 아이와 자주 사용하는 구문의 유형
  (서연맘's 생각 나누기) Grammar in Use로 영어를 제대로 익혀보자!

하루에 하나, 간단한 말은 정확하게!   221
  (이렇게 해보세요) 실제 문장 응용 예시

외워지지 않는다면 팔뚝에 새기자   226

상황에 맞는 한 마디가 책에서 본 백 마디보다 중요하다   229
  (이렇게 해보세요) 네이버 영어사전을 활용한 꼭 필요한 말 공부하기!

화장실, 식탁, 놀이터, 마트는 외국어 활용의 성역이다   234
  (이렇게 해보세요) 외국어 존zone 이렇게!

03 | 성공의 열쇠는 매일 벽돌 쌓기 : 습관이 전부다

O, X를 체크할 수 있는 계획을 만들자   241
  (서연맘's 실전 TIP) 계획의 원칙과 세부 내용(요약) 예시

습관과 실력을 동시에 만들 수는 없다   246

주말에는 계획을 비우자   **249**
  서연맘's 생각 나누기   하루는 온전히 아이가 원하는 시간을 보내기

04 | 슬럼프는 반드시 이겨내야 한다 : 무조건 실천하기
거부기는 누구에게나 온다   **253**
당근 영어, 제대로 사용해보자   **256**
울면 멈추는 것이 아니고 끝까지 가야 한다   **260**

쉬어가기 : 엄마 공부 Q&A   **264**

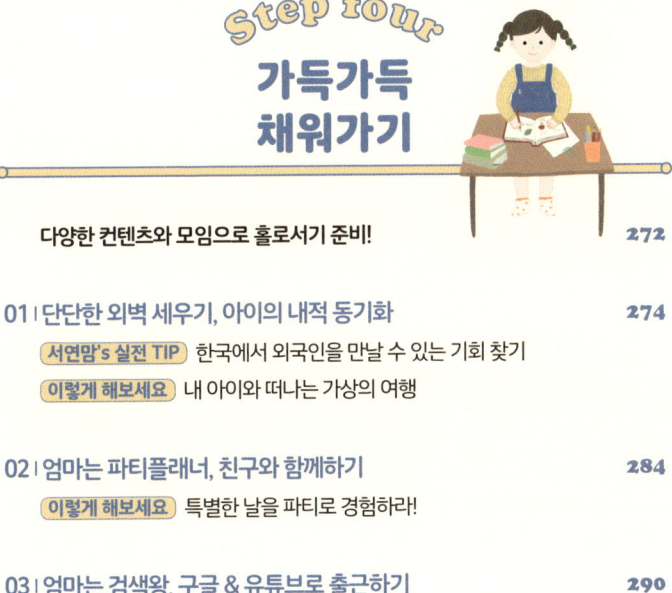

Step four
가득가득 채워가기

다양한 컨텐츠와 모임으로 홀로서기 준비!   **272**

01 | 단단한 외벽 세우기, 아이의 내적 동기화   **274**
  서연맘's 실전 TIP   한국에서 외국인을 만날 수 있는 기회 찾기
  이렇게 해보세요   내 아이와 떠나는 가상의 여행

02 | 엄마는 파티플래너, 친구와 함께하기   **284**
  이렇게 해보세요   특별한 날을 파티로 경험하라!

03 | 엄마는 검색왕, 구글 & 유튜브로 출근하기   **290**

서연맘's 실전 TIP 구글&유튜브 검색 요령

04 | 책 싫어하는 아이에게 더 중요한 영자 신문 읽기   **297**
    서연맘's 실전 TIP 영자 신문 추천
    이렇게 해보세요 영자 신문 4단계 따라하기

  쉬어가기 : 외국어에 관심 있는 엄마들이 모이는 커뮤니티   **316**

Step five 아름답게 조경 가꾸기

다개국어를 시작해볼까?   **320**

01 | 다개국어, 겁없이 무작정 시작하기
    다개국어, 시작해볼까   **323**
    다개국어, 소리 노출로 시작하세요!   **326**
    서연맘's 실전 TIP 유튜브에서 쉽게 접할 수 있는 대표적인 다개국어 채널
    이렇게 해보세요 다개국어, 어떤 언어를 선택할 것인가

02 | 다개국어를 엄마가 시작하면 무조건 유효 노출
    엄마 공부를 시작하라   **339**
    서연맘's 추천 도서 기초 성인 교재
    기초공사까지는 엄마가 함께   **349**

03 | 고민할 시간에 시작하고, 여유가 없어지면 내려놓자

가장 중요한 것은 엄마의 소신   353
시기별로 달라지는 다개국어 정신무장   356
본격적인 다개국어 로드맵   361
    `서연맘's 생각 나누기` 다개국어 로드맵, 서연맘의 경험담

04 | 임계점을 넘기자

다개국어의 특수성   369
    `서연맘's 실전 TIP` 장기적으로 꼭 필요한 습관
2단계 : 다개국어 기초공사 가이드라인   375
    `서연맘's 실전 TIP` 기초공사 1단계
    `이렇게 해보세요` 유튜브에서 주제별 영상 검색하기
    `서연맘's 실전 TIP` 기초공사 2단계
3단계 : 다개국어 회화체 암기 가이드라인   390
4단계 : 다개국어 원서 읽기 가이드라인   393
    `서연맘's 실전 TIP` 다개국어, 온라인 도서관을 적극 활용하자
    `서연맘's 추천 도서` 추천 일본어 잡지

05 | 유효노출의 4개 기둥 어떻게 준비할까

다개국어 실전, 4개 기둥 세우기   401
중국어 기초 공사를 위한 4개 기둥
일본어 기초 공사를 위한 4개 기둥
스페인어 기초 공사를 위한 4개 기둥
    `서연맘's 추천 도서` 다개국어라서 생소한 교재 한눈에 보기

에필로그   414

야무지게
―――――――――
설계하기

엄마표 외국어, 어떻게 준비할까?

> 엄마들! 다 생각하지요?
> 외국어가 그렇게 중요하다는데, 우리 아이도 외국어에 노출해주고 싶은데,
> 나도 나름 의지가 강렬한데, 왜 내 몸은 움직이지 않는 걸까?

시작이 반이라는데, 시작만 하면, 시작만 하면!

엄마표 외국어에서는 시작이 반을 넘어 무려 90%랍니다.

그런데 어디서부터 시작해야 하는지 막막하지요?

막막하면 사람은 지갑을 열지요. 영어 교재를 구입합니다.

잘 하다가 슬럼프가 오면 다시 지갑을 엽니다. 또 영어 교재를 구입해요.

전쟁터에 나갈 때 '무기' 구입이 먼저일까요?

아니면 '정신무장'이 먼저일까요?

엄마표 영어 교육을 하고 싶다면, 먼저 엄마의 정신줄을 단단히 붙들어 맵시다.

너도 해보고 나도 해보고 누구나 다 해봤을 것 같은 실수들, 너도 들어보고 나도 들어보고 누구나 다 한 번쯤 들어봤을 조기 외국어 교육의 법칙이라는 것들, 다들 잘 되는 것 같은데 나만 되지 않아서 답답했던 그 이야기들……
우리 모두의 경험담을 터놓고 함께 진단해봐요. 왜 이렇게 해야 되는 것일까? 왜 이렇게 하면 안 되는 것일까?

STEP 1을 읽으며 내 이야기다 폭풍 공감된다면!
바로 '북마크에 제시된 페이지'로 점프해서 당장 실천해요.
우리에게 가장 소중한 자산은 오늘부터 '시간'입니다.

STEP 1을 다 읽고 나면!
엄마표 정신무장 10계명에 서약을 합니다.
슬럼프가 왔을 때는 다시 정신무장 페이지로 돌아가서 초심을 다잡기로 해요.

야무지게 설계하는 엄마표 정신무장, 이제 시작해요!

✗ 엄마는 하나도 몰라도 된다?
○ 엄마가 함께 공부하자!

가장 중요한 건 엄마의 노력

어떤 교육이든 엄마표를 시작하면서 가장 먼저, 가장 많이 받게 되는 유혹은 바로 '엄마는 하나도 몰라도 된다'라는 생각입니다. 엄마 스스로에게 면죄부를 주는 상황을 자주 마주하게 되지요. "꼭 엄마가 다 알아야 하나요?" 하는 질문도 정말 많이 들었어요. 그럴 때는 찬찬히 생각해봅시다. "꼭 ○○해야 되나요?"라는 말은 사실 최소한의 노력만 하고 책임은 피하고자 하는 마음에서 나오는 비겁한 변명일 뿐입니다.

극단적인 예를 하나 들어보지요. "임신했는데 커피를 마셔도 될까요?"

임신부가 걱정 섞인 목소리로 자주 하는 고민 상담입니다. 사실 질문을 떠올리는 순간 내 마음 속에는 그 대답이 "NO!"라는 것을 알고 있어요. 하지만 그래도 행여나 피할 수 있는 방법이 있지 않을까, 면죄부가 있지 않을까 하는 기대에 이런 질문을 하는 거지요.

"엄마표 외국어를 한다고 엄마가 꼭 함께 공부해야 하나요?", "엄마가 하나도 몰라도 되지 않을까요?"라는 말도 같은 선상에서 생각해보세요. 엄마가 외국어를 할 줄 알고, 아이가 그 언어에 자연스럽게 노출되어 생활하는 환경에서 언어 발달이 훨씬 빠르다는 것을 뻔히 알면서, 왜 이런 질문을 던지게 될까요? 왜 한 번뿐인 아이의 인생을 갖고 확률 게임을 하는 것일까요?

첫 번째 이유, 엄마가 하나도 몰라도 된다는 말을 엄마는 노력을 하지 않아도 된다는 말로 착각하기 때문입니다. 사실 그렇지 않아요. 엄마가 외국어를 전혀 못해서 외국어 공부를 절대 하지 않겠다고 마음 먹더라도, 다른 형태의 공부를 갑절로 해야 한답니다. 미국인과 한국인 엄마 중 누가 아이에게 영어 노출 환경을 제공하기 쉬울까요?

답은 뻔하지요? 그러니 한국인 엄마는 노출 환경을 만들어주기 위한 다른 공부를 시작해야 합니다. 괜히 엄마가 하는 막노동이라는 뜻의 '엄가다'라는 신조어가 탄생한 것이 아니에요. 책을 읽어주기가 어렵기에 음원 스티커를 잘라서 붙이고, 밤새 아이가 좋아할 수 있는 책을 찾아보고, 어떻게 하면 더 효과적으로 노출할 수 있을지 방법론을 검색하고 공부합니다.

큰 노력이 없어도 된다고요? 아니요. 더 많은 시간을 투자해야지만 가능한 일입니다. 결국 외국어에 담쌓은 엄마라고 할지라도 엄마표를 정말 제대로 하고 싶다면 엄마가 공부를 해야 된다는 공식에서는 벗어날 수 없답니다.

오히려 더 어려운 길을 가고자 하는 것이기 때문에, 더 많은 교습 방법을 공부해야 하겠지요.

두 번째 이유, 엄마가 이제 와서 외국어를 공부한다는 것은 불가능한 일이라고 생각하기 때문입니다. 조기 외국어 교육에 관심을 갖고, 아이가 외국어를 정말 잘했으면 좋겠다고 간절하게 원하는 엄마들은 대부분 외국어에 '한'이 있는 엄마들입니다. 내가 외국어를 잘하지 못해서 위축된 기억을 가지고 있기 때문에, 외국어를 잘하지 못해서 겪은 차별을 기억하고 있기 때문에, 외국어에 두려움을 가지고 있고 내 아이만큼은 나 같은 일을 겪지 않기를 간절하게 바랍니다.

외국어에 두려움을 가진 엄마는 "엄마가 외국어를 공부해야 한다"는 말을 들으면 "그래, 한 번 해볼까?" 하는 도전 정신이 싹트는 것이 아니라 "내가 외국어를 할 수 없으니, 내 아이도 포기해야 하는 걸까?"라는 좌절감을 느끼게 된답니다. 그러니 시작조차 해보지 못하고 엄마표를 포기하고 싶은 기분이 들기도 하지요. 그렇기 때문에 엄마는 하나도 몰라도 된다는 말에 위안을 느끼는 거고요. 당연한 이야기지만 자신 있게 얘기할 수 있는 건, 외국 물을 먹지 않고 한국에서 학습을 통해 외국어를 익힌 모든 사람들은 모두 엄마표 외국어에 초보일 수 밖에 없다는 사실입니다.

엄마 되기 연습을 해본 사람이 있나요? 우리 모두 엄마라는 자리를 처음 겪는 초보입니다. 영어 시험에서 좋은 성적을 받았던 엄마도 "공갈 젖꼭지는 어디 있을까?", "기저귀 갈아줄까?", "딸랑이가 어디 갔을까?" 등 아이에게 쓰는 말은 평소에 사용하거나 들은 적이 없기 때문에 어차피 찾아서 공부하고 외워서 사용해야 합니다.

오늘부터 당장 외국어를 공부해서 정치에 관해 논하거나 어떤 사상을 설명하라고 하면 불가능하다고 손사래를 치는 것이 마땅하겠지만, 엄마가 이제 겨우 세상에 나온 아기와 하는 말이 그렇게 많을까요? 믿기지 않는다면, 아기와 하는 말이 몇 개나 되는지 한 번 적어보세요. 생각보다 몇 문장 되지 않는다는 사실에 깜짝 놀랄 거예요.

'나는 절대로 할 수 없어!'라고 생각하면서 알아보지도 않고 겁을 낸다면 멀리 돌아가야 할 길을, 내 생각을 고쳐먹는 것만으로 한 걸음 더 빨리 갈 수 있습니다. ==오늘 "Are you hungry?" 한 문장을 내뱉는 건 엄마의 의지와 마음가짐의 문제지 영어 실력의 문제가 아니라는 것을 알게 될 테니까요.== 그 한 마디를 아이가 듣고 따라 하는 긍정적인 피드백을 한 번만 얻고 나면, 제발 공부하지 말라고 다들 뜯어말려도 공부를 손에서 놓기 어려울 거예요. 그 한 순간의 마음의 두드림을 위해서 오늘 바로 시작해야 합니다.

외국어를 모유수유하자!

아무리 좋은 분유가 나와도 모유를 대체할 수 없는 것처럼, 모든 언어의 출발은 엄마여야만 합니다. 아이에게 외국어를 모유수유하겠다고 결심하세요. 엄마와의 상호작용을 통해 언어를 익혀 두 마리의 토끼를 잡아보세요. 모유의 양이 아무리 적더라도(내 외국어 실력이 부족하더라도) 모유가 아이에게 얼마나 좋은지를 잘 알고 있기에 포기 못하는 것처럼, 혼합수유를 하게 되더라도 최대한 모유를 먹이려고 하는 것처럼, 최대한 엄마의 목소리로 아이에게 외국어를 각인시켜주세요. 모국어처럼요.

때로는 젖몸살이 오는 것처럼 새로운 언어를 공부하는 부담감에 머리가 아파올 수도 있습니다. 나는 모유량이 너무 부족하니 포기해야겠다고 생각할 수도 있습니다. 미리 나중을 생각하고 겁먹지 말고, 최소한 초유는 먹여보세요! 그런 각오로 새로운 언어를 접하는 그 시작만큼은 엄마가 함께해줘요! 젖병 삶고 물 끓이고 분유 가루를 통에 담아서 온도를 맞추고 다시 찬물에 조금 담가서 식히고… 분유를 먹이기 위한 준비시간이 얼마나 길었나요? 아이에게 맞는 책 찾아서 CD를 재생하고 음성지원 펜을 가져다 찍기 위해 걸렸던 그 준비 시간 대신, ==간단한 한 마디라도 아이에게 직접 말을 걸어주세요.== 엄마가 구사하는 언어가 아이에게는 모국어입니다.

엄마가 줄 수 있는 심리적 안정감!

엄마 목소리를 통한 언어의 각인! 직접 노출! 상호작용!

모국어 방식으로 배우는 외국어. 출발은 엄마에게 달려 있습니다.

Bookmark 1

엄마의 외국어 공부법

내게 부족했던 게 엄마의 외국어 공부라는 생각이 드나요?

오늘 배워 오늘 당장 사용할 수 있는 적재적소 엄마의 외국어 공부법

이 궁금하면 지금 바로 203페이지로 점프해보세요!

✗ 아이는 알아서 습득한다?
○ 엄마에게 어려운 건 아이에게도 어렵다!

조기에 아이를 외국어에 노출하면서 모든 엄마들이 갖는 희망이 있습니다. 그 시작은 '어린 아이는 언어를 배울 수 있는 신비한 언어 습득장치를 가지고 있기 때문에 알아서 외국어를 습득할 수 있다' 하는 언어학자의 이론이지요. 이 이론에 힘입어, 이미 어른이 되어버린 나는 어렵지만 아이는 알아서 외국어를 배울 수 있을 거라는 희망을 갖습니다.

물론, 아이는 언어를 받아들일 수 있는 능력을 타고납니다. 1차 접촉자인 가족들과의 상호작용을 통해서 상황을 유추하고 언어를 습득해가지요. 이건 누구나 가진 능력이어서, 일정한 언어 자극 안에서 자란 사람은 교육 수준과 관계 없이 일정 수준의 모국어를 구사할 수 있게 됩니다.

아이가 언어를 어른보다 빨리 익히는 이유는 지능이 뛰어나서가 아닙니다. 모국어든 외국어든 어떤 말도 언어로 알아들을 수 없기 때문에, 말을 건네는 상황, 목소리의 울림, 억양의 높낮이, 얼굴 표정 등을 모두 관찰하여 종합적으로 언어의 뜻을 알아내고자 하는 의지가 강하기 때문입니다.

그렇지만 엄마가 100프로 사람과의 상호작용으로만 외국어 노출 환경을 만들어주는 것은 불가능하지요. 그러니 엄마는 언어 학습용 DVD, 책, 동요, 학습 교재 등 다양한 매개체를 사용하게 됩니다. 그런데 매개체를 사용하는 순간, 그 매개체를 사용하여 언어를 익히는 능력은 이제 아이가 가지고 태어나는 선천적인 능력이 아니게 됩니다. 이 매개체를 활용하여 어떻게 언어를 익힐 수 있는지 그 방법을 아이는 전혀 모르기 때문이지요.

스스로 아무것도 할 수 없는 것이 아이랍니다. 가르쳐주지 않으면 혼자서 젖병을 들 수도, 이유식을 먹을 수도, 기저귀를 갈 수도, 양말을 신을 수도 없는 것이 아이랍니다. 누군가가 옆에서 같이 해주거나 직접 아이의 손을 사용해서 학습할 수 있도록 유도해주어야만 해요. 그저 영상을 본 것만으로 아이가 혼자서 기본 생활 능력을 갖추게 되는 것을 상상할 수 있나요? 하물며 그냥 수저 하나 드는 간단한 일도 힘이 드는데 언어의 체계를 머리에 잡는 일, 내가 태어난 나라에서 사용하지 않는 말을 사용하게 되는 일이랍니다. 아이는 당연히 도움이 필요합니다.

엄마에게 어려운 건 아이에게도 어렵다고 생각해야 합니다. 오늘부터 하루에 한 시간씩 한번도 들어본 적이 없는 아랍어 방송을 매일 듣는다고 한다면 아랍어를 말할 수 있게 될까요? 의지가 있다고 해도 엄마에게는 어려운 일입니다. 이미 새로운 소리를 듣고 모방해낼 수 있는 능력을 잃어버렸기 때문입니다. 상황에서 어떤 뜻인지를 유추해내고 뜻을 파악하는 능력이 둔감해졌고 예민한 귀를 잃어버렸지요.

그럼 아이에게는 쉬운 일일까요? 아이에게도 어려운 일입니다. 이 방송을 듣고 이 언어를 반드시 익혀야 한다는 의지가 없기 때문입니다. 이 방송은 내게 말하고 있는 것이 아니기 때문에 듣고 있어야 한다는 사실조차 모르니 이것을 통해서 언어를 익힐 수 있다는 것도 모르지요. 소리에 민감하여 비슷한 소리를 낼 수 있다 하더라도 비슷하게 따라 해야 한다는 필요성 자체를 느끼지 않고요.

==결국 아이가 가지고 있는 마법의 언어 습득 능력을 최대화하기 위해서는 외국어 학습 매체들과 아이의 능력을 연결해줄 수 있는 '다리'가 필요한데, '엄마'가 바로 그 다리가 되어야 해요.==

왜 쉬운 단어만 반복해서 노출하는 어렵지 않은 동영상을 계속 보여주었는데 한 마디도 따라 하지 않을까, 조바심이 나나요? 계속 들려주고 있는 동요를 왜 따라서 흥얼대지 않을까, 의구심과 답답함이 생기나요? 왜 내 아이는 모르는 것일까, 원망하는 마음이 들 때는 잠깐 마음을 내려놓고 생각해보세요. 정말, 내 아이는 이것을 보고 들을 때 익숙한 부분을 따라 하면서 조금씩 배워가야 한다는 사실을 알고 있을까요?

외국어를 노출하는 시간을 엄마의 집안일 시간으로 사용해왔다면, 혹은 잠깐 숨돌릴 수 있는 시간으로 사용해왔다면, 아이 또한 영상을 보는 시간은 딴짓하는 시간이라고 생각할 수 있습니다. 잠깐 다른 일을 하다가 돌아보니 열심히 보고 있지 않는 아이의 모습을 보면서 아이에게 화를 낸다면, 영상이 틀어져 있을 때 엄마가 더 자주 화를 낸다는 것에 아이도 불안함을 느끼고 거부감을 느끼게 될 수도 있고요.

아이에게 올바른 상호작용의 모습을 모델링해줄 수 있어야 합니다. 설명을 통해서가 아니고 행동으로 보여줘야 합니다. 말로 설명을 하면 아이는 단지 엄마의 입 모양을 보고 있을 뿐입니다. 하지만 행동으로 보여주면 나도 해보고 싶다는 생각을 무의식적으로 하게 됩니다. 아이가 동요를 따라 하기 원한다면 소리 노출을 위해 흘려 듣기용으로 틀어놓은 동요를 엄마도 익숙한 부분만 따라 불러보세요. 엄마가 보여주는 행동은 아이 행동의 거울이 됩니다.

Bookmark 2

외국어 학습 방법 모델링

아이에게 수동적으로 노출만 하고 있었을 뿐, 매체들과 상호작용을 하는 것을 한 번도 보여준 적이 없었다는 생각이 드나요?

오늘 당장, 아이에게 학습용 영상을 틀어주거나 동요를 틀어줄 때 엄마가 어떤 모습이어야 하는지 궁금하다면 지금 바로 177페이지로 점프해보세요.

✗ 무조건 많이 노출하면 된다?
○ 유효 노출이 중요하다!

어린 나이에 언어 교육을 시작한다면 가장 중요하게 생각해야 될 것이 바로 '듣기'입니다. 아직 모국어도 익숙하지 않은 나이에 외국어 노출을 시작하는 것의 가장 유리한 점은, 아이에게 외국어를 들을 수 있는 시간을 충분히 만들어줄 수 있다는 거예요. 빨리 말을 했으면 좋겠다는 욕심 없이 말이에요.

외국어 교육은 반드시 탄탄한 듣기 실력을 기본으로 깔고 가야 한답니다. 듣기가 되는 아이는 손짓, 표정, 단어만으로도 자신의 의사를 표현할 수 있어요. 그렇기 때문에 새로운 컨텐츠나 낯선 환경에서의 공포가 덜하지요. 외국어 진입 장벽이 낮아지는 엄청난 무기를 갖게 된답니다.

그런데 정말 외국어로 된 컨텐츠를 그냥 틀어놓고 들려주기만 하면 되는 것일까요?

우리가 아이에게 외국어를 틀어주고 기대하는 효과는, 첫 번째로 외국어의 소리에 귀가 익숙해져서 원어민에 가까운 발음을 흉내 낼 수 있도록 도와주는 것, 두 번째로 조금씩 소리 자극에서 의미 자극으로 넘어가 외국어를 그 언어 그대로 받아들이고 뜻을 이해하게 도와주는 것에 있습니다. 처음에는 소리 자극으로 충분합니다. 내가 평소에 들었던 소리와 다른 소리를 호기심을 가지고 들어보고 그 언어가 가지고 있는 다른 울림을 느끼며 받아들이는 것이지요. 이어서 한국어와 외국어의 차이를 알게 되어 소리를 듣고 '이건 한국어가 아니고 영어구나' 하고 알게 되는 것도 엄청난 발전입니다.

하지만 노출 시간이 더해갈수록 반드시 의미를 이해할 수 있는 의미 자극을 동시에 받도록 도와줘야 합니다. 점점 그 갭이 벌어지면 더는 소리로 자극 받지 않는 아이를 붙잡아놓기 위해서 점점 더 강한 영상 자극을 줘야 해요. 영상이 화려한 DVD는 그 내용도 더 어렵기 때문에 소리 자극과 의미 자극의 간격은 더 벌어지게 됩니다. 결국은 아이가 '이 내용은 영어다'라고 인지하고 있는 것이, "엄마. 나 영어 싫어. 영어 말고 한국어로 틀어줘"라고 정확히 대상을 집어서 거부하는 것에 쓰이는 비극을 낳게 됩니다.

우리가 외국어를 들을 때 잘 들리지 않는다고 표현하는 경우는 두 가지 중 하나입니다. 하나는 대충 무슨 뜻인지는 알지만 소리를 제대로 인지하지 못해서 정확하게 어떤 단어의 조합으로 얘기하고 있는 것인지 알아내지 못하는 것이고, 다른 하나는 들은 소리를 정확하게 흉내 낼 수는 있지만 어떤 뜻인지는 전혀 알지 못해서 의미를 이해하지 못하는 경우입니다. 아이들은 평균적으로 어른보다 귀가 훨씬 예민하기 때문에 소리 자극에 민감하게 반응합니다. 뜻을 알지 못하는 단어를 따라 하며 "엄마, $#$# 라고 하는 게 뭘까?"라고 질문을 하기도 합니다. 이렇게 소리를 흉내 내고 따라 할 수 있게 되면 엄마는 노출 컨텐츠를 찾아내는 데 더 스마트해질 필요가 있습니다. 이제 의미를 이해할 수 있는 '유효 노출'을 도와주어 말이 터질 수 있는 자극을 찾아줘야 합니다.

아이에게 적합한 유효 노출 컨텐츠를 찾기 위해서는, 먼저 내가 오늘 아이에게 보여주고 들려준 것이 무엇인지를 엄마가 정확하게 알고 있는 것에서 출발해야 합니다. 하지만 엄마들 대부분은 외국어 노출 시간을 다른 일을 하는 데 사용하고 있기 때문에, 오늘 아이에게 노출된 것이 정확히 어떤 것인지 모르는 경우가 많습니다. 무엇을 틀어주고 있는 것인지도 모른 채 그저 틀어주기에 급급한 노출을 하게 되면 아이는 소리 자극 단계에서 의미 자극 단계로 넘어가지 못한 채 답답함만 쌓입니다.

==언어에 노출을 할 때는 아이를 세심하게 관찰하여 아이가 어떤 것을 좋아하는지를 정확하게 파악해야 합니다.== 오늘 내가 틀어준 영상 중에서 어떤 부분을 가장 좋아했는지, 어떤 노래에 엉덩이를 들썩이며 반응을 했는지, 어떤 부분에서 화면을 뚫어지게 쳐다보며 집중했는지를 알고 있어야 합니다. 그래서 아이가 흥미를 보였던 컨텐츠와 유사한 컨텐츠를 찾아내어 관심을 보이는 시간을 점점 늘려가야 합니다.

공간을 소리로 채워주는 일명 '흘려 듣기'는 아이가 이미 엄마와 오감의 자극을 통해서 의미를 희미하게나마 이해하고 있는 것으로 해야 효과가 배가 됩니다. 그냥 배경으로 듣고 있던 친구들의 시끄러운 이야기 속에서 내 이름이 들리면 그 소리에 귀를 쫑긋 세우고 집중하게 되는 것처럼, 내가 알고 있고 익숙하며 정말 재미있게 들었던 이야기가 나오면 다른 놀이를 하면서도 소리에 귀를 기울이게 됩니다.

물론 처음에는 아이가 내용을 이해하고 익숙하다고 느끼는 노출 컨텐츠를 쌓아가는 것이 힘들다는 생각이 들 수도 있지만, 그런 컨텐츠가 쌓여가는 것과 동시에 엄마가 다른 일을 할 수 있는 자유시간도 점점 늘어갑니다. 그러다 보면 엄마가 옆에 없어도 혼자 70% 이상 이해할 수 있는 컨텐츠가 많아지고, 온전히 외국어로 되어 있는 것을 보여주기만 해도 산을 굴러 내려오는 작은 눈 덩어리처럼 외국어 실력이 알아서 차오르고 커지는 순간이 찾아오게 됩니다. 식물 관찰 일기를 쓰듯 노출 일기를 쓰면서 아이를 관찰해보세요. 노출 시간은 아이를 혼자 방치하는 시간이 아니라, 엄마와 아이가 교감하는 가장 소중한 시간이 되어야 합니다.

Bookmark 3

유효 노출, 아는 만큼 들린다.

어제, 오늘 내가 아이에게 무엇을 노출해줬는지 전혀 생각이 나지 않는다고요? 아이가 어떤 장면을 좋아하는지, 어떤 노래를 좋아하는지, 어떤 책을 가장 좋아하는지, 자신 있게 대답할 수 없다고요?

아는 만큼 들린다! 아이가 몰입하여 외국어에 빠질 수 있는 환경을 만들어주고 싶다면, 지금 바로 93페이지로 점프해보세요!

X 원서를 많이 읽어야 한다?
O 원서는 시작점이 아닌 종착점이다!

엄마표 외국어 교육을 시작하면 생기는 욕심 하나! 바로 책 욕심! 외국어 책으로 둘러싸여 있으면 원어민처럼 영어를 구사할 수 있을 것 같고, 책은 많으면 많을수록 좋을 것 같은 기분이 들어요.

엄마들의 그런 마음을 아는지 베드타임 스토리 북, 픽처 북, 칠드런 북, 팝업북 등 영어 동화책의 시장은 점점 커지고 있어요. 원서도 인터넷 서점을 통해서 누구나 쉽게 구입할 수 있고요. 원서를 많이 읽어주면 자연스럽게 영어를 체득하게 되고 덤으로 책을 읽는 습관까지 길러줄 수 있을 거라 기대했지만, 그런 완벽하고 아름다운 일은 제게 일어나지 않았습니다.

책을 읽는 습관이 잡혀 있지 않은 아이에게, 게다가 외국어로 책을 읽어준다는 것은 너무 어려운 일이었답니다. 이 방식이 실패한 이유는 몇 가지가 있어요. 첫 번째로는 모국어만큼 익숙하지 않은 언어로 엄마가 감정을 전달하면서 책을 읽을 수 없으니, 책을 읽는 시간을 아이가 즐거워하지 않았습니다. 공감 실패. 두 번째로는 책을 선별할 수 있는 능력이 부족한 데다가 인터넷으로 간단한 정보만 보고 구입했기 때문에 아이에게 적당한 길이와 단어 수준을 파악하지 못해, 책장에만 꽂아두는 일이 잦았습니다. 선별 실패. 세 번째로는 원서에 나오는 배경과 문화, 정서 등이 아이와 내게 모두 와닿지 않는 경우. 이때는 영어와 문화를 동시에 익혀야 한다는 부담에 쉽게 책이 펴지지 않아서 읽어줄 수 없는 경우가 많았습니다. 네 번째로는 아이의 집중 시간이 짧으니 그 시간 동안 책을 많이 읽어줘야 한다는 부담감에 권 수를 채우기 위해서 책을 랩하는 것처럼 빠르게 읽어 주었어요. 그러다 보니 매일 오늘 몇 권의 책을 읽어줬는지 세기만 했을 뿐, 그 책 중에서 아이에게 즐거움을 준 책이 몇 권이었는지, 아이의 반응이 좋았던 책은 무엇인지 놓치는 실수도 했어요. 양에 집착한 거죠.

"원서를 통해 영어를 익혀야지"라고 잔뜩 구입한 영어 책이 점점 부담으로 다가오던 중에 생각을 고쳐서 "원서를 읽어주면 공감하며 들을 수 있는 실력을 만드는 것을 목표로 하자"라고 마음을 바꾸게 되었습니다. 원서는 수단이 아니구나, 아이의 머리에 외국어 공간이 자리 잡는 것을 확인할 수 있는 종착점이구나! 아이가 외국어 책을 읽으면서 재미를 느낄 수 있을 때까지, 그 기초를 함께해주는 것이 바로 엄마의 역할이구나. 깨달음을 얻고 나서 책장에 잔뜩 꽂혀 있는 책들을 보니 "왜 내 아이는 책을 읽지 않는 걸까?", "왜 반복해서 책을 읽으면서 영어를 익히지 못하는 걸까?" 하는 스트레스가

사라졌습니다. 오히려 언젠가 저 책들을 아이가 읽을 수 있게 될 거라는 기대감에 다시 한 번 각오를 다졌답니다. "언젠가는 아이 스스로 저 책을 꺼내서 읽는 날이 오도록 하자!" 하고 다짐했지요.

오히려 영어에 익숙한 엄마가 더 하기 쉬운 실수가 아이의 수준에 맞지 않는 책(엄마가 읽고 재미있었던 책)을 읽어주면서 아이의 반응을 기대하는 것입니다. 너무 쉬운 영어가 패턴으로 계속 반복되는 책은 오히려 단순하다고 생각해서 책을 통해서 예쁜 그림도 볼 수 있고 정서도 익힐 수 있는 그림책을 아이에게 읽어주기 시작합니다. 그리곤 엄마가 책을 읽는 과정에 너무 몰입하여 아이가 책 내용에 공감하며 관심 있게 듣고 있는지 제대로 살펴보지도 못하게 되는 것이죠. ==아이에게 책을 읽어줄 때는 아이와 공감하면서 읽어주는 것이 중요하고, 아이의 수준에 맞는 책을 고르는 것이 더 중요합니다.==

미니멀리즘! 큰 방향을 잡고 나서는 책을 선정하는 기준이 간단해졌습니다. 무조건 쉬운 책을 찾게 되었죠. 눈에 잘 들어오는 그림과 함께 한 페이지에 한 문장 정도가 들어 있어 직관적으로 이해하기 쉬운 책을 찾다 보니 단행본이나 픽처 북 등 원서보다는 오히려 패턴이 반복되는 '패턴형 전집'과 아이의 일상생활이 표현되어 있는 '생활 전집', 노래가 재미있고 귀에 잘 들어오는 '노래형 전집'에 집중하게 되었어요. 또 짧은 시간 안에 굵고 강하게 노출을 하기 위해서 메시지가 선명한 책을 찾게 되니, 반복해서 읽어주는 책들은 국내 출판사에서 출판된 외국어 전집이었습니다.

아이가 집중력이 짧고 모국어로도 사고력이 높은 편이 아니었기 때문에, 책에 나와 있는 모든 그림을 다 이야기 해주면서 읽어도 한 권을 읽는데 1분 30초가 넘지 않는 책을 계속 반복했어요. 특히나 아이가 카시트에 앉아 있을 때, 변기에 앉아서 응가를 하고 있을 때, 식탁 부스터에 앉아서 밥을 먹을 때, 졸려서 침대에 누웠을 때 등 아이가 움직이고 싶어도 움직일 수 없는 순간을 공략하여 짧고 굵게 반복해서 읽어주었답니다.

'맛있는 비빔밥을 만들어서 지루하지 않게 반복하자!' 그게 제게 주어진 미션이었습니다. 쉬운 전집이 서연이 외국어 학습의 주식인 '밥'이었다면, 가끔 흥미를 자극하고 아이의 외국어가 느는 것을 확인할 수 있는 '고명'도 필요했어요. 자기 전에는 항상 아이가 그날 좋아했던 이야기에 양념을 얹어서 펼쳐주어, 외국어에 흥미를 잃지 않도록 도왔습니다. 시각적인 자극이 강한 픽처 북 중에서도 매 페이지 같은 표현들이 반복되어 리듬과 운율이 있는 책을 골라서 읽어주고, 아이가 모국어로 정말 좋아하는 책의 원서를 구해 좋아하는 이야기를 다른 언어로 들을 수 있게 했어요. 반드시 훌륭한 원서로 외국어를 익힐 수 있게 해야 한다는 부담감에서 잠깐 벗어나주세요. 아이가 외국어와 친해질 수 있도록 도와주는 것이 먼저랍니다. 오늘도 짧고 굵게 쉬운 외국어 전집부터 읽어주세요.

Bookmark 4

반복을 위한 쉬운 전집

옷장에 옷이 많아도 막상 입을 옷은 없는 것처럼 집에 책은 많으나 당장 읽어줄 책이 고민인가요? 아니면 야심찬 시작을 위해 어떤 책을 먼저 구입할지 고민인가요? 영어 전집을 통한 노출 방법이 궁금하다면 바로 123페이지로 점프해보세요!

X 엄마가 재미있게 해줘야만 한다?
O 재미는 엄마 역할의 전부가 아니다!

엄마랑 노는 것이 더 재미있을까요, 명절 같은 특별한 날에 가끔 만나는 삼촌이나 이모랑 노는 것이 더 재미있을까요? 대체 엄마는 어디까지 슈퍼우먼이 되어야만 하는 걸까요? 아이의 1차 양육자의 책임을 지는 것으로도 부족해 이젠 엄마가 재미있기도 해야 한답니다. 코미디언이 되는 훈련이라도 해야 되는 걸까요?

　재미는 한 타임 만나고 헤어지는 '문화센터'에서 더 쉽게 찾을 수 있습니다. 오늘 한 시간 즐겁게 보내다 가면 되고, 그 이후에 책임을 지지 않아도 되니 재미있을 수 있죠. 인기는 가끔 만나는 가족이나 친구 엄마에게 더 쉽게 찾을 수 있습니다. 어쩌다 보는 것이니 아이가 좋아하는 선물을 주기도 하고, 몸에는 좋지 않으나 맛있는 간식을 주기도 하기 때문이죠. 외국어의 실력은 영어를 전문적으로 가르치는 선생님에게 찾을 수 있습니다. 오랜 경험을 통해 티칭 스킬을 가지고 있고, 어떻게 하면 되는지를 알고 있기 때문에 여유를 가질 수 있습니다. 그럼 엄마는 재미있게 해주는 능력도 부족하고, 가족 구성원 중 가장 인기 있는 멤버도 아니고, 외국어 실력이 가장 뛰어나지도 않은데 왜 최고의 동반자가 될 수 있다는 걸까요?

엄마가 재미있고 스트레스 없는 방식으로 아이의 외국어 발달을 도와줄 수 있는 건, 아이가 가장 재미있어 하고 몰입할 수 있는 걸 찾을 수 있는 사람이기 때문입니다. 즉 ==함께하는 시간이 많고, 내 아이의 발달에 가장 관심을 가지는 사람이 엄마이기에 아이가 좋아하는 방식을 이해하고 그 방식대로 외국어를 접목시켜줄 수 있습니다.==

책을 좋아하는 아이에게는 책으로 외국어를 노출하고, 게임을 좋아하는 아이는 게임을 통해 외국어를 노출하고, 노래를 좋아하는 아이는 동요를 통해 외국어를 노출할 수 있어요. 비슷한 또래 아이를 보고 모방하는 것을 좋아하는 아이는 그런 영상을 통해 외국어를 노출하고, 상호작용을 통해 외국어를 습득하는 아이를 위해서는 한 마디라도 더 말을 걸어주기 위해 노력하는, 그런 희생과 사랑이 엄마에게는 내재되어 있기 때문입니다.

그런데 엄마가 아이를 관찰하지 않고 혼자서 생각하고 계획한 대로 아이를 휘두르려고 하면 엄마만이 제공할 수 있는 환경의 장점을 잃게 됩니다. 엄마표가 더 바람직하고 좋은 결과를 이끌어낼 수 있기 때문에 엄마의 시간을 투자하는 것이 아니라, 단지 좁은 의미의 엄마표가 되어 버리지요. 사교육을 하지 않고 즉, 돈을 쓰지 않고 할 수 있는 만큼만 한다는 소극적인 엄마표 말이에요.

또 엄마만이 할 수 있는 것! 단순히 오늘 하루 재미를 제공하는 데서 끝나는 것이 아니라, 장기적으로 아이가 외국어에 흥미를 계속해서 가질 수 있는 길을 책임감을 갖고 찾아줄 수 있어요. 아무리 훌륭한 선생님이라고 할지라도, 엄마가 내 아이를 생각하는 것만큼 모든 아이들을 챙길 수는 없습니다. 당장 아이가 셋만 되어도 관심이 분산되고 모든 아이를 동일하게 챙기는 것이 버겁고 힘겨운데, 학생 수가 많아질수록 학생 각각에게 보낼수 있는 선생님의 관심도 제한되기 마련입니다.

끝까지 흥미를 유지할 수 있도록 도와주는 것은 오늘 하루 진한 재미를 선사하는 것보다 더 어려운 일이고, 엄마만이 해줄 수 있는 일입니다. 아이가 어렸을 때는 단순한 자극으로도 아이를 재미있게 해주는 것이 쉽답니다. 그냥 웃기는 표정을 짓는 것만으로도, 똥이나 오줌 같은 더럽고 자극적인 이야기를 섞는 것만으로도, 간질이는 놀이를 하는 것만으로도, 눈을 마주치는 것만으로도 재미를 줄 수 있지만, 아이는 점점 자라면서 '내가 잘할 수 있는 것'에 더 큰 흥미를 느끼게 됩니다. 오늘 하루 아이가 재미있으면 그저 그걸로 족하다고 큰 그림 없이 하루하루를 보내면, 오히려 아이가 진정한 재미를 알 수 있는 기회를 박탈해버리는 것과 같습니다. 오늘 아이에게 스트레스를 주지 않겠다며, 영어를 잘하고 좋아할 기회를 빼앗으면 안됩니다.

마지막으로 하나 더! 엄마만이 더 긴 시간 아이에게 외국어 노출 환경을 만들어줄 수 있습니다. 아이가 어릴수록 집중력이 길지 않기 때문에 일주일에 하루 긴 시간 외국어 환경을 만들어주는 것보다, 짧은 시간이라도 매일 외국어를 쉬지 않고 노출해주는 것이 필요합니다. 매일 그걸 대신 해줄 수 있는 다른 사람을 구한다는 것은 금전적으로도 부담이 너무 큰 일이지요. 또한 아이는 엄마가 아닌 사람과 교감하고 상호작용을 할 수 있는 능력이 떨어지고, 익숙하지 않은 환경에 적응하는 데 시간이 많이 걸리기 때문에 그 효과는 떨어질 수 밖에 없습니다.

재미가 아니라도 외국어 습득에 있어서 엄마의 역할은 정말 크답니다. 반드시 재미있어야 한다는 부담에서 벗어나 내 아이에게 가장 맞는 방법을 찾아주세요. 그리고 생후 10년의 밀착 육아로 혼자서 평생을 즐겁게 공부할 수 있는 자립성을 키워주겠다는 큰 그림을 그리고 매일 아이와 함께해주세요. 내가 원하는 방식으로 아이를 끌고 싶은데 왜 난 재미있게 해줄 수 있는 능력이 부족한 걸까를 고민하지 말고 아이에게 주도권을 넘겨준다면, 아이와 함께하는 매 순간이 진정으로 즐겁고 재미있을 수 있답니다.

Bookmark 5

외국어의 시작은 땅파기

아이에게 선택의 주도권을 넘겨주고 싶다! 더는 다른 아이의 작은 성공담을 내 아이에게 그대로 적용하면서, 왜 나는 재미있게 진행할 수 있는 능력이 부족한지 자책하고 싶지 않다! 이 방법은 아니었을까, 쉽게 포기하고 계속 방법을 찾아 헤매고 싶지 않다! 난 왜 재미없는 엄마일까 포기하고 싶지 않다! 엄마와 아이의 리듬을 맞춰가는 좌충우돌 실천 스토리가 필요하다면, 지금 바로 67페이지로 점프해보세요!

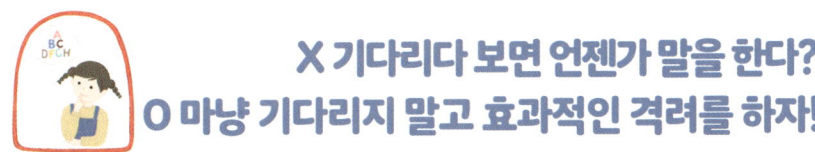
X 기다리다 보면 언젠가 말을 한다?
O 마냥 기다리지 말고 효과적인 격려를 하자!

아이가 어렸을 때는 여유롭던 엄마도 시간이 흐를수록 초조한 마음이 들기 마련입니다. 그러면서 초조함을 느끼는 자신에게 아이를 향한 사랑이 부족한 것은 아닐까 스스로를 책망하게 되지요. 그럴 때 엄마들이 주문처럼 되새기는 말이 바로 '조금만 기다리다 보면 언젠가 말이 터질 거야'입니다.

엄마는 아이의 말이 터지지 않는 첫 번째 이유를 노출 시간에서 찾습니다. 아직 시간이 부족했다고요. 아주 어린 나이부터 영어 노출을 한 엄마는 아이의 입이 트이지 않는 것에 대한 불안감이 적습니다. 아직 모국어로도 말을 하지 못하니, 외국어로 말하지 못한다는 점에서 고민을 하지 않아도 되지요.

하지만 아이가 이미 모국어로 간단한 단어의 조합이라도 말을 하는 것이 가능하다면, 아이가 자랄수록 사랑만으로 아이를 기다리는 것이 힘겹다는 것을 느낄 거예요. 물론 머리로는 알지요. 모국어 발화를 하는 데도 20개월 넘는 시간이 걸리는데, 이제 겨우 10개월 노출하고 나서 초조함을 느끼면 안 된다는 걸요. 조금 더 아이를 믿고 기다려야 한다는 걸요. 백 번 이해하지만 '아이가 계속 이렇게 소극적으로 영어를 받아들이면 어떡하지' 하는 걱정이 조금씩 자라기 시작합니다.

저도 제 마음을 달래기 위해 책상 앞에 항상 빙산을 그려놓았습니다. "내가 지금 볼 수 있는 것은 빙산의 일각에 불과하다. 지금은 빙산의 일각에서 볼 수 있는 한 마디에 일희일비할 때가 아니고, 해저 안에서 자라고 있는 빙산이 단단해질 수 있도록 기다리는 것이 더 중요하다." 하면서 말이에요. 그렇지만 언제까지 그냥 기다릴 수 있을까요? 내가 이렇게 마냥 기다리고 있는 동안 아이가 정말 중요한 발화 타이밍을 놓치고 있는 건 아닌지. 혹시 이 타이밍을 놓쳐서 나중에 더 힘들어 지는 것은 아닐지.

==엄마가 지쳐서 멈추면 아이는 갈 곳이 없습니다.== 그래서 엄마는 지치지 말고 내일도 계속해나갈 동력을 마련해야 합니다. 마냥 기다리는 것이 아니라 관찰을 통해서 그 방법을 계속 바꿔나가야 합니다. 아이에게 말하기를 강요해서는 안 되지만, 작은 목표를 통해 말하기를 격려하는 정도는 해야 합니다. 아이가 이해하고 있는 것인가 확인하기 위해 다그쳐서는 안 되지만, 일방적으로 듣기만 하는 것이 아니라 주고 받는 언어라는 걸 상호작용을 통해서 알려주기는 해야 합니다.

외국어를 처음 배울 때, 아이는 묵음 기간 Silent period 을 겪습니다. 즉 소리를 들을 수는 있으나 새로운 언어가 어색한 상태지요. 그 소리를 어떻게 내는지 직접 입 모양을 보면서 일대일로 익히는 것도 아니기 때문에, 소리를 따라 하는 것이 불가능하여 말을 하지 않는 시기입니다.

그러니 아이를 관찰하면서 대체 아이가 왜 반응을 하지 않는 것인지를 생각해볼 필요가 있습니다. 즉 아이가 정말 소리 자극이 채워지지 않아서 따라 하는 것 자체가 '불가능'한 상태인 건지, 아니면 할 수는 있으나 말을 하고자 하는 의지가 없는 '무의지'의 상태인 것인지.

의지는 있으나 아직 소리를 따라 할 수 있는 조음 기관이 완성되지 않아 소리를 내는 것이 불가능한 경우는, 이야기를 알아듣고 간단한 행동을 할 수 있느냐를 관찰하면서 안심할 수 있습니다. 저는 아이가 모국어 발달이 빠른 편이 아니었는데, 그때 상담을 받으면서 알게 된 사실입니다.

"말을 하지 않는 상태에도 두 가지가 있는데, 하나는 주변의 언어 자극에 전혀 관심이 없는 상태이고, 다른 하나는 자극에 반응을 하긴 하나 말을 하지 않는 상태가 있다. 아이가 말을 알아듣고 간단한 행동을 한다면, 언어 자극에 아이의 마음이 열려 있는 상태니 조금 더 강도 높은 소리 자극을 주면서 기다리면 된다. 만약 아이가 주변의 언어 자극에 전혀 관심이 없는 상태라면, 후천적 자폐 등 추가 검사가 필요하고 다른 치료가 필요하다"

그래서 아이가 외국어 자극에 마음이 열려 있는 상태인지를 보기 위해서 아이에게 간단한 단어를 계속 반복하면서 엄마 입술을 따라서 입이 움직이려고 하는지를 지켜보았습니다. 그러면서 아이가 알아들을 수 있는 아주 간단한 말 "Where is your daddy?"라고 물어보았을 때, 눈이 자연스럽게 아빠를 찾아가는지를 보았습니다. 이렇게 작은 행동 아웃풋이라도 보게 되면 정말 감전 당한 것처럼 찌릿한 기쁨이 느껴졌고, 그런 기쁨은 또 내일을 준비할 수 있는 원동력이 되었습니다.

아이와 함께 진행한 외국어는 영어 외에도 다양했습니다. 더 늦게 시작한 언어는 따라 할 수는 있으나 의지가 없어서 전혀 말이 열리지 않는 경우도 있었습니다. 영어와는 다른 그 과정을 지켜보면서, 많이 듣기만 한다고 저절로 말하기가 되는 것이 아니라 말하기도 훈련이 필요하다는 것을 조금씩 깨닫게 되었어요. 어떤 노래를 반복해서 듣고 나도 모르게 조금씩 흥얼거릴 수 있게 되면 이제 이 노래를 부를 수 있을 거라고 생각하지만, 막상 노래방에 가서 불러보면 박자와 호흡을 다 놓치고 엉망진창이 되는 경우처럼요. 많이 듣는 것만으로는 채워지지 않는 말하기 연습의 영역이 있습니다. 많이 반복해 크게 고민하지 않고 입에서 그 말을 뱉을 수 있을 정도로 익숙해지면, 거짓말처럼 조금씩 말문이 열리기 시작했어요.

Bookmark 6

말하기는 반복! 반복! 반복이다.
소리 내어 말하고 읽고 따라 하는 습관은 어떻게 잡아줘야 할까요?
외국어를 진행하는 엄마들의 가장 큰 염원 말하기!
말하기 습관과 회화 늘리기가 궁금하다면 지금 139페이지로 점프해 보세요!

✘ 내일은 꼭 다해야지?
○ 오늘 끝낼 수 없는 건 내일도 끝낼 수 없다!

결론으로 시작해볼까 합니다. <mark>오늘 끝낼 수 없는 건 내일도 끝낼 수 없습니다.</mark> 오늘 끝낼 수 없었다면, 그 이유를 반드시 찾아서 고쳐야 합니다.

"내일부터는 열심히 해야지!"는 절대로 답이 될 수가 없습니다. "열심히 해야지!"처럼 애매한 다짐은 없습니다. 누구나 열심히 하려고 하지 대충 살려고 하는 사람은 없기 때문입니다.

외국어 공부는 단거리 달리기가 아니고 마라톤입니다. 그렇기 때문에 오늘 기분 가는 대로, 내키는 대로 달린다면 절대로 완주할 수 없습니다. 42.195킬로미터를 어떻게 달릴 것인지 나만의 목표를 세우고, 나만의 페이스로 꾸준히 하는 것이 중요합니다. '마라톤인데 급하게 갈 필요가 있나? 천천히 걸어가자'라고 생각하면 오산입니다. 알고 있나요? 세계 마라톤 선수들의 평균 100미터 기록은 17초 대로, 웬만한 사람들이 전력 질주해도 100미터도 따라갈 수 없는 속도로 뛰고 있는 거예요. 그런 내공은 하루 아침에 길러지는 것이 아니지요. 그게 방법은 다 알고 있는 것 같으면서도 막상 성공한 사람은 많지 않은 이유일 거예요. 다른 사람과는 절대 비교할 필요가 없지만, 적어도 어제의 나보다는 나은 모습이 될 수 있도록 해야 합니다. 나와 아이가 함께 발전할 수 있는 계획을 세우세요! 외국어 공부는 꾸준한 연습이기 때문에 '습관'이 중요합니다.

오늘 아이가 아팠기 때문에, 오늘 손님이 왔기 때문에, 오늘은 주말이기 때문에 등 다양한 이유로 오늘 외국어를 노출하지 못했다면 엄마의 마음가짐을 바꿔야만 합니다. 아이가 아프다고 해서 모국어로 아이와 대화를 단 한 마디도 나누지 않을 리가 없듯이, 손님이 왔다고 해서 양치질을 하지 않을 리가 없듯이, 일상생활에서 숨쉬는 것처럼 자연스럽게, 당연하게 외국어와 호흡하게 되는 것이 중요합니다.

이 습관을 어른이 돼서 잡으려고 하면, 굉장한 의지가 필요하고 고통스러울 수 있기 때문에 어릴 때부터 외국어를 항상 몸에 끼고 사는 자세가 필요합니다. 자기 전에 오늘 한 일을 떠올릴 때, 외국어를 노출한 일은 특별한 일이 아니라 너무 자연스러운 일이라 생각나지 않을 정도로 내 몸과 하나가 되어야만 합니다.

만약 오늘 내가 다 끝내지 못한 이유가 의지박약이 아니라 정말 최선을 다했음에도 불구하고 물리적으로 끝내지 못한 거라면 '더 열심히 하자!'라고 무조건 나를 다그칠 게 아니라, 반드시 오늘 계획을 수정해서 내일부터는 기분 좋게 성취감을 느낄 수 있도록 해야 합니다.

무언가를 해보겠다고 마음을 먹은 첫 날은 누구나 의지가 충만하지요. 하지만 지키지 못한 계획이 하나 둘 쌓이면 다시 새로운 계획을 세우자고 마음 먹을 때까지 시간을 또 방치하게 됩니다.

누구에게나 다 통하는 정답 같은 방법은 없습니다. 시행착오를 통해서 나에게 맞는 방법을 찾아가는 것이 필요합니다. 그런데 꾸준히 해보지 않으면 정말 이 방법이 나와 아이에게 맞지 않는 것인지, 아니면 흐름이 끊겨서 안되고 있는 것인지 조차 알 수가 없습니다. 어떻게 하는 게 좋을까 하는 고민은 석 달만이라도 꾸준히 해보고 나서 해도 늦지 않습니다. 중간에 흐름을 놓치는 이유를 들어보면 갑자기 이건 아닌 것 같은 마음이 들어서, 누가 딱 이렇게 하는 것이라고 말해줬으면 좋겠는데 내가 하는 것이 맞는다는 확신이 없어서, 정말 이번에는 잘해보고 싶었는데 중간에 갑자기 큰 일이 발생해서 등 다양하지만 한 가지는 확실합니다. 확신은 거저 얻어지는 것이 아니라는 점입니다. 꾸준히 묵묵하게 걸어오는 과정에서 다져지면서 생기는 것이 확신입니다. 누가 줄 수 있는 것이 아닙니다. 내가 찾아야만 합니다. 남이 뭐라고 한다고 그대로 하면 그건 확신이 아니고 맹신입니다. 이 방법은 정말 아니었다는 것을 알게 되는 것도 발전이고 학습입니다. 정말 최선을 다해본 사람만 다른 길을 찾아갈 수 있는 것이지 계속 멈춰 있는 사람은 다람쥐 쳇바퀴처럼 늘 그 자리에서 쳇바퀴를 돌면서 조금씩 지쳐갑니다.

오늘 하루, 내가 잘 해낸 건지 스스로 평가할 수 있는 계획이 반드시 있어야 합니다. 큰 그림이 없이는 오늘의 한 걸음도 있을 수 없습니다. 오늘도 내일도 계속해서 땅을 파고 삽질을 하다 보면, 어느 순간 황무지인 것만 같았던 내 아이의 땅은 완벽하게 개간되어 있습니다. 기초공사가 단단히 되어 있으면 그 다음부터는 어떤 씨앗을 심더라도 예쁘게 자랄 수 있습니다. 내일부터 시작하지 말고, 월요일부터 시작하지 말고, 월초부터 시작하지 말고, 내년부터 시작하지 말고, 지금 이 순간 바로 계획을 세우고 시작해보세요.

Bookmark 7

O, X를 확인할 수 있는 계획을 세우자!

내 아이를 다른 아이와 비교하고 싶지는 않다! 하지만 어제보다는 오늘이 낫고 오늘보다는 내일이 나은 아이로 함께 성장하고 싶다!

외국어를 떠나서 목표가 생겼을 때 끝까지 목표를 향해 달려가는 추진력을 가르쳐주고 싶다. 오늘 하루 내가 아이와 건설적으로 보낸 건지 확인하고 스스로를 격려할 수 있는 명확한 계획이 있어야 할 것 같다!

하루에 만족하지 않고 목표를 이룰 때까지 함께 갈 수 있는 계획 세우는 비법이 궁금하다면, 지금 바로 241페이지로 점프해보세요!

X 스트레스는 절대 주면 안 된다?
O 스트레스 없이는 발전도 없다!

"우리 아이는 스트레스를 전혀 안 받아요"라는 한 마디로 많은 관심을 받았던 제가 오히려 이렇게 말합니다. "스트레스 없이는 발전도 없다!" 스트레스가 없는 사람은 없습니다. 단 스트레스 상황이 주어졌을 때 그 상황을 도전으로 느끼느냐, 감당할 수 없어 포기하느냐의 차이가 있을 뿐이랍니다.

스트레스를 절대로 주면 안 된다는 강박관념을 가지게 되면 엄마가 약해집니다. 즉 아이의 오늘 하루의 즐거움과 만족을 위해 아이가 원하는 대로 무조건 끌려가게 되는 것이지요. 그렇지만 웬만한 일에는 스트레스를 받지 않는 자존감이 뛰어나고 자아 탄력성이 높은 아이를 키우기 위해서는 오히려 엄마가 강해져야만 합니다.

사실 아이의 신호에 맞춰서 이끌어 가는 것이 정말 이상적이고 좋은 상황이긴 하지만, 실제로 아이와 오랜 기간 엄마표를 진행하다 보면 매 순간이 고민의 연속이랍니다. 꾸준히 해야만 성과가 나타날 수 있는 언어가 매일 매 순간 즐겁기만 한 것은 아니기 때문이지요. 아무리 내가 좋아하는 일이라고 할지라도, 정말 하기 싫은 날도 있고 매 순간 아이가 즐거워하는 모습만 볼 수 있는 건 아니랍니다.

그런 순간의 고비를 맞이하여 거부기를 겪게 되었을 때, "그래, 그렇게 하기 싫으면 그냥 하지 않아도 된단다. 언제나 네가 하고 싶은 대로 하렴" 하고 그냥 끌려가버리는 건, 아이를 위해 항상 고민하고 상호작용을 하면서 성장시키는 올바른 훈육 태도는 아니라고 생각해요.

아이와 엄마와의 관계도 사람과 사람 사이의 관계이기 때문에 뜻하지 않게 아이의 눈물을 보는 날도 옵니다. 아이의 눈물을 보게 되면 엄마는 정말 한없이 작아지고 죄인이 되는 기분을 맛봅니다. 아이의 눈물을 본 날 밤에는 쉽게 잠들 수도 없고 마음의 고뇌도 겪습니다. 계속 이렇게 끌고 가는 게 맞는 건지 고민하고 자책하게 됩니다.

외국어를 습득하는 과정에서 아이가 눈물을 보입니다. 어떤 이유에서든, 아이가 눈물을 보인 것은 이미 돌이킬 수 없는 일이랍니다. 울면서 속상해하고 마음 아파하는 것을 이미 경험한 아이. 이때 엄마가 보여주는 태도가 정말 중요합니다. 아이가 보이는 눈물에 당황해서 하고 있던 모든 것을 중단하고 "그래, 이제 하지 않아도 된단다. 그렇게 힘들면 안 해도 돼"라고 아이가 도망칠 구멍을 열어주면, 아이는 울었던 아픈 기억과 그대로 포기하고 말았던 실패의 기억까지 갖게 됩니다. 하지만 "아니야. 지금은 너무 속상하지만, 넌 할 수 있단다" 라고 긍정적인 피드백을 주고 아이가 극복해낼 때까지 그 옆을 지켜준다면 아이는 아픈 기억을 결국은 해냈다는 성공의 기억으로 덮을 수 있게 됩니다.

아이의 눈물을 보고 약해져서 아이가 하자는 대로 끌려가버리는 것이 아니라, 오히려 더 마음을 강하게 먹고 끝까지 할 수 있다고 아이를 믿어주고, 또는 해야만 한다고 아이를 강하게 푸시하기도 해야 합니다.

그 모든 것이 가능하기 위해서는 아이의 잠재 능력과 가능성을 완벽하게 믿고, 이 또한 지나갈 일이며 극복할 수 있다는 것을 믿어주는 엄마가 필요합니다. 아이가 노력하면 이뤄낼 수 있는 아주 작은 목표를 던져주고 그것을 이뤄내기 위해서 노력하는 과정을 더 크게 칭찬해주세요. 이런 긍정적인 피드백이 쌓이면, 열심히 노력하기만 하면 무엇이든지 할 수 있다는 긍정적인 사고와 태도를 몸에 지니게 됩니다. 강한 아이로 키우고 싶다면, '엄마'가 먼저 강해지세요.

Bookmark 8

슬럼프는 반드시 극복해야 한다

아이의 거부에 끌려가고 싶지 않다! 아이가 싫은 내색을 한다고 해서 황급히 도망치듯 하던 것을 그만두고 싶지는 않다! 반드시 극복해야 할 거부기! 거부기의 엄마의 마음가짐과 해결 노하우를 확인하고 싶다면 253페이지로 점프하세요!

엄마표 정신무장 서약서

아이와 엄마가 함께 만드는
외국어가 자유로운 아이

외국어가 자유로운 아이를 만들기 위하여 실천 과제를 다음과 같이 정하고, 엄마인 내가 먼저 실천할 것을 약속합니다.

하나, 나는 아이의 동반자로서 아이와 함께 외국어를 공부하겠습니다.

하나, 나는 아이를 실험 대상으로 삼지 않고 아이를 관찰하여 맞는 방법을 찾겠습니다.

하나, 나는 아이가 외국어 영상을 볼 때 방치하지 않고 모든 과정을 함께하겠습니다.

하나, 나는 원서만 고집하지 않고 외국어와 친해지기부터 시작하겠습니다.

하나, 나는 대박 전집을 찾아 헤매지 않고, 하나의 책이라도 꾸준히 보여주겠습니다.

하나, 나는 재미있어야 한다는 강박관념에서 벗어나 책임감과 소명 의식을 가지고 절대 중도포기 하지 않고, 끝까지 가겠습니다.

하나, 나는 아이의 발화를 무조건 기다리지 않고, 오늘 한 마디라도 할 수 있게 돕겠습니다.

하나, 나는 반드시 끝낼 수 있는 계획을 세우고 오늘 계획을 내일로 미루지 않겠습니다.

하나, 나는 스트레스 앞에 약해지는 엄마가 되지 않고, 스트레스를 이겨낼 수 있는 내성을 길러주는 강한 엄마가 되겠습니다.

년   월   일

엄마 _____ (인)

느리지만 단단하게
기초공사 하기

미니멀리즘
단어, 동요, 패턴, 생활 회화로!

> **WHAT** 영어 노출은 어떤 걸로 시작해야 돼요?
> **HOW MUCH** 하루에 얼마나 외국어를 노출해야 할까요?

영어 교육 시작 전에 누구나 갖는 의문들!

하지만 이건 시작하기 전에 세팅할 수 있는 문제가 아니랍니다. '다양한 컨텐츠'를 그것도 '시간 가는 줄도 모르고' 외국어로 즐길 수 있을 정도로 나와 내 아이에게 외국어가 편해지는 것! 한 순간에 되는 일이 아니랍니다.

미니멀리즘

처음에는 가볍게 시작해야 합니다. 내가 매여 있는 것이 없어야 정말 아이에게 맞는 방법을 찾을 수 있어요. 단어 • 동요 • 패턴 • 생활 회화의 4개 기둥을 잘 세우고 기초 공사를 성공적으로 끝내면, 그 이후에는 정말 어떤 컨텐츠를 통해서도 눈덩이가 산 능선을 따라 굴러 내려오듯, 내가 세워놨던 뼈대에 살이 붙게 됩니다.

조금씩 자주
외국어 노출을 대체 하루에 얼마나 해야 할까요? 자신 있게 할 수 있는 대답은 다다익선(多多益善)입니다. 당연히 많이 하면 많이 할수록 좋답니다! 하지만 달리기를 할 때 연속적으로 장거리를 달리는 것이 운동에 더 도움이 된다고 할지라도, 아직 몸이 만들어지지 않은 상태에서 처음부터 마라톤을 할 수는 없지요.

엄마와의 상호작용을 통한 '의미 노출' 시간은 짧고 강렬하게!
대신 조금씩 자주, 가능한 자투리 시간에 수시로 아이에게 '들이대는' 것이 필요합니다. '조금씩 자주'가 '몰입하여 장시간, 가끔'으로 바뀌는 순간 엄마의 역할은 최소화되고, 아이의 외국어가 저절로 유지됩니다.

몸과 마음을 가볍게! 같이 워밍업 할 준비가 됐나요?
무엇부터 시작해야 될까요? 거창한 방법론은 없습니다. 같이 '삽질'부터 시작하죠!

01

영어의 시작은 땅파기와 같다

시작할까? 말까?
시작할까? 말까?

아직도 시작할지 말지 망설이고 있다면 단호하게 말하겠습니다. 바로 시작하세요. 일 분이라도 먼저 시작한 사람이 이기는 것이 외국어랍니다.

"아는 자는 좋아하는 자를 이길 수 없고, 좋아하는 자는 즐기는 자를 이길 수 없다"라는 말이 있지요. 여기에 하나 더 보탤게요. "즐기는 자도 일찍 시작한 사람을 이길 수 없다."

물론 체계적이고 탄탄한 커리큘럼을 통해 최고의 효과를 끌어낼 수 있으면 더할 나위 없이 좋겠지요. 하지만 행여 그 수준까지 도달하지 못했다고 한다면, 조기에 시작한 것만으로도 늦게 시작한 사람은 절대로 얻을 수 없는 큰 자산을 얻게 됩니다. 외국어를 일찍 시작하면 어떤 장점이 있을까요?

발음 | 원어민에 더 가까운 발음을 갖게 된다
유창성 | 망설임 없이 자연스러운 속도로 말할 수 있다
습득 | 언어를 학습하는 것이 아니고 스폰지에 물이 스며들 듯 습득한다
자신감 | 조금만 해도 잘한다는 평가를 받을 수 있다

첫 번째로 발음이 확실하게 좋아집니다. 말을 할 때의 발음이 좋아지는 것은 물론, 들을 때도 모국어에 없는 소리를 확실히 구분할 수 있어요. 예를 들면 영어의 r과 l을 구별해서 road인지 load인지 문맥과 관계없이 들어서 바로 알 수 있는 능력이 생깁니다. 서연이의 경우를 보면 꾸준히 노출했던 언어는 물론이고, 5~6개월 노출을 하다가 지금 잠시 노출을 쉬고 있는 독일어에서도 발음 구분을 확실히 하고 있어요. 악명 높은 German R(독일의 거센 R발음)의 발음도 다른 언어의 r과는 발음이 다르다는 걸 본능적으로 기억합니다. 그래서 독일어를 듣고 따라 할 때 '흐~' 소리를 r에 섞으려고 노력하더라고요. 이런 모습을 보면 어렸을 때 언어에 노출되면 정말 발음이 성인과는 다르다는 것에 더 확신을 갖곤 합니다.

두 번째는 아주 간단한 말이라도 틀리는 것을 걱정하지 않고 일정한 속도로 망설임 없이 말할 수 있게 됩니다. 그렇기에 앞으로 우리나라의 엄격한 정확성의 잣대(절대 옳다고 말할 수 없는)에서 평가를 받아야 하는 우리 아이들에게는 어렸을 때 외국어 노출을 시작하는 것이 더욱 더 중요합니다.

우리나라 교육 방식 어떤가요? "Oh! He have the same pen!"이라고 아무런 거리낌 없이 상황을 보고 말하는 아이에게 "Yes, you are right! Good point!"라고 맞장구를 쳐주는 게 아니고 "have가 아니고 has지. He 잖아"라고 말하며 외국어 학습자를 고문하고 교정하지요. 이렇게 정확성을 요구하는 환경에서는 언어를 일찍 시작하지 않으면 머릿속에서 생각하고 계산해야 할 것이 너무 많아집니다. 그러니 간단한 질문에도 반응 속도가 느려지기 마련이지요. 외국어에 대한 사회적 기준이 엄격하면 아이들의 입도 닫힐 수 밖에 없습니다.

한국의 언어 교육은 유창성Fluency과 정확성Accuracy이 완벽하게 다르다는 것을 모르고 둘을 동시에 강요하고 있지요. 먼저 망설이지 않고 말하게 된 후에 정확성을 고쳐나가는 게 바른 순서입니다.

정확성을 요구하는 사회적인 기준에서 비교적 자유로울 수 있는 어린 나이에 외국어를 시작하면, 문법이 먼저 떠오르는 게 아니라 하고 싶은 말이 먼저 떠오르는 유창성이 확보되는 시간을 가질 수 있답니다.

세 번째로는 언어를 학습으로 인식하지 않고 틀에서 벗어나 자유로운 분위기 속에서 습득할 수 있다는 장점이 있어요. 아이들은 어른들이 보기에는 엄청 느릿느릿한 속도로 서서히 스며들 듯 언어를 익혀나가지만, 잘못 배우지는 않습니다. 모국어가 아닌 외국어도 같아요. 천천히, 그렇지만 제대로 배울 수 있는 여유를 충분히 가지면 외국어에 대한 공포도 없어지고, 거부감과 스트레스도 자연스럽게 적어질 수 밖에 없습니다. 아이는 모국어와 외국어간의 경계가 뚜렷하지 않기 때문에 외국어를 말할 때 어깨가 굳어지고 긴장을 하는 일도 덜합니다.

그리고 어려서 언어를 시작하면 아이의 사고 발달 단계에 맞게 구사할 수 있는 문장과 단어를 확장시켜 나갈 수 있기 때문에 자연스럽게 노출하는 것이 가능합니다. 교재를 통해서 공부하지 않고도, 노래를 부르면서, 영어 책을 읽으면서, 영상을 보면서 그렇게 자연스럽게 외국어에 젖어 드는 것! 외국어를 일찍 노출해야 하는 이유가 되지 않을까요?

네 번째로는 자신감! 비단 외국어뿐만이 아닙니다. 아이가 어렸을 때는 엄마는 굉장히 작은 것으로도 호들갑을 떨며 기뻐합니다. 아주 사소한 말과 행동에도 "어머, 우리 아기 천재인가 봐" 하고 감격스럽지요. 어렸을 때는 알파벳 하나를 말해도, 단어 하나를 말해도 기쁜데, "This is~", "It is~"의 짧은 문장을 어쩌다 말하기라도 하면 얼마나 감동스러운지! 외국어로 노래라도 부르면 가족들은 환호성과 물개 박수를 보내지요.

그런데 과연 성인이 "It is red"라고 한마디를 던졌다면 엄청난 박수를 받을 수 있을까요? 여기서 절대 혼동하지 말아야 할 것은 이렇게 작은 아웃풋으로 엄청난 칭찬을 받는 건 엄마의 자부심을 위함이 아니라, 바로 아이의 '자신감'과 '자존감'을 위한 것이라는 겁니다. 자신이 외국어로 노래를 부르거나 말을 했을 때 모두 기뻐하며 박수를 쳐주던 기억들이 쌓이고, "What's your name?"이라는 외국인의 아주 쉬운 질문에 큰 소리로 대답을 하고 "Good job!"이라는 격려를 받아보는 것! 세상의 기대치가 낮은 어린 나이에는 아주 조금의 노력으로도 많은 칭찬을 받을 수 있기 때문에 자연스럽게 내가 외국어를 할 수 있다는 것에 대한 자신감을 기를 수 있답니다.

서연맘's 생각 나누기

시작할까? 말까?

▽▽▽

일단 시작해봐야지 알 수 있는 거 아니야?

▽▽▽

해보고 그만 두더라도, 안 가본 길을 남기는 것보다

해보는 것이 낫지 않을까?

뭐든 안 하는 것보다는 하는 게 낫지!

▽▽▽

일단 죽이 되든 밥이 되든 시작해보자.

일찍 시작하는 것의 좋은 점은 하면서 느낀다는 거지!

단점을 느끼면 방법을 바꿔가면 되고.

▽▽▽

미리 겁먹고 해보지도 않는 건,

구더기 무서워서 장 못 담그는 태도 아닐까?

▽▽▽

그래! 고민할 시간에 일단 그냥 질러보자!!

GO!!

0개 국어의 공포에서
벗어나자!

"대체 언제 시작해야 되는 거야?"라고 고민할 때 발목을 잡는 건 일명 '0개 국어의 공포'! 아직 모국어도 완벽하지 않은데, 괜히 외국어를 시작했다가 둘 다 제대로 못하게 되면 어떡하나 하는 마음이지요. 그런데 정말 모든 게 다 완벽하게 준비돼서 외국어를 자신 있게 시작할 수 있는 시기가 과연 오긴 하나요? '구더기 무서워서 장 못 담그는 마음'은 이제 내려놓으세요.

아이를 키우는 엄마의 입장에서 당연히 그런 걱정을 공감합니다. 영아기에는 듣기 교육에도 고민이 많을 거예요. 아직 한국어도 완벽하게 알아듣지 못하는데, 외국어를 들려주는 것이 맞는 것일까. 유아기에는 말하기 교육에 고민이 많아질 거예요. 아직 한국어도 완벽하게 말하지 못하는데 외국어를 말하게 하는 것이 맞는 것인가? 학교를 갈 나이가 되면 또 읽기 교육에 고민이 많아질 거예요. 아직 한글을 편안하게 읽을 수 있을 정도로 '읽기 독립'이 제대로 되지 않았는데, 지금 외국어를 같이 시작하면 혼동이 오지 않을까, 하고 말이에요. 막상 초등학교에 입학하고 나면 학교생활에 빨리 적응하기 위해 시간을 쓰게 될 것이고, 그렇게 시간이 흘러가면, 적은 노력으로도 최대의 효과를 볼 수 있는 언어 민감기를 놓치게 될 거예요.

1. 아이가 언어 때문에 혼란스러워 할까?

결론부터 말하자면 언어 혼동은 오지 않는답니다. 다만 절대로 하지 말아야 하는 것은 한 문장 안에 여러 언어를 섞어서 말하는 것입니다. 예를 들면 "이것 봐. 이건 apple이야. 저기 ball이 있네~" 처럼요. 아직 언어를 완벽하게 구별하지 못하는 유아기에, 다른 사람도 아닌 모국어의 절대 기준이 되는 엄마가 문장 안에 단어를 섞어 쓰게 되면 어떻게 될까요? 아이는 중간에 끼어든 언어가 외국어임을 인지하지 못하기 때문에 비슷하게 언어를 섞어 쓰게 됩니다.

그러니 말을 할 때 명확하게 "이것 봐. 이게 사과란다", "Look! It's an apple!" 하고 문장을 구별해서 말해주세요. 그렇게 하면 아이가 혼란스러워 하지 않습니다.

2. 언어 대신 다른 걸 놓치지는 않을까?

또 하나 말하고 싶은 것! 저도 처음에는 이걸 체득하지 못해서 마음 고생을 했던 적이 있어요. 그래서 더욱 강조해서 말합니다. 마음 속에 새겨주세요.

"이걸 안 한다고 해서 다른 걸 더 잘하게 되진 않는다. 이걸 한다고 해서 다른 걸 더 못하게 되지도 않는다."

계속 다양한 자극을 주는 건 당연히 중요하지만, 계속 하나만 보고 있다고 해서 더 빨리 원하는 수준에 도달할 수 있는 건 아닙니다. 아이들마다 타고난 적성과 적기가 다르기 때문이지요.

예를 들면 문자 인지가 느린 아이가 있습니다. 서연이도 문자가 느린 아이였어요. 책을 읽을 때도 그림만 보고 싶어 하고요. 문자 외에 다른 시각적인 자극을 훨씬 강렬하게 받는 아이라서 문자에 관심을 전혀 두지 않았답니다. 그래서 48개월이 넘어서야 겨우 '가나다라'부터 조금씩 한글 공부를 통해 읽기를 시작했지요. 제가 다른 외국어를 하지 않고 계속 한글카드만 가지고 아이와 끊임없이 씨름을 하며 다그치고 조바심을 냈다고 해도, 절대로 그보다 빠른 시기에 문자에 관심을 갖게 만들기 어려웠을 거라는 생각이 들어요.

3. 한국어를 못하게 되지는 않을까?

어렸을 때의 언어 발달은 아이의 사고가 자라는 속도에도 영향을 받기 때문에, 외국어를 한다고 해도 모국어의 발달에 크게 차이가 나지 않는답니다.

외국어든 모국어든 결국은 아이에게 필요한 '언어 자극'이라는 점은 같기 때문에, 다양한 언어 자극을 주면 언어가 함께 발달하게 됩니다. 즉 외국어를 하지 않는다고 해서 4살이라는 나이에 정치·경제에 대해서 논할 수 있는 것이 아니듯이, 외국어를 한다고 해서 일상생활에 지장 있을 정도로 모국어가 느려지지는 않아요! 외국어를 하더라도 결국 모국어를 바탕으로 아이의 사고 수준에 맞게 언어가 발전한다는 것을 점점 경험으로 깨닫게 되면, 오히려 모국어도 더 알뜰살뜰하게 챙기게 된답니다.

4. 계속해서 바쁘게 달려야 할까?

언어교육에서는 밀고 당기기를 잘해야 한답니다. 강하게 당겨줘야 하는 시기가 있는가 하면, 아직 더 사고가 자라기를 기다려줘야 하는 시기도 있습니다. 엄마의 신경이 한 곳에만 가 있으면 필연적으로 조바심이 따르게 되어 있습니다. '적기 교육'의 중요성! 엄마와 아이 모두 진 빼지 않고 원하는 수준에 도달하기 위해서는, 아이에게 자극을 주고 그 자극을 받아들일 수 있을 때까지 시간을 주는 것이 필요합니다.

아이의 머리에 씨앗을 심었습니다. 씨앗에서 싹이 틀 때까지는 기다려야 하는 시간이 있습니다. 씨앗을 심은 밭이 하나 밖에 없는데, 매일 밭에 나가서 씨앗이 언제 발아될까 지켜보고 있다고 해서 더 빨리 싹이 트지는 않습니다. 언제 싹이 틀지 조바심이 나서 물을 더 과하게 주고, 제대로 씨앗이 심어져 있는 게 맞는지 확인하고 흙을 뒤척이다 보면 오히려 씨앗을 상하게 하는 경우도 생깁니다.

만약 밭이 여러 개라고 생각해봐요. 하나의 씨앗이 싹트는 것을 기다리는 동안 다른 밭을 일구다가 돌아보면 어느 순간 씨앗에서 싹이 나 있는 것을 발견하게 돼요.

여러 개를 한꺼번에 한다고 해서 스트레스가 더 많고 더 힘들 거라고 무조건 겁먹지 마세요! 여러 개를 한다고 스트레스를 받는 게 아니고, 내가 투자한 시간보다 더 큰 것을 바라는 '기대치'가 스트레스를 만드는 것입니다. 반드시 눈에 보이는 결과가 나지 않는다고 할지라도 아이들에게는 다양한 자극과 경험 자체가 소중한 자산이 될 수 있으니 믿고 꾸준히 묵묵하게 나아가세요.

하나만 심는다면

→ 기다리는 시간이 더 힘겹게 느껴질 수 있어요.

→ 조바심으로 아이를 다그치게 될 수 있어요.

여러 개를 심으면

→ 정체기에 관심을 다른 곳으로 돌릴 수 있어요.

→ 흥미가 떨어질 때 집착하지 않고 다른 것을 할 수 있어요.

모든 아이에게
통하는 방법은 없다

재미있는 사실 하나! 외국어 교육에 관심이 많아 지금 돌다리도 두드려보고 건너는 심정으로 이 책을 읽고 있는 엄마들, 아마 주변에서는 꽤나 열정적으로 교육하는 엄마로 알려져 있을 거예요. 분명 유치원이나 학교, 주변을 둘러보면 다들 느긋한데 나만 오버하는 사람인 것 같지요. 어디서 내가 이렇게 교육을 하고 있다는 사실을 '커밍아웃' 하는 것조차 힘든 경우가 많고요. 그럼에도 불구하고 항상 믿기 어려울 정도로 뛰어난 역량을 보이는 아이가 눈에 띕니다. 어디서요? 온라인에서요!

다른 사람이 하는 것을 보면서 큰 그림을 참고하는 것은 좋습니다. 하지만 상세한 기준을 그대로 내 아이에게 적용하려고 하면 비극이 시작됩니다. 게다가 내가 정보를 얻는 온라인 사이트에 있는 아이들은 이미 그 방면에서 뛰어난 역량을 보이고 있는 경우가 많기 때문에 그 기준을 그대로 사용하게 되면 더욱더 내 아이가 따라 하기는 힘들죠.

'무엇으로, 얼마나 많이, 얼마나 자주, 얼마나 반복해서' 같은 구체적인 기준을 다른 사람에게서 찾을 수는 없습니다. 이런 질문의 답을 다른 사람에게서 찾으려고 하면, 엄마도 아이도 스트레스를 받을 수 밖에 없습니다.

일단 취향이 아이들마다 다르답니다. 다른 엄마들이 아이가 정말 좋아하더라며 추천해준 '대박 전집'도 내 아이에게는 별 감흥이 없을 수 있습니다. 그리고 같은 전집을 보고 있는 아이라고 할지라도 언어에 대한 민감도도 아이들마다 다르고요. 그 전집을 보기 전 영어에 노출된 시간과 양도 다르기 때문에 내 아이에게 남의 결과를 그대로 강요할 수 없습니다. 남의 기준을 적용할 수 없는 거지요.

==답은 바깥에 있는 것이 아니라 바로 내 아이에게 있답니다.== 그렇기 때문에 끊임없는 시행착오를 통해서 내 아이에게 맞는 방법을 찾아야 해요. 모든 아이에게 통하는 방법이 없는데도 불구하고, 모든 아이들이 받아들일 수 있는 능력이 같지 않음에도 불구하고 계속 밖에서 답을 찾으려 하는 이유는 내가 아이와 꾸준히 무언가를 해본 경험이 없기 때문입니다.

단 한 권의 책이라도 아이가 좋아하는 책을 찾아내서 반복해서 읽어준 경험이 있으면, 아이가 책을 몇 번 반복해서 읽어야 책에 있는 단어를 생각해내는지 내 아이의 기준을 알 수 있지요. 단 한 곡의 노래라도 아이와 함께 춤을 추며 즐겁게 반복해서 불러준 적이 있다면, 아이가 노래를 익히는 데 얼마나 시간이 필요한지도 알 수 있어요.

아이가 거부 하는데도 계속 영어 책을 섞어서 읽어준 적이 있다면, 좋아하는 한글 책 사이에 끼워서 읽어주기나 아이가 좋아하는 간식을 당근으로 사용해서 읽어주는 등 아이에게 맞는 방법을 찾아낼 수 있게 됩니다.

그런데 매번 하다 말고 조금 해보다 또 오래 쉬고를 반복한 엄마는 이 확신이 없습니다. 즉 아이가 특별히 반응을 보이지 않는 게 정말 이 책이 재미없어서 그런 건지, 아직 노출 횟수가 부족해서 그런 건지, 아직 언어에 거부감을 가지고 있는 건지 파악할 수 없는 상태인 거지요. 이 상태에서 시간이 흐르면 조바심은 계속 커지니 자꾸 다른 아이가 하는 것을 보고 내 아이의 기준을 세우려고 합니다. 그렇게 세워진 기준은 내 아이가 따라올 수가 없습니다. 아이를 '관찰'하라는 말은 그냥 아이를 보고 있으라는 것이 아닙니다.

기록하세요. 내 아이가 뭘 좋아하는지, 오늘 어떤 새로운 말을 외국어로 말했는지, 같은 책을 몇 번 반복해서 읽어줬는지, 오늘 외국어 노출 시간은 얼마나 되는지… 그리고 내가 기록한 내 아이의 패턴을 바탕으로, 요즘은 언어 공부를 재미있어하니 양을 늘릴 것인지, 아니면 힘들어하니 조금은 줄일 것인지, 관심사가 바뀌었으니 새로운 컨텐츠를 찾을 것인지를 결정해야 합니다.

모든 아이에게 통하는 방법은 없으므로 '내 아이에게 맞는 방법은 내가 아이와 몸으로 부딪히면서 찾아내겠다'는 눈물의 땅파기가 계속되다 보면 이제 조금 아이의 패턴이 어떤 건지 알 것 같다는 생각이 드는 때가 옵니다. 100일 정도 하루도 빠짐없이 기록하고 관찰하다 보면 길러지는 엄마표의 자신감! 바로 그게 어떤 상황에서도 아이에게 맞춰줄 수 있는 소중한 자산이 됩니다.

그렇게 내 아이에게 맞는 방법을 찾아냈다고 해서, 거기서 끝나는 것도 아닙니다. 아이가 자라면서 내 아이에게 정말 잘 맞는다고 생각했던 방법이 오히려 아이의 발목을 잡을 수도 있습니다.

내가 생각했던 자신감이 와장창 무너진다면 방법을 고집하지 말고 새로운 것을 찾아서 빨리 바꿔줘야 합니다. 그 과정을 반복하면서 이제는 내 아이를 잘 안다는 자신감이 아니고, 이 아이가 어떤 생각을 하는지는 모르지만 그래도 맞춰서 대응할 수 있다는 내공이 생기게 돼요!

자, 유연하게 대처하지만 아이에게 무작정 끌려 다니진 않아야 합니다. '모든 아이들이 다 좋아하진 않을 수도 있으니 다른 걸 살까?' 했다가, '모르겠다. 그냥 그만 둘까?' 하면서 갈피를 못 잡고 이랬다 저랬다 하지 않으려면 마음 속에 뿌리내리고 있는 절대적 신념이 있어야 합니다.

이것만은 절대 양보하지 마세요!

⭐ 무게 중심은 듣기로!

⭐ 최대한 많은 시간 노출!

⭐ 꾸준히 매일! 하루도 쉬지 않고!

⭐ 생활 속에서! 사람과의 상호작용!

언어 교육에는 듣기의 비중이 가장 많아야 합니다. 노래를 좋아하는 아이는 리드미컬한 챈트 및 노래로 듣기를 채워줄 수 있습니다.

하지만 성향에 따라서는 노래를 정말 싫어할 수도 있어요. 그럼 기초 단어 영상이나 쉬운 회화 영상 중 아이가 정말 좋아했던 걸로 그 시간을 대신 채워줍니다. 오늘은 아이가 책을 너무 읽기 싫어하면, 대신 그 시간에 책을 읽어주는 영상으로 대체합니다. 이렇게 유연하게 대응하면서 적용할 수 있어요. 그렇지만 '오늘은 영어를 하기 싫다고 하니(혹은 엄마가 너무 피곤하니) 그냥 쉬어가야겠다' 하고 절대 양보하면 안 되는 기준을 양보하기 시작하면 계속 진행할 수가 없습니다.

서연맘이 절대적으로 지킨 것

- ⭐ 다른 건 다 하기 싫어하더라도 블록 놀이, 색칠 놀이 등을 하고 있을 때 좋아하는 외국어 동요를 항상 배경으로 틀어놓기
- ⭐ 외출, 야근 등의 사정으로 외국어 노출을 제대로 하지 못했으면 잠자리 인사라도 외국어로 해주기
- ⭐ Good night, sweet dream! Have a nice dream. Time to go to bed.
- ⭐ 베드타임 독서를 하지 못하고 아이가 잠들었다면, 잠든 아이 옆에서라도 오늘 읽어주고 싶었던 책 읽어주기. 그렇게 해서 진행하는 언어를 단

한 번도 듣지 않고 잠드는 날이 하루도 없도록 하기

저는 절대로 양보하면 안 된다고 결심한 내 원칙을 생활 수칙으로 정해 놓고 실천했습니다. 잠든 아이 옆에서 혼자 영어 책을 읽고 있으면 신랑도 대체 뭐하고 있는 거냐고 말했지만, 저는 "뱃속에 있는 아이에게 태교로 책을 읽어주는 것도 된다는데 왜 잠든 아이에게 읽어주는 건 안 되는 거야?"라고 말하며 제 원칙을 고수했어요. 듣고 있지 않아도 상관 없었어요. 그렇게 아이에게 함께하고 있다는 걸 보여주면서 외국어가 생활 안에서 자연스럽게 스미도록 해주는 것, 자고 일어나서 베개 머리 맡에 쌓여 있는 영어 책을 보는 것만해도 충분하다고 생각했어요. 아무 효과가 없다고 하더라도, 그것이 늦게 퇴근한 엄마를 기다리다가 잠든 아이에게 보여줄 수 있는 제 사랑이라고 생각했어요.

절대로 양보하지 않는 절대 원칙을 고수하면, 반대로 그 수단에는 자유로워질 수 있습니다. "그래? 오늘은 이거 하기 싫으면, 다른 거라도 듣자!" 하면서 말이지요. 마음 속의 굳은 신념과 매일 지켜나가는 원칙이 없이 엄마가 아이에게 공부를 강요할 수는 없잖아요. 엄마가 초조한 마음이 들어서 혼자 계획을 세우고 아이에게 그것을 지키라며 강요하는 것은, 아이의 다름을 인정하지 않고 큰 틀보다 작은 수단에 집착하는 거라고 생각해요.

가장 가깝다고 생각했던 가족도 이해해주지 않는 시간들을 견뎌야 합니다. 생각해보세요. 아이가 잘못되면 그 일차적 책임은 엄마에게 있습니다.

억울할 때도 많죠. 요즘은 저를 포함하여 일하는 엄마도 많잖아요. 최선을 다했음에도 불구하고 아이를 제대로 훈육하고 양육하는 일에 대한 책임은 꼭 엄마에게 돌아옵니다.

그런데 재미있게도 아이가 두각을 나타내는 부분이 있으면 그 다된 밥상에는 수저를 올려놓는 사람이 정말 많아요. 유전자 기여부터 시작해서요. 속상하고 화가 날 때도 있을 거예요. 그러니 아이의 생활을 내가 책임진다는 생각으로 다른 사람의 말에 절대 흔들리지 않고 견뎌내야 합니다.

제가 장담할게요. 절대로 실패하지 않을 수 있어요. 왜냐고요? 결과가 나올 때까지 계속 하면 되니까요. 그만두지만 않으면! 절대 실패하지 않을 수 있어요. 어차피 마라톤이니까요! 언어 공부에 왕도는 없고, 종착지도 없으니까요. 나만의 절대 원칙을 정하세요. 지키세요. 기록하세요. 아이를 관찰하여 수단은 계속 수정하세요. 흔들리지 마세요. 내가 세운 절대 원칙에 대해서는 누구의 말도 듣지 마세요.

하다 말다 하다 말다 계속되는 3년보다는, 연속해서 진행하는 3개월이 더 소중해요!

기록하는 게 중요합니다. 저도 이것 저것 많이 시도했어요. 아날로그도 많이 시도해봤지만 수첩을 가지고 다니는 게 생각보다 쉽지 않더라고요. 그리고 수첩도 자꾸 잃어버리는 일이 발생해서 '네이버 메모장'이나 '네이버 블로그 비공개 포스팅' 등으로 일상을 기록했어요.

- ⭐ 언어별로 읽어준 책
- ⭐ 언어별로 노출한 DVD, 동요, 유튜브
- ⭐ 언어별 기억나는 아웃풋
- ⭐ 이번 주에 같이 진행하고 싶은 활동들

주로 이런 것들을 기록했고, 특히나 좋아했던 것들은 따로 체크해두었답니다. 처음에는 적는 게 습관이 안 되어 있어서 '나중에 아이 재우고 적어야지' 했지만, 정말 이상하게도 잘 기억하고 있던 것들이 막상 적으려고 하면 기억이 나지 않아요. 그렇기 때문에 기록 초보에게는 '스마트폰으로 사진 찍기'를 추천합니다. 아이가 읽은 책, DVD를 보고 있는 모습 등을 그냥 순간마다 스케치하듯 사진으로 찍어놓으세요! 나중에 그 사진들을 보면서 기록을 하면 훨씬 더 빠르게 할 수 있답니다.

지루하지 않게 반복하라!

평소에 모국어처럼 사용하지 않는 영어를 빨리 익히기 위해서는 당연히 반복을 하는 것이 중요합니다. 전체를 보는 어른과는 달리 아이들은 인상 깊은 부분을 집중해서 봅니다. 매번 똑같은 책을 보고 있는 것 같아도, 매번 같은 에피소드의 DVD를 시청하고 있는 것 같아도 전체 스토리를 따라가고 있는 것이 아닙니다. 그렇기 때문에 아이들마다 개인차는 있겠지만, 상대적으로 어른보다는 훨씬 반복을 잘 견딥니다.

당연히 반복은 해야 합니다. 단 지루하고 기계적인 반복은 아이를 앵무새로 만듭니다. 예를 들어 간단한 패턴이 나오는 영어 책을 반복해서 읽습니다. "I love my daddy, I love my mommy, I love my brother…" 이미 다음 페이지에 어떤 내용이 나오는지 예측이 가능하고 그 책을 여러 번 반복해서 본 경우는, 그 페이지를 보면 아무 생각 없이 앵무새처럼 내용을 반복해서 입으로 되뇌게 될 뿐, 머리에 자극을 주지 못합니다.

아이가 좋아하는 책을 찾았습니다. 전집에서도 같은 책만 반복해서 가지고 옵니다. 그럴 때, 우선 가장 중요한 것은 "이 책은 이미 읽었으니, 이번에는 다른 책을 읽자"라고 아이가 읽고 싶어하는 책을 거절해서는 안 된다는 겁니다. 머릿속으로 알고 있는 것과 내 것이 되어서 내 입으로 그 말이 자연스럽게 나오는 것은 다릅니다. 머리로 아는 건 '인지'와 '사고'에서 끝나는 것이고, 그 이야기가 내 것으로 나오기 위해서는 '연습'과 '반복'이 필요합니다. 아이가 좋아하는 책이 있다면 그 책을 반복해야 합니다. 단 아이의 관심을 끝까지 유지하기 위해서 같은 컨텐츠라도 조금씩 변형을 주어 다른 방법으로 노출해야 합니다.

1. 같은 패턴이 반복되는 책을 읽어줄 때

"Give me some milk, Give me some books" 등 동일한 패턴이 반복되는 전집이 있습니다. 책에 나온 그림이 귀여워서 서연이는 그 책을 읽는 것을 너무 좋아했어요. 계속 반복해서 읽다 보니 책의 페이지를 보고, 문장을 외워서 말하기도 하더라고요. 그래서 그 문장을 아이가 완벽하게 익혔다고 생각했지요. 뜻도 알고 언제든지 사용할 수 있을 거라고요.

하지만 아이는 그 책의 페이지를 볼 때만 그 말을 할 뿐, 일상생활에서 우유를 달라는 표현을 하고 싶을 때는 "Give me some milk"라는 표현을 사용하지 않았어요. 그리고 페이지를 한 번에 여러 장 넘기기라도 하면 그 페이지에 있는 그림과 관련 없이 자기가 외운 대로 기계적으로 읽었어요. 책 내용을 순서대로 외우고 있었던 거지요. 분명 반복이 언어 공부에 도움이 되는 것은 맞지만, 이렇게 기계적으로 아무 생각 없이 입만 움직이는 건 전혀 도움이 되지 않을 것이라는 생각이 들었어요. 그래서 같은 책이라도 방법을 다르게 해서 새로운 자극을 줄 필요가 있다는 것을 알게 되었지요.

1. 책에 나와있는 단어를 바꿔서 읽어주었어요.
Give me 라는 패턴을 사용해서 "Give me some toys, Give me some cookies" 등 단어를 바꿔서 읽어보았어요.

2. 페이지 순서를 바꿔서 읽어주었어요.
책의 페이지를 무작위로 펼치고 그 내용에 맞는 문장을 더 빨리 말하기 게임을 하면서 읽어주었어요.

3. 엄마와 한 문장 안에서 끊어서 번갈아 가면서 읽어주었어요.
엄마 Give me 아이 some milk
아이 Give me 엄마 some books
이렇게 서로 말을 받아주면서 읽어주었습니다.

2. 스토리 북을 읽어줄 때

아이가 좋아하는 스토리 북을 반복해서 읽어줄 때도 마찬가지예요. 아이가 가지고 있는 흥미를 영어 실력 향상에 효과적으로 사용하기 위해서 익숙함 속에서 새로운 자극을 주도록 노력했어요.

등장인물의 이름을 아이의 이름으로 바꿔서 읽어 주었어요. 등장인물들의 이름을 아이와 아이 주변 친구들의 이름으로 바꿔서 읽어주면 집중도가 훨씬 높아진답니다. 또한 여러 번 들어봤던 이야기를 새로운 이야기처럼 집중해서 들을 수 있어요.

가끔 아이가 집중해서 잘 듣고 있는 건지 확인고 싶다면 엉뚱하게 바꿔서 읽어보세요.

예를 들면 빨간 모자The little red riding hood에 나오는 "The little red riding hood walks into the woods"라는 문장이 있습니다. 이걸 "The little red riding hood walks into the jungle, and she met a monkey" 같이 엉뚱하게 중간 스토리를 바꿔보세요. 아이가 재미있어 하고 흥미를 보이면 "Walking in the jungle" 노래를 인터넷에서 검색해서 같이 들어봐도 좋아요.

여기에 더해서 아이가 정말 좋아하는 스토리가 보편적인 스토리라서 (예를 들면 명작동화) 여러 출판사에서 출판된 여러 버전의 책이 있으면, 도서관이나 서점을 통해 구해서 다양하게 읽어주는 것도 정말 좋은 확장 활동이 됩니다. 예를 들면, 서연이는 《Snow White》 스토리를 정말 좋아해서, 《Snow White》 관련된 책들을 모두 구해서 보여줬어요. 스토리는 같지만 책마다 사용하는 단어도 다르고 표현도 다르기 때문에 반복을 통해서 더 많은 표현을 확장할 수 있어요.

원문에 가깝게 표현해놓은 책은 "Mirror, mirror on the wall, who is the fairest of them all?"이라고 표현이 되어 있고, 쉽게 풀어놓은 책은 "Mirror, mirror, my dear mirror, tell me who is the most beautiful woman!"이라고 되어 있는 책도 있거든요. 자연스럽게 "fairest = most beautiful" 이렇게 뜻을 치환해서 알게 되고, 같은 뜻이라도 다양한 방법으로 표현할 수 있다는 것을 알게 돼요.

3. 아이가 좋아하는 DVD를 보여줄 때

아이가 좋아하는 DVD의 에피소드를 찾았다면, 그 에피소드를 아이가 정말 그만 보고 싶다고 할 때까지 반복해서 보여주는 것이 좋습니다. 그리고 아이가 정말 좋아하는 에피소드에 연결되어 있는 책을 찾아서 다른 방법으로 노출해주는 것도 필요합니다.

영상은 말이 빠르게 지나가고 행동으로 보여주는 부분이 많기 때문에 듣기가 느는 데는 도움이 많이 되지만, 몰랐던 표현이나 단어는 확인하기도 전에 지나가 버려서 말하기로 연결되기까지 굉장히 많은 횟수의 반복 노출이 필요합니다. 반면에 책은 천천히 읽는 것이기 때문에 듣기 자극은 영상보다 약하지만, 그래도 책의 삽화를 통해서 몰랐던 단어나 표현을 집어줄 수 있어 조금 더 정확하게 보강을 해줄 수 있어요. 또 좋아하는 영상의 음원을 Mp3로 추출해서 재생목록에 추가해두고 다른 놀이를 할 때 들려주면, 같은 내용을 더 여러 번 들을 수 있으니 익숙해질 수 있어요.

기초 DVD 중에는 스크립트가 같이 제공되는 것도 많이 있답니다. 자기 전에 아이가 좋아했던 에피소드의 스크립트를 동화책처럼 부드럽게 읽어주는 것도 좋아요. 엄마의 목소리로 재미있는 이야기를 다시 들을 수 있으니 기억을 강화시키는 데 도움이 되요. 엄마가 아이가 가장 웃겼다고 생각했던 부분을 따라 해주기라도 하면 그 대사만큼은 정말 잊을 수 없게 된답니다.

아이가 흥미를 보였던 건 '영상'이었지만, 그 동일한 컨텐츠를 스토리북, 스크립트 리딩, 음원 흘려듣기 등 다양한 방법으로 노출하면서 각 방법별 장점을 모두 모아 아이의 흥미가 영어 실력 향상으로 이어질 수 있도록 반복해요. 그러다 보면 어느 샌가 좋아하는 영상에 나오는 캐릭터의 표현들을 아이가 부분부분 따라 할 수 있게 될 거예요.

아이가 좋아하는 컨텐츠를 최대한 활용하여 말할 수 있는 '기본 아웃풋용' 교재로 충분히 활용하는 것과 동시에 '확장 컨텐츠'도 필요합니다. 다양한 분야를 통해서 컨텐츠를 확장시키고 새로운 단어도 충분히 들려줘야 아이의 머리에 그 내용들이 저장되어 있다가, '어휘 폭발'의 시기를 맞이할 수 있어요. 그래야 눈덩이처럼 표현할 수 있는 단어가 늘어날 수 있습니다.

저는 너무 하나의 음식만 먹고 안 먹어본 음식을 편식을 하면 안 된다고 생각해서 식사를 할 때, "좋아하는 음식을 많이 먹어도 되지만, 밥상 위에 차려진 음식은 적어도 한 번씩은 모두 먹어봐야 한다"고 계속 아이에게 주지시켰어요. 경험에 있어서도 마찬가지였습니다. 좋아하는 활동을 계속 반복해서 해도 되지만, 처음 해보는 것에 두려운 마음이 들지라도 반드시 한 번은 해봐야 된다고 얘기했어요.

영어 책을 반복 노출할 때에도 좋아하는 것은 무한 반복하는 '기본 아웃풋용'으로 충분히 활용하고, 별로 좋아하지 않는 것은 좋아하는 책 사이에 껴서 한 번은 경험해볼 수 있도록 했답니다. 물론 처음에는 "이 책이 아니야"라고 말하고 낯설어하는 반응을 보일 수도 있어요.

제가 생각했던 원칙은 처음 접해보는 새로운 컨텐츠를 아이에게 선보일 때에는, 반드시 아이가 좋아하는 방법으로 보여주자는 것이었답니다. 예를 들어 아이가 페이지에 나와 있는 삽화를 그리면서 보여주는 걸 좋아했다면, 그 동일한 방법을 사용해서 새로운 책을 읽어줬어요.

항상 동일한 컨텐츠를 동일한 방법으로 읽어주면 아이에게 새로운 자극을 주지 못하기 때문에, 반복이 지루하다고 느끼고 그와 연관된 모든 활동이 기계적으로 변할 수 있어요. 다른 컨텐츠를 완전 새로운 방법으로 노출하는 경우에도 아이가 낯가림이 있는 경우는 시간도 많이 걸리고 거부감을 느낄 수 있어요.

그래서 전 동일한 컨텐츠를 방법을 조금씩 바꿔가면서 최대한 자주 반복하는 방법을 썼어요. 아이가 적어도 그 반복하는 책에 있는 내용은 완벽하게 받아들여 익숙하게 여기고 별 부담 없이 그 책에 있는 말이 입 밖으로 나올 수 있게 노출했습니다.

그리고 새로운 컨텐츠는 아이가 좋아하는 방법으로 노출해서 최대한 빠르게 아이에게 들어갈 수 있도록 했어요. 이 새로운 컨텐츠는 성공할 때도 있고, 실패할 때도 있었어요. 새로운 책이지만 아이에게 반응이 좋았으면 계속 반복해줄 리스트에 넣었고, 만약 아이가 크게 좋아하지 않았다면, 좋아하는 책들 사이에 잠깐씩 끼워서 읽어주는 용으로 사용했어요.

책 거부가 심한 아이에게
새로운 책을 어떻게 보여줄까?

좋아하는 책 사이에 끼워서 보여주기

매장에서 인기가 없는 물건은 세트 메뉴로 끼워 파는 것처럼, 새로운 책을 보는 것을 거부한다면 아주 좋아하는 책 사이에 끼워서 읽어주세요. 좋아하는 책이 ★ 싫어하는 책이 ☆이라면, ★☆☆★☆☆ 이런 식으로요. 자기가 좋아하는 책을 읽어달라고 조르는 아이에게 "이제 곧 그 책 순서가 올 거야~" 하고 달래며 읽어줄 수 있답니다.

짧게 들이댈 수 있는 시간대를 이용하기

정해진 시간에 앉아서 책을 읽어주는 방식만 이용하면 아이가 계속 자기가 원하는 책만 읽어달라고 조를 수 있어요. 짧게, 그렇지만 자주 보여줄 수 있는 시간대를 노려서 공략해야 합니다. 저는 자기 전에 아이가 움직이지도 않고 에너지가 떨어져 있을 때, 베드타임 책 읽기로 새로운 책을 많이 선보였어요. 그리고 아이가 응가 하는 시간에 앞에서 기다리면서 짧게 읽어주고, 카시트를 타고 이동하고 있을 때 구연동화 하는 느낌으로 읽어주었답니다. 그렇게 하나씩 아이가 익숙하게 보고 싶어하는 책을 늘려갔어요.

책 내용을 책 없이 먼저 보여주기

Knock! Knock! Who is it? It's a bear

Knock! Knock! Who is it? It's a rabbit

이런 내용이 반복되는 책이 있다고 해요. 이런 종류의 쉬운 책은, 책 없이 내용을 먼저 실제로 보여주고 책을 보여주면 엄마랑 했던 놀이가 책에 그대로 나오니, 마치 엄마가 마법사라도 된 것처럼 눈이 크게 떠지면서 신기해하고 책의 내용도 훨씬 쉽게 받아들이곤 했어요.

어떻게 반복할까?

한 번만 읽는 것보다는 여러 번 반복하는 게 효과적입니다. 그래서 그 내용이 익숙하다 못해 외워지는 게 더 효과적입니다. 내용이 외워지는 것에서 끝나는 게 아니고 외운 내용도 다양한 상황에서 여러 번 반복해서 사용하면 더 효과적입니다.

결국 언어는 공부가 아니고 '반복'이고 '훈련'입니다. 그렇지만 우리는 유아와 함께 언어 공부를 하고 있기 때문에, '흥미'를 끌어내지 못하면, 반복을 할 수가 없습니다. 흥미가 없어도 반복을 할 수 있는 경우는 대단한 '의지'가 있을 때인데, 아이에게 외국어를 반드시 잘해야 된다는 '의지'를 갖게 하는 건 불가능해요. 새로운 책을 읽어주고 싶으세요? 그럼 아이가 가장 좋아하는 놀이를 접목해야 합니다!

같은 책을 지루하지 않게 반복해서 읽어주고 싶으세요? 그럼 동일한 책이라도 조금씩 방법을 다르게 해서 지루하지 않게 반복해야 합니다.

다른 컨텐츠를 동일한 방법으로 노출하자!
동일한 컨텐츠를 다른 방법으로 노출하자!

아이가 책 읽기 싫다고 던지기도 하고 앙탈을 부릴 때, '그래! 하지 말자! 그래 봤자 나중에 다 너 손해거든?'하는 야속한 마음이 스멀스멀 올라올 지라도, 아이는 엄마의 인성 훈련을 시켜주고 사람 되게 만들어주는 존재니 오늘도 참고 함께 견뎌 봐요!

동일한 컨텐츠 다른 방법	동일한 컨텐츠 동일한 방법
반복 익숙함 말하기 확장을 위해 좋아요 GOOD!	지루할 수 있어요 새로운 자극이 없어요 기계적으로 대답해요
다른 컨텐츠 다른 방법	다른 컨텐츠 동일한 방법
낯설어요 시간이 많이 걸려요 거부감을 느낄 수 있어요	컨텐츠 확장 다양한 자극 듣기 확장을 위해 좋아요 GOOD!

바로 아웃풋이 나오는 것을
기대하지 말자

절대로 바로 확인하려고 하지 마세요. 오늘 한 마디 아웃풋이 나오는 게 중요한 게 아니고, 언어를 항상 몸에 끼고 사는 습관을 잡는 게 더 중요합니다. 중요한 건 항상 틈새 시간을 소리로 채우는 듣기 환경 만들기입니다. 배운 것을 바로 확인할 수 있는 건, 초등학생 이상의 학습기 아동에게서만 가능한 방법입니다.

저는 적절한 수준의 아웃풋은 유도를 해줘야 한다고 생각합니다. 아이의 모국어 발화가 또래보다 느렸고, 적절한 발화 환경을 만들어주지 못하는 것이 엄마와 아이를 얼마나 힘들게 하는 건지를 경험해봤기 때문에, 아이가 영어 단어 하나도 말로 뱉지 않는다고 해서 영어로 말을 할 때까지 끝없이 기다려야 한다고 생각하지 않습니다.

제가 여기서 강조하고 싶은 건 아웃풋 '시기'의 문제입니다. 아이와 일주일 내내 아이가 좋아하는 노래 한 곡을 가지고 계속 반복해서 놀아줬다고 해서, 아이가 노래 속의 단어를 바로 뱉는 경우는 정말 많지 않습니다.

하지만 엄마가 "우리 아이는 안 되는 건가?" 하고 포기하는 마음이 들 때마다 한 번씩, 그것도 지나가면서 우연히 "duck!" 이렇게 생각지도 않았던 단어를 뱉기도 하지요. 그리고 혼자서 색칠공부를 하고 놀고 있다고 생각했는데, 자세히 보니 예전에 같이 불렀던 노래를 흥얼거리고 있기도 하고요. 이런 모습을 볼 때 "아~ 정말 그냥 다 흘려버리는 건 아니고 남는 것도 있구나" 하고 위안을 얻고 다시 적극적으로 인풋Input을 할 원동력을 얻습니다.

그걸 기다리기가 힘들면 초등학교 이상의 "배우는 능력을 갖춘 학습기의 아동"이 되었을 때, 외국어를 시작하면 됩니다. 예를 들면, 초등학교 방과후 수업에서라면 "How are you today?"라는 질문을 들었을 때, "I'm good", "I'm fine, thank you. And you?" 하고 대답을 바로 하게 만들 수 있지요. 하지만 우리가 조금이라도 일찍 영어를 접해주려고 노력하는 이유가 바로 한국인의 "I'm fine, thank you. And you?"의 기계적이고 감정이 담기지 않은 영어에서 벗어나기 위함이 아니었나요?

그 시기에 바로 나오는 빠른 아웃풋은 그런 치명적인 맹점을 가지고 있어요. "How do you feel today?", "I'm happy", "I'm sad", "I'm tired" 내 감정과는 전혀 상관없이 표현들을 외워 말하는 아웃풋에 길들여지면 영어를 정말 기계처럼 하게 됩니다. "I'm happy"를 말하는 표정이 전혀 웃고 있지 않고, 기쁜 듯이 손이 모이지도 않고, 몸이 움직이지도 않고, 기계적으로

"I'm happy"를 외치는 건 외국인이 보기에 무서울 수도 있어요.

우리는 정해진 시간에 어떤 내용을 다 끝내야만 하는 선생님이 아닙니다. 더 많은 시간을 관찰하고 함께할 수 있는 엄마지요. 그러니 굳이 바로 그때 아이의 대답을 듣지 않아도 마음을 좀 내려놓을 필요가 있습니다.

대체 얼마나 기다려야 하는지는 아이들마다 그 성향이 다르니 단정지어 말하기는 어려워요. 저는 아이가 어렸을 때 '일주일 & 한달' 이렇게 마음속에 원칙을 정해놓았답니다.

'적극적인 노출은 일주일 반복! 소극적인 노출은 한 달 반복! 일주일은 최대한 반복해서 하자!'

이때의 반복은 엄마와의 상호작용을 바탕으로 최대한 생생하게 접할 수 있도록 돕는 것을 원칙으로 했어요. 강한 기억을 반복해서 주고 나서 한 달은 '흘려 듣기' 리스트에 넣어놓고 소극적인 노출을 했지요. 아이 놀이시간에 틀어주는 음원 리스트에 아이랑 반복했던 것들을 넣어놓고 잊어버리지 않게 계속 반복했어요.

그렇게 관찰하다 보면 좋아했던 것들은 따라 말하기도 하고, 부분부분 동요를 따라 부르기도 하는 모습을 보여요. 그렇게 한 달, 듣기 리스트에 넣어놨던 것 중에서 아이가 어떤 아웃풋도 보이지 않는 것들은 골라서 다시 일주일 엄마와 상호작용으로 반복을 해서 기억을 표면으로 올렸어요.

'꼭 그걸 다시 해야 되나, 그냥 새로운 거 하면 되지'라고 생각할 수 있는데, 익숙한 컨텐츠를 다시 반복하는 것이 새로운 컨텐츠를 발굴하는 것보다 아이와 엄마 모두 적은 에너지로 노출할 수 있는 방법입니다. 그렇기에 반응도 더 빨리 끌어낼 수 있기 때문에, 한 달 후에 다시 반복을 했습니다. 어쩔 때는, '우와! 내가 이걸 아이랑 같이 했던 게 맞나? 어떻게 이렇게 처음 본다는 눈빛으로 나를 바라보는 거지?'라는 생각이 들 때도 있었고, 때로는 '우와! 한 달 만에 지난 달이랑은 완전 다른 느낌이네! 우리 아이가 한 달 만에 이렇게 컸구나. 이렇게 발전된 모습을 보여주는구나'라고 기쁨을 줄 때도 있어요. 그렇지만 분명한 것은 처음 할 때보다는 한 달 후에 반복할 때가 훨씬 더 아이도 엄마도 쉽다고 느낀다는 거예요. 그래서 처음 할 때는 전혀 생각지도 못했던 새로운 것들을 시도해보기도 하고요. 이때 엄마가 느끼는 여유가 아이의 반응을 끌어낼 수 있는 촉진제가 될 수 있었던 것 같아요.

대체 얼마나 반복을 해야지 아이에게 반응이 나올까?

우리 아이가 정말 듣고 있기는 한 건가?

답답한 마음이 들 때 저는 '신랑 지표'를 활용 했답니다. 엄마보다는 훨씬 아이와 적은 시간을 보내는 남편이 차에서 흘러나오는 음원 리스트를 들으면서 "이제 이건 그만 들으면 안될까? 듣는 것도 힘들다"라고 지겨워 할 때쯤 아이는 리스트에 익숙해집니다. 어른이랑 아이가 느끼는 속도 차가 이렇게 크답니다. 이제 그 지겨운 것도 넘어서, 분명 지겹다고 생각하면서도 아빠가 자신도 모르게 무의식적으로 흥얼거릴 때쯤, 아이도 비슷하게 그 노래를 흥얼거리기 시작하더라고요.

정말 왜 그럴까? 왜 엄마인 나는 훨씬 더 빨리 노래를 다 알았고, 아이에게도 무한 반복해서 불러주는데, 왜 아이가 받아들이는 속도는 신랑이랑 더 비슷한 걸까?

그건 아이가 새로운 것을 받아들일 수 있는 '속도'가 엄마와 다르다는 것과 엄마처럼 엄청난 의지를 가지고 듣고 있는 것이 아니라는 '무의지'의 상태에서 비롯된 것 같아요.

즉 열의 넘치고 온 정신을 집중하여 어떤 노래를 외우려고 노력하고 아이에게 불러주려고 노력하는 엄마의 속도를, 원래부터 배우는 게 느리고 큰 의지도 없는 아이에게 기대하면 아이도 엄마도 너무 힘들어진다는 것을 깨달은 거예요. 내가 아무리 열심히 놀아주고 아이에게 불러주고 해도 받아들이는 쪽에서는 다르지요. 오히려 아이는, 퇴근해서 피곤한 상태로 그냥 틀어져 있으니 무심코 지나가면서 듣고, 주말에 차를 운전할 때 차에서 흘러나오니 듣는 아빠와 비슷한 마음으로 듣고 있는 거예요. 너무 열정적인 엄마가 오히려 아이를 기다려주지 못하면 독이 될 수도 있겠구나. 마음 편하게, 아이가 당연히 외국어를 학습하는 데 큰 의지가 없음을 받아들이고, 내가 생각하는 것보다 훨씬 더 많은 반복이 필요하다는 것을 깨닫고 나니 기다림이 한결 수월해졌어요.

다이어트를 생각해볼까요? 만약 내가 한 끼를 굶어서 그 효과를 바로 체중계에서 확인할 수 있다면 다이어트에 실패하는 사람은 많지 않을 거예요. 하지만 실제로는 엄청난 정체기를 거쳐 계단식으로 살이 빠지기 때문에 그 정체기를 견디지 못하고, 포기하는 사람이 생깁니다. 유아기의 아이와 외국어를 시작하는 게 다이어트와 비슷한 느낌이 들어요. 엄청난 정체기를 거칩니다. 침묵기를 견디지 못하고 포기하는 사람이 많아요. 게다가 유아기 아이의 외국어가 느는 모습은 '계단식'도 아니고, 마치 스프링 신발을 신고 점프하고 뛰어다니는 것처럼 들쭉날쭉합니다. 어디까지 아는지도 파악이 불가능합니다. 오늘은 엄청 잘하는 것 같다가도 내일 하나도 모르는 것 같아

보이기도 하고, 정말 하나도 모르는 것 같아서 포기하고 싶을 때 갑자기 어떤 문장을 얘기해버리기도 하고…

그럼 대체 그 정체기를 어떻게 견뎌야 될까요? 얼마나 반복해야 우리 아이에게서 그 단어나 표현이 나오기 시작하는 지 그 첫 순간은 엄마가 반드시 '경험'을 해보아야 합니다. '헬렌켈러 모멘트'가 올 때까지는 단 하루도 쉬지 않고 외국어를 노출하겠다는 다짐을 하세요.

헬렌켈러를 기억하나요? 설리번 선생님이 눈도 귀도 입도 막힌 아이에게 끊임없이 물건을 쥐어주고 단어를 써주고를 반복합니다. 아무리 반복해도 아이는 그 행동의 의미를 알지 못합니다. 어느 날 "Water! Water!" 물이라는 단어를 기억해낸 아이는 그 동안의 선생님의 행동의 의미를 이해하게 되고, 그렇게 '어휘 폭발기'를 겪게 됩니다.

이 이야기에서 많은 사람들이 '믿음'을 이야기할 겁니다. 근데 그 '믿음'은 살얼음같이 약해서 약간의 슬럼프로도 쉽게 깨지고 말아요. 저는 '경험'을 말하고 싶습니다. ==기다려주었더니 우리아이도 할 수 있더라' 하는 경험을 엄마가 딱 한 번은 가져야 합니다.== 내가 '경험'을 한 것만이 진정한 '믿음'이 됩니다. 다른 사람의 말에서 잠깐 설렘을 느끼고 할 수 있다는 느낌을 받은 것은, 금방 사라지고 맙니다.

내 아이에게도 헬렌 켈러와 같은 그 순간이 반드시 옵니다. 그동안 왜 내가 아는 것과 다른 단어를 엄마가 계속 얘기하고 있었을까? 이 노래를 왜 내게 들려줬을까? 아무 생각이 없다가도, 좋아하는 동영상에서 엄마가 늘 들려주던 말과 똑같은 말을 듣고는 그동안의 인풋이 팍 터지는 순간이 옵니다. 그 순간이 올 때까지는 절대 멈추치 마세요!

02
유효 노출, 아는 만큼 들린다

기본은 알고
노출을 시작하자!

영어를 노출할 수 있는 컨텐츠는 정말 너무 많습니다. 너무 많기에, 어쩌면 어떤 게 지금 아이의 수준에 가장 적합한 건지 제대로 파악이 안 될 때도 많습니다. 아이와 함께 많은 언어를 진행했지만, 항상 잊지 말아야 할 것은 아이의 귀가 먼저 트이도록 해야 한다는 것입니다. 먼저 아이가 외국어의 소리에 익숙해져야 하고, 7~80%의 내용은 이해할 수 있도록 뼈대를 잡아주어야 합니다.

더 많은 책을 접해주고 컨텐츠를 채워나가는 건 그 이후에 살을 붙여나가는 과정이기 때문에, 시작하는 단계에서는 '먼저 기본 뼈대를 잡아줘야 한다'는 것을 잊으면 안 됩니다.

머리 속에 우선 큰 로드맵을 그려야 합니다. 우선 지금 당장 소리 노출을 시작해야 합니다. 아이의 귀가 소리에 익숙해지는 시간이 필요하기 때문에 아이가 좋아하는 노래, 캐릭터, 영상, 책, 그 어떤 수단을 동원해서라도 소리에 노출하세요. 물론 아이의 나이가 어리거나 언어에 거부감이 없어서 단순하고 이해하기 쉬운 컨텐츠나 유아외국어 학습용 전집을 통해 일석이조의 효과를 거둘 수 있다면 더 바랄 것이 없겠지요. 만약 이미 아이의 모국어와 외국어 수준에 차이가 있고 아이가 보고 싶어하는 컨텐츠가 아이의 실력에 비해 어려워 아이가 이해하기 어려운 부분이 있다고 해도, 엄마가 목표한 소리 노출 시간을 채우는 것은 무척 중요합니다.

그런데 비극은 소리 자극을 의미 자극으로 전환하는 '유효 노출'을 제때 챙기지 못할 때 생깁니다. 충분히 들려주고만 있으면 언젠가는 뜻도 알아들을 것이라고 생각하고 미리 큰 뼈대를 잡아주지 못하면, 점점 노출을 통해서 외국어를 배울 수 있는 능력이 상실되는, 소위 말해 머리가 굳어지는 나이를 맞게 돼요. 그러니 외국어를 따로 공부하지 않으면 그 갭을 채울 수 없는 상황이 되어버리고, 부모세대의 교육을 다시 받아야만 하는 비극이 발생하게 됩니다.

소리 노출	유효 노출	컨텐츠 채우기
새로운 언어에 거부감을 없애고 흥미를 유발하기 (공간을 소리로 채워 충분한 소리 자극 주기)	소리 자극을 의미 자극으로 전환하기 (단어·패턴·동요·생활 회화로 뼈대 잡기)	아이 흥미 위주로 다양한 컨텐츠 채워주기 (원서·영자신문·잡지·애니메이션)

외국어 교육의 장기 로드맵

처음 외국어로 소리를 듣기 시작하면 아이는 소리 자체에 흥미를 느낍니다. 한국어와는 다른 소리를 느끼고 그 소리가 나는 방법을 따라 하는 것 자체도 영·유아시기가 아니면 다시는 올 수 없는 중요한 소리 노출의 시간입니다. '듣기'는 100번 중요성을 강조해도 모자랄 정도로 엄마표 영어의 핵심이자, 아이가 가지고 있는 신비한 언어 습득 능력을 최대한 발휘하게 해줄 수 있는 무기입니다. 어떤 상황에서도 잔잔하게 외국어로 되어 있는 음원을 틀어놓는 것은 매일 누가 시키지 않아도 가장 우선시 해야 하는 일이랍니다.

그런데 소리에 신기함을 느끼는 시기가 지나고 모국어로는 들리는 말의 의미를 거의 이해할 수 있는 유아기가 오면, 이젠 어떤 말을 들었을 때 그 뜻이 무엇인지 궁금해하는 '의미 자극'이 필요한 시기가 옵니다.

소리 자극을 의미 자극으로 전환하자!

노출로 외국어를 익힐 수 있는 아이를 만들기 위해서는 아이가 동영상을 보고 있을 때, '내 아이가 대체 이해는 하고 보고 있는 걸까?'라는 불안함이 없어야 합니다. 그런 시기가 오기 전에 미리 소리 자극을 의미 자극으로 전환해보세요!

소리 자극을 의미 자극으로 전환하기 위해서는, 적극적인 노출로 4개의 기둥을 세워줄 필요가 있습니다. 그 4개의 기둥은 '단어', '동요', '패턴', '생활 회화'입니다.

단어	생활 주변에서 최대한 단어를 많이 접하게 해주자!
	이미 알고 있는 단어를 바탕으로 단어를 확장해주자!
	'이런 단어는 외국어로 어떻게 표현하지?' 항상 궁금해하는 습관을 잡아주자
동요	항상 외국어로 된 컨텐츠를 배경음악으로 틀어주자!
	리드미컬한 동요로 아이들 귀를 사로잡자!
패턴	간단한 표현이라도 아이가 응용할 수 있는 수준으로 익숙하게 해주자!
	문장으로 표현하는 습관을 들이자!
생활 회화	일상생활에서 엄마가 생활 회화를 최대한 사용해주자!
	짧은 생활 회화가 많이 나오는 전집을 읽어주자!

이 4개의 기둥을 확실하게 다져주는 게, 영어로 픽처 북 등 원서를 읽어주고 아이 수준에 맞지 않는 어려운 동영상을 자주 틀어주는 것보다 더 우선시 되어야 한다고 생각해요. 결국 이 기초가 단단하게 세워지고 나면 이제 아이의 흥미에 맞는 다양한 컨텐츠를 채워주는 것으로 외국어를 유지할 수 있게 됩니다.

유효 노출을 위한 4개 기둥 한 눈에 보기

이 4개의 중요 기둥 안에서 외국어 노출 계획을 세울 때는 '간접 노출(소극적 노출)'과 '직접 노출(적극적 노출)'을 적절하게 혼합해서 사용했어요. 간접 노출은 책, DVD 등 매체를 사용하여 언어를 노출하는 방법이고, 직접 노출은 엄마와의 상호작용을 통해서 보다 적극적으로 외국어를 노출하는 방법이에요. 두 방법이 모두 중요하다는 것을 명심하고 "간접 노출은 어떤 걸 하지?", "직접 노출로는 어떤 걸 할까?"라고 고민을 해보는 게 중요합니다.

제가 경험해보니 간접 노출로만 계획을 짜면 눈에 띄는 변화가 있는 것이 아니라서 엄마가 금방 지쳐 꾸준히 해나가는 것이 너무 어렵다는 단점이 있고, 직접 노출로만 계획을 짜면 엄마의 정신상태나 체력에 아이의 외국어 노출이 달려 있다는 단점이 있어요. 직접 노출의 경우 엄마가 슬럼프가 오면 아이가 며칠동안 외국어 노출을 쉬게 되는 날도 생길 수 있지요. 그래서 엄마의 컨디션과 아이의 관심도를 잘 관찰하여 간접 노출과 직접 노출을 적절하게 섞어 활용하면서 기초공사를 튼튼하게 하는 것이 중요합니다. 기초공사가 잘 되어 있으면 '외국어는 시간 투자다'라는 말을 실감할 수 있습니다. 어떤 책이 좋은지를 찾을 필요도 없이 어떤 책으로 해도 어떤 DVD를 보여줘도 아이의 외국어 실력이 산을 굴러 내려오는 눈덩이처럼 커지는 것을 경험할 수 있을 거예요.

단어
: 내 주변이 바로 외국어 사전

단어를 의식적으로 노출하자!

원서나 DVD를 소극적으로 노출하는 과정에서 아이가 배우는 어휘는 원어민이 어휘를 늘려가는 속도와 비교하면 충분하지 않습니다. 유아용 전집을 보면, 어떤 전집을 사도 내용이 비슷하게 반복되어 결국 2~300개의 기초 어휘를 자연스럽게 접하게 되는 정도입니다. 그렇기 때문에 의식적으로 단어를 노출하여 아이가 들어서 인지할 수 있는 단어 수를 꾸준히 늘려주는 것이 중요합니다.

"단어를 따로 알려주는 건 너무 주입식 교육 같아요", "학습을 시키고 싶지는 않아요"라고 생각하는 엄마도 있겠지만, 이건 아이에게 억지로 단어 리스트를 주고 외우도록 강요하라는 게 아니에요. 엄마가 의식적이고 반복적으로 아이에게 단어를 많이 들려주어 단어를 알게 해주자는 뜻이에요. 아이가 모국어 어휘를 늘려가는 과정도 책이나 영상을 통한 것보다 주위에 있는 사물을 이용해 엄마가 끊임없이 어휘의 씨앗을 뿌려주는 것의 영향이 크지요. 동일한 방법으로 외국어로 어휘의 씨앗을 심어보세요.

일단 매일 엄마의 컨디션과 상관없이 꾸준히 해나갈 수 있도록 하나의 간접 노출 단어 프로그램을 사용해서 단어 노출을 시작해보세요. 멀티미디어의 도움을 받아 매일 시간을 10분이라도 내서 어휘를 노출해주는 것이 중요합니다. 아이가 보았던 어휘는 엄마도 함께 익혀서 평소에 한 번이라도 그 단어를 더 말해주기 위해서 노력합니다. 더 효과가 컸던 것은 아이가 관심을 보이는 물건의 이름을 외국어로 찾아서 단어를 알려주는 것이랍니다. 이렇게 해서 아이의 명사 어휘를 늘려갈 수 있습니다.

흔히 어휘를 공부하려면 당연히 문장이나 내용을 통해서 자연스럽게 익혀야 한다고 생각하고 단어를 따로 알려주는 것은 옳지 않다고 생각할 수 있어요. 그렇지만 예문을 통해서 배우는 것이 더 효과적인 것은 형용사처럼 그 느낌을 전달해야 하는 어휘고, 사물과 1:1로 매칭이 되는 명사는 일상생활에서 단어로 충분히 채워줄 수 있답니다.

'computer'라는 단어를 익히는 데, 그냥 아빠가 늘 사용하는 컴퓨터를 가리키며 'It's a computer!'라고 아이에게 말해주는 것이 효과적일까요? 아니면 아이가 보는 그림책에서 "Once upon a time, there was an old computer sleeping on the desk"라는 문장을 만나기를 기다리는 것이 더 빠를까요? 후자의 방법은 만약 그 그림책에서 computer의 그림이 크게 강조 되어 그려져 있지 않다면, "아~ 그냥 무언가가 자고 있구나" 하고 큰 고민 없이 넘어가게 될 확률도 크답니다.

아이에게 호기심을 갖게 하라

아이가 세상에 호기심을 갖게 하는 것은 부모의 중요한 역할이에요. 아이가 언어를 배우고 있다면, 세상을 그 언어로 표현하고 싶다는 호기심을 계속 갖게 해주는 것! 저는 아이가 보고 있는 물건들을 계속 사전으로 찾아서 알려 줬어요. 벚꽃놀이를 갔을 때도, "It's a cherry blossom tree" 하고 항상 아이의 세상을 아이가 배우고 있는 언어로 알려주기 위해서 노력했습니다. 그런데 사전을 찾는 데는 항상 시간이 필요했기 때문에 "우와~ 벚꽃 나무다! 서연아! 서연아! 근데 벚꽃 나무는 영어로 뭘까? 뭐지? 찾아볼까? 보여줄까?" 이렇게 엄청 궁금해하는 모습을 보여주며 사전을 찾았고, 그런 습관이 잡히니 이젠 새로운 것을 접할 때 "엄마! 미세먼지는 영어로 뭐야?", "엄마! 패딩은 영어로 뭐야?" 하고 아이가 제게 먼저 물어보게 됐어요!

사전을 읽는 아이는 하루 아침에 만들어지는 것이 아닙니다! 어휘에 대한 호기심을 길러주는 것, 그리고 아이가 항상 단어를 궁금해 하도록 만들어주는 습관! 소극적인 노출에만 만족하지 말고, 단어를 의식적으로 노출하는 습관을 오늘 시작해보세요. 단어는 정말 하루 10분이면 됩니다.

단어의 간접 노출과 직접 노출

○ 간접 노출 (어휘 프로그램) ○

주기 | 매일

방법 | 단어를 무작위 또는 주제별로 노출해주는 프로그램을 통해 매일 단어를 노출

추천 프로그램

리틀스마티 http://www.littlesmarty.co.kr

- 커리큘럼대로 260일 매일 틀기만 하면 되니 게으른 엄마도 할 수 있어요
- 반복 주기가 정해져 있어서 따로 계획을 세우지 않아도 되요

애니메이션사전 http://www.ieafter.com

- 화장실/침실/부엌/동네 등 장소별·주제별·테마별로 단어가 구성되어 있어요
- 한 주제별로 단어가 2~30개 정도 정리되어 있어 일주일 단위로 반복해서 주제별로 묶어서 인지하기 좋아요

- 의인화된 문장으로 되어 있어서 (I'm a cup. What do you want to drink?) 바로 단어를 활용하는 회화체 표현도 익힐 수 있어요

○ 직접 노출 (엄마랑) ○

주기 | 상시

방법 | 스마트폰에 사전을 준비하고 아이가 관심을 보이는 물건을 외국어로 찾아서 수시로 알려주기

추천 프로그램

네이버사전 http://endic.naver.com

- 좋은 예문을 빨리 찾을 수 있어요
- 단어를 바로 음성으로 들려줄 수 있어요
- 발음 인식기를 사용하여 내 발음과 원어민 발음을 비교할 수 있어요

구글 번역기 http://translate.google.com

- 영어, 중국어, 스페인어, 일본어, 러시아, 독일어, 베트남어 등 각종 언어로 바꿔서 바로 단어를 들려줄 수 있어요
- 다양한 외국어로 단어를 들려주기에 효과적이에요

아이가 어리고, 영상 노출을 아직 거의 하지 않아서 잔잔한 영상도 지루해 하지 않고 볼 수 있는 영유아라면 단어와 패턴을 동시에 실제 사진과 함께 익힐 수 있는 영상을 추천합니다. 아이가 지루해하지 않는다면, 최대한 같은 영상을 일주일 정도 반복해서 보여주는 것이 효과적입니다. 그리고, 한 클립이 5~7분 사이이니, 절대 장시간 연결해서 보여주지 말고, 한 클립씩 끊어서 조금씩 노출을 해야 영상 중독을 걱정하지 않을 수 있습니다.

아래 DVD들은 영어뿐만 아니라, 다양한 언어로 나와 있기 때문에, 향후 언어를 확장할 때에도 큰 도움이 됩니다. 그리고 포코요(Pocoyo)는 유튜브에서도 전체 에피소드를 모두 찾을 수 있기 때문에 지금 당장 무료로 시작할 수 있습니다.

- 포코요 Pocoyo
- YBCR Your baby can read
- 리틀핌 Little Pim

패턴
: 골격이 있어야 말이 나온다

아이가 몇 개의 익숙한 문장을 따라 하는 것에서 벗어나서 스스로 정확하게 생각하는 말을 영어로 만들어내기 위해서는 문장을 만들 수 있는 뼈대가 필요합니다. 기본 뼈대와 문장으로 대답하는 습관이 잘 잡혀 있으면, 점차 영상·책 등 간접적인 노출을 통해서도 뼈대에 살을 붙여서 다양한 표현을 사용할 수 있게 된답니다. 처음 문장 발화가 시작되는 시작점은 엄마가 적극적인 노출로 도와주면 훨씬 빠르게 도달할 수 있습니다.

　문장으로 대답을 하는 아이들은 대화가 쉽게 가능합니다. 예를 들면 "What do you want?"라고 질문을 했을 때, 문장으로 대답하는 습관이 없는 아이는 단어가 생각나지 않으면 바로 한국어로 대답을 하거나 입을 꾹

답습니다. 하지만 패턴으로 대답하는 습관이 잡힌 아이는 "I want ……"라고 반사적으로 문장을 받아놓고 생각을 하기 때문에, 대화를 진행하는 상대가 "Coke? Juice? Water?" 이렇게 단어의 힌트를 주면 그걸 듣고 "I want juice"라고 문장을 만들어서 대답을 할 수 있습니다. 패턴을 사용하여 말을 받는 습관이 있으면 어휘가 부족해도 대화가 진행이 되고, 문장을 받아내는 과정에서 중요한 패턴을 계속 따라 말하게 되니 말이 터지는 속도가 빨라집니다.

아주 쉬운 문장이라도 책을 통해서만 읽었던 아이와 질문에 대답을 해 본 아이는 그 언어를 사용할 수 있는 활용 능력에 엄청난 차이를 보이게 됩니다. 이런 습관은 다른 언어를 익힐 때도 너무 중요한 초석이 되어줍니다. 패턴형 전집을 어떻게 적극적으로 활용하느냐가 첫 문장의 뼈대를 어떻게 세워줄 것인지에 가장 중요한 요소가 됩니다.

패턴형 전집은 아이들이 문장으로 말을 하기 위해서 필요한 필수 패턴들을 쉽게 익히도록, 하나의 책에 하나의 패턴이 다양한 "I'm going to ~ + 장소"가 반복되는 전집이라면, "I'm going to school / I'm going to the hospital" 같은 하나의 패턴이 계속 반복되는 전집입니다. 이런 전집을 통해서 아이에게 골격을 잡아주면 어휘가 늘어나면서 스스로 만들 수 있는 문장이 기하급수적으로 늘어납니다. 뿐만 아니라 문장으로 발화하는 습관이 잡히게 되면서 언어를 배울 수 있는 기회가 훨씬 커지게 됩니다.

패턴형 전집의 간접 노출과 직접 노출

○ 간접 노출 ○

주기 | 매일

방법 | 패턴을 강조하는 패턴형 영어 전집을 매일 5권 이상 읽어준다. 한 줄 방식의 패턴 전집을 읽어줄 때는 문자보다는 그림을 엄마가 손으로 가리키며, 그림에 집중하게 하면서 읽어준다. 조금씩 패턴이 익숙하게 되면, 엄마와 아이가 번갈아 가면서 읽는 방식(크로스 토킹)으로 읽어준다. "I'm going to (엄마가 그림을 가리키면서)"라고 엄마가 읽으면, 아이가 그림을 보면서 "school!" 하고 단어를 말하는 방식

○ 직접 노출 ○

주기 | 일주일

방법 | 하나의 패턴을 선정하여 생활 속에서 엄마가 반복해서 써주는 방식

1. 생활 속에서

영어가 책에서만 접하는 언어가 아니고 생활에서 사용되는 언어라는 것을

알려주어야 합니다. 하나의 패턴을 선정하여 일상 생활에서 그 패턴을 정확하게 반복해주세요.

2. 단어 더하기

패턴형 전집은 8~10페이지 가량이기 때문에 접할 수 있는 단어가 제한적입니다. 그래서 단어를 추가해서 다양하게 읽어주는 방법이 필요합니다. 예를 들면 "This is my daddy. This is my mommy" 이렇게 "This is ~" 라는 패턴과 가족 단어가 반복되는 전집이 있다고 해볼까요? 하지만 유아용 전집에서 cousin, uncle, great grandmother 등의 명칭을 찾기는 어렵습니다. 그렇기 때문에 단어를 추가로 찾아서 패턴에 붙여서 확장시켜 주는 것이 필요합니다.

3. Yes & No Question

기계적으로 문장을 따라 하는 것이 아니라, 질문과 답변을 통해 문장으로 대답하는 연습을 쉽게 할 수 있어요. 엄마가 패턴을 이용하여 질문을 하면, 아이가 패턴 문장을 사용하여 대답하는 연습을 통해서 아이가 질문하는 사람의 문장에서 사용된 표현을 그대로 받아서 문장으로 표현하는 연습을 할 수 있습니다.

4. What/Who/Where/When Question

의문사 중에서 Why 와 How는 대답하기 위해서 스스로 많은 문장을 만들어내야 하지만, What/Who/Where/When은 간단한 패턴만 사용해서도 연습을 할 수 있습니다.

I love~ 패턴 : Who/what do you love?

I'm going to 패턴 : Where are you going?

I can ~ 패턴 : What can you do?

In the morning/In the afternoon/ at night 패턴: When do you _____?

똑같이 전집에 있는 문장을 그대로 사용하여 이야기를 하는 것이라도, 그냥 책을 기계적으로 읽는 것이 아니라, 질문에 대한 대답으로 하게 되면 언어의 골격이 잡힙니다. 그리고 대화가 되는 자신감을 갖게 됩니다. 엄마도 아이의 진도에 맞춰서 하나의 패턴만 반복적으로 사용하겠다고 마음을 먹으면, 공부할 것의 범위도 줄어들고 하나에 집중할 수 있게 됩니다. 아이가 아직 말을 할 수 없을 때에도, 엄마가 책을 활용하여 읽어줄 때, 문답 형식으로 읽어주면 어떻게 문장으로 대답하는 방법을 자연스럽게 습득하게 됩니다.

패턴, 이렇게 활용해요!

패턴형 전집 예시

패턴 | I Love my~

단어 | Mommy, daddy, sister, brother, grandma, grandpa, puppy

1. 생활 속에서

책이 없는 상태에서 가족들을 한 명씩 안아주면서 패턴을 사용한다. 아이의 장난감에 "I love my ~"를 넣어준다. "I love my toy"

2. 단어 더하기

아이의 가족 관계에서 책에 없는 단어(증조할머니, 증조할아버지, 삼촌, 숙모, 사촌동생 등)을 사전을 통해서 검색한다.

※ Google 에서 'Family vocabulary for kids'를 검색하면 주제별 단어를 볼 수 있다. '(주제) vocabulary for kids' 이렇게 검색해서 더해줄 단어를 정리한다.

아이가 디즈니 공주 캐릭터를 좋아하는 경우는, "I love my sleeping beauty doll, I love my snow white doll" 이런 예문으로 확장한다.

3. Yes/No question으로 활용

Do you love your daddy? Yes, I love my daddy

Do you love your mommy? Yes, I love my mommy

Do you love your grandma? Yes, I love my grandma

문답 형식으로 질문과 대답을 엄마가 혼자 말해주는 것부터 시작해서, 천천히 아이와 번갈아 가면서 이야기 하는 형식으로 확장한다

4. What/Who/Where/When Questionn으로 활용

Who do you love? I love my daddy

Who do you love? I love my mommy

Who do you love? I love my grandma

What/Who/where/when 의문사 중에서 패턴에 가장 어울리는 의문사를 선택해서 아이에게 질문해주고, 아이와 질문과 대답을 하는 형식으로 확장한다.

※ 이렇게 적극적으로 노출하는 패턴은 일주일에 하나를 정해서 계속 반복하는 것이 엄마의 정신건강에 더 효과적입니다. 하나의 패턴만 반복해서 사용해도 된다고 생각하면 부담이 적어지기 때문에, 일상생활에서 엄마가 영어를 사용하는 비중이 늘어나게 된답니다. 하나의 책을 반복한다고 해도 여러 다른 방법으로 확장해서 반복하는 것이기 때문에, 아이도 학습으로 느끼지 않습니다.

동요
: 소리로 공간을 채우자

조기 외국어를 성공적으로 유지하는 데 가장 중요한 것은 소리 노출입니다. 아이의 귀가 새로운 언어에 익숙해지고 자연스럽게 젖어들 수 있도록 최대한 많은 시간을 외국어에 노출하는 것이 가장 중요합니다. 특히 만 5세까지는 아이가 무엇을 하고 있더라도 항상 그 공간을 외국어 소리로 채우려고 노력했어요. 그러다 보니 방해가 되지 않는 수준으로 소리를 채워줄 수 있는 방법이란 바로 아이의 귀를 사로잡을 수 있는 동요를 틀어놓는 것이었어요. 밥 먹는 시간, 목욕하는 시간, 놀이를 하는 시간 등 옆에서 엄마가 직접 노출을 하거나 책을 읽어주는 시간을 제외한 모든 시간 동안 항상 동요를 틀어주었답니다.

처음에는 아이가 동요를 듣다가 가끔 일정 부분을 흥얼거리기만해도 "우와! 늘 딴 짓을 하는 것 같아도 다 듣고 있구나"라는 기쁨을 느꼈는데, 시간이 지날수록 "이렇게 뜻도 모르는 상태로 계속 많이 듣기만 해도 도움이 되는 걸까?"라는 생각이 들었어요. 그래서 동요도 적극적인 직접 노출을 병행하기 시작했어요. 즉 아이가 관심을 보이는 곡을 일주일에 한 곡 골라서 율동, 그림, 연계 책, 가사의 내용을 잘 표현해주는 동영상을 사용하여 뜻을 최대한 이해할 수 있도록 도와주었지요. 그리고 그 한 곡은 엄마도 마스터하여 아이 앞에서 계속 불러주고 제대로 가사를 따라 하지 못하는 부분은 끊어서 가사를 천천히 읽어주기도 하면서 직접적으로 노래를 이해하는 것을 도와주었어요. 즉 어른들이 팝송 가사를 통해 영어를 공부하는 것처럼, 정말 뜻을 알고 부를 수 있도록 만들어준 것이었어요.

마더구스나 노래 가사들은 한국어로 해석해주는 것이 어려운 경우가 많아서 항상 큰 행동이나 율동, 동작gesture, 그리고 그림을 통해서 노래를 설명해주기 위해서 노력했지요. 그런 과정이 엄마에게도 모국어를 거치지 않고 아이에게 뜻을 이해시키는 방법을 서서히 터득해나가는 데 도움이 많이 되었어요. 책은 모국어로 그냥 뜻을 알려주고 싶다는 유혹이 크게 느껴지는데, 사실 노래는 한국어로 설명해줘도 명쾌하게 해석이 어려운 가사들이 많아서 그저 그 느낌을 받아들일 수 있도록 도와주는 데 더 집중하게 되거든요.

그렇게 일주일에 한 곡, 한 달에 4곡. 아이가 이해할 수 있는 노래가 조금씩 쌓이기 시작했고, 그렇게 한 번 직접 노출로 익힌 노래는 그 이후에는 그냥 자유놀이 시간에 편안하게 틀어놓기만 했어요. 그러면 아이가 혼자 모든 노래를 따라 부를 수 있어서 영어 노출 시간을 늘리는 데 일등 공신이 되어 주었답니다. 그리고 엄마가 이미 읽어준 전집과 아이가 모국어로 이미 알고 있는 동요는 이런 과정 없이도 아이에게 쉽게 이해시킬 수 있기 때문에, 아이의 듣기 시간을 자연스럽게 확보할 수 있었어요. 새로운 노래를 접하게 할 때에도 재생 목록 두 세곡에 한 곡씩 아이가 좋아하는 노래를 섞어서 틀어놓으면 아이가 좋아하는 동요가 계속해서 아이의 귀를 사로잡아 주었어요.

간접 노출은 정말 동요만한 것이 없었어요! 뜻을 모르는 영미권 마더구스는 일주일에 한 곡씩 적극적인 엄마와의 놀이를 통해서 배워가면서 틀어주세요. 아이가 요즘 반복해서 읽고 있는 전집도 동요로 계속 틀어주면서, 동요로 아이의 시간을 채워나가 보세요.

동요를 항상 틀자
| 3개의 영역을 기억하세요! |

익숙한 동요를 영어로!	영미권 마더구스	전집을 동요로!

동요의 간접 노출과 직접 노출

○ 간접 노출 ○

주기 | 하루 종일

방법 | 아이가 익숙한 동요의 소리로 항상 공간을 채우자!

1. 아이가 좋아하는 전집을 동요로 들려주세요!

책을 꼭 항상 읽어주기만 하는 건 아닙니다. 아이가 좋아하는 전집은 동요 메들리로 들려주세요! 하나의 전집의 동요를 모두 들려주는 데 1시간도 걸리지 않기 때문에 계속 반복할 수 있습니다.

노래가 좋은 전집 추천

노부영 베스트, 제이와이북스

잉글리시 타이거, 삼성출판사

잉글리시타임 뉴 뮤직팩

2. 아이에게 익숙한 동요를 영어로 들려주세요!

아이가 이미 모국어로 알고 있는 익숙한 노래를 영어로 들려주면 뜻을 따로 해석해줄 필요가 없어서 아이가 더 빠르게 노래와 뜻을 연결하여 익힐 수 있습니다. 모국어와 짝을 지어서 들려줄 수 있는 노래와 한국어로 번안될 때는 다른 가사일지라도 노래 음은 이미 아이에게 익숙한 노래들을 들려주면 아이의 귀를 사로잡을 수 있습니다.

뜻이나 음이 친숙한 동요집 추천

박현영의 키즈 싱글리쉬, 꿈소담이

미국 유치원에서 가장 많이 부르는 영어동요 30, YBM

3. 영미권 아이들이 듣는 동요(마더구스)를 들려주세요!

노래는 문화의 중요한 축이기 때문에 영어권 아이들이 부르는 노래에 익숙해진다면, 아이가 외국인을 만났을 때 인사 이외의 대화를 끌어나갈 수 있는 바탕이 됩니다. 마더구스는 유튜브 채널을 통해서도 무료로 쉽게 찾을 수 있어서 지금 당장 노출을 시작할 수 있습니다.

마더구스 유튜브 채널 소개

Super simple songs(수퍼심플송)

Mothergoose club(마더구스 클럽)

Hello Cocomong English season1(헬로코코몽 영어 시즌1)

LittleBabyBum(리틀베이비붐)

○ 직접 노출 ○

주기 | 일주일 같은 곡 반복

방법 | 아이가 좋아하는 노래를 엄마가 가사를 정확하게 숙지하고 율동 · 그림 · 책을 통해서 아이에게 뜻을 인지시키고 노래를 같이 부를 수 있도록 반복한다!

율동 & 그림으로 뜻을 설명하기 쉬운 마더구스

Hickory Dickory Dock

Five Little Monkeys Jumping On The Bed

Head, Shoulders, Knees & Toes

If You're Happy And You Know It

Rain, Rain, go away

Are you Sleeping Brother John

Twinkle Twinkle little star

Ten Little Indians

Finger family

Old MacDonald had a farm

This Is the Way

Row Row Row Your Boat

Baby Shark

I Can Sing A Rainbow

생활 회화
: 일상을 영어로 표현하자

아이의 표현 욕구가 커지는 것에 맞춰서 영어 노출의 범위가 확장되고 있나요?

아이는 맨 처음 자기 주변의 사물에 호기심을 느끼고(단어), 간단한 자기주장을 시작하며(패턴), 일상생활에서 사용하는 말(생활 회화)을 이해하기 시작합니다. 생활 회화의 발달은 처음은 엄마가 하는 말을 이해하는 것(인지)에서 시작하여, 엄마의 말에 대답을 할 수 있게 되고(문답), 그 이후에는 스스로 일상생활을 하는 데 아무 문제가 없게 됩니다(역할 수행). 그래서 모국어로도 3~4살 무렵부터 생활 동화를 읽어주는 것을 중요하게 생각하고 아이의 일상생활에 언어를 채워주는 노력을 하지요.

영어도 마찬가지입니다. 아이의 일상생활을 잘 표현해줄 수 있는 짧은 생활 동화를 베드타임 스토리 북으로 읽어줍니다. 이때 아이와 비슷한 연령대의 캐릭터가 나오고 바로 따라할 수 있는 회화체 표현들이 많은 책을 읽어줘야 영어로 말을 하고 싶은 욕구가 점점 커집니다.

아이가 에너지가 왕성하여 놀고 싶어할 때는 패턴과 동요를 사용해 엄마가 몸으로 놀아주면서 적극적인 노출을 하고, 잠들기 전 아이가 긴 호흡으로 이야기를 들을 수 있을 때는 생활 회화 전집을 읽어 주었어요. 이렇게 어떤 활동을 어떤 시간대에 하고, 어떤 호흡으로 책을 읽어줄 것인지에 대한 것까지도 철저하게 아이에게 맞춰주려고 노력했어요.

엄마가 일상생활에서 회화를 써주는 것이 중요하다는 것은 모두 알고 있습니다. 그런데 엄마가 언어를 아주 잘하지 않는 이상 아이의 상황에 맞춰서 회화를 쓰는 것은 너무 어려운 일이랍니다. 그래서 생활 회화를 아이와 역할극으로 익히기 시작했어요. 물론 엄마 공부의 목표는 항상 아이의 상황에 맞춰서 회화를 쓸 수 있도록 아이가 한국어로 표현하는 말들을 영어로 어떻게 표현할까 고민하는 것에 있지만, 엄마의 실력이 거기 이를 때까지 기다리면 그 사이에 아이는 이미 엄마가 필요 없을 정도로 커버리잖아요?

그렇기 때문에 엄마가 공부한 생활 회화 표현에 아이의 상황을 맞춰와야겠다고 생각했어요! 즉 오늘 엄마가 공부한 표현이 '아침 기상' 부분이라면, 아이와 아침에 일어나는 상황을 역할극으로 일주일 동안 계속 반복해서 이야기를 했습니다. 물론 실제로 아이를 깨우는 상황에서도 그 부분의 회화를 사용하고, 그냥 놀이 시간에도 손인형을 사용하여 자고 있는 아이를 깨우는 것을 반복했어요. 특히 아이와 엄마의 역할을 바꿔서 아이에게 엄마 역할을 하게 시키면 더 재미있게 생각했지요. 하나의 상황을 일주일 정도 반복해서 사용하면 엄마도 아이도 하나씩 익숙해지게 된답니다. 그렇게 조금씩 입에 붙는 표현들이 생기면, 점차 아이의 상황에 맞는 생활 회화가 가능해질 거예요. 처음부터 잘하는 엄마도 없고, 처음부터 잘하는 아이도 없습니다. 벽돌을 쌓아가듯 하나씩 천천히 역할극을 시작해보세요!

생활 회화의 간접 노출과 직접 노출

○ 간접 노출 ○

주기 | 매일

방법 | 아이의 일상생활을 잘 표현해줄 수 있는 짧은 유아 생활 회화가 중심인 스토리 전집을 베드타임 스토리 북으로 읽어준다

유아 생활 회화가 중심인 스토리 전집 추천

톡톡 플레이타임 인 잉글리시, 글뿌리

코코몽과 함께 좋은 습관 기르기, 별똥별

상상영어 - New 마메모, 블루앤트리

An Elephant and Piggie Book, 모 윌렘스

○ 직접 노출 ○

주기 | 일주일 반복

방법 | 아이가 일상생활에서 자주 쓰는 일상생활 표현이 정리되어 있는 회화 표현책을 상황별로 짧게 발췌해서 아이와 역할극을 하면서 회화가 발화되는 것을 도와준다. 손인형을 사용하여 아이와 상황에 맞는 역할극으로 표현을 반복한다.

생활 회화 표현책 추천

말문이 빵 터지는 세 마디 영어 세트, 노란 우산

말문이 빵 터지는 엄마표 생활영어, 노란 우산

역할극을 위한 가족 인형

생활 회화에서 표현되는 등장인물은 가족입니다. 엄마, 아빠, 나, 그리고 형제자매까지! 생활 회화를 역할극으로 표현할 때, 인형이 있으면 훨씬 재미있게 해나갈 수 있어요! 네이버에서 손인형 가족을 검색하면 다양한 손인형을 찾을 수 있습니다. 생활 회화를 함께 연습하는 시간을 즐거운 역할극 놀이 시간으로 만들어보세요!

| 서연이가 애용한 가족인형은 매직캐슬 손인형 가족세트 |

영어책, 체계적으로 노출하자

기본 아웃풋 유도
: 매주 주제별로 집중! [영어 전집]

영어 노출을 시작하면 우선 좋다는 영어 전집을 몇 질 사게 됩니다. 영어 전집이 좋을까요? 아니면 좋은 단행본을 사서 모아주는 것이 좋을까요? 저는 엄마가 언어를 수준급으로 구사해서 쉬운 것들은 모두 말로 해줄 수 있는 게 아니라면, 영어 전집이 반드시 필요하다고 생각해요.

아무리 아이가 좋아하는 음식이 있더라도, 너무 편식하면 안되잖아요. 그런데 단행본을 사서 모으면 아무래도 엄마의 취향과 아이의 취향에 맞는 쪽으로 치우치게 되고, 그럼 듣고 말하기 위해 필요한 기본 뼈대를 모두 건드리기는 힘들기 때문이에요.

그럼 집에 있는 전집을 어떻게 활용하면 될까요? 집에 이미 영어 전집이 몇 질이나 있음에도 다른 사람이 추천하는 전집을 또 구입해야 할까요? 저도 시행착오를 하는 중에 영어 전집을 여러 번 구입해보았는데, 유아 전집은 어떤 책을 구입하더라도 30개 정도의 주제가 반복된다는 것을 알게 되었어요. 그래서 그 30개의 주제들을 정리해서 벽에 붙여놓았어요. 처음에는 자연스럽게 손에 잡히는 대로 책을 읽어주다가 다음 단계로 '매주 하나의 주제를 정해서 주제별로 묶어서 읽어주자'라고 방향을 정했어요. 즉 만약 이번 주에 '동물'이라는 주제를 하기로 마음 먹으면, 집에 있는 동물 관련 책을 모두 모아서 노출해주고, 유튜브를 통해서 연관 동영상이나 노래를 묶어서 틀어주며, 집에서 같이 하는 미술놀이 및 신체활동도 동물이라는 주제에 맞춰서 해주기로 마음 먹은 것입니다.

아이가 반복을 지루해하지 않을 때는 하나의 주제를 잡아 일주일 동안 길게 노출했어요. 동요, 색칠, 율동, 종이접기, 독서, 영상 노출 등 다양한 방법을 사용했습니다. 아이가 반복을 지루해할 때는 하루에도 자주 주제를 바꿔가면서 계획적인 노출을 하기 시작했어요. 그렇게 하나의 주제로 묶어서 노출을 하니 아주 작은 변화라도 아이가 조금씩 느는 것을 확인할 수 있고, 그게 엄마에게 소소한 기쁨이 되었어요.

네, 물론 알고 있습니다. 그냥 욕심을 비우고 영어에 충분히 젖어들 수 있는 시간을 주는 게 더 중요하다는 것을요. 그렇지만 사실 엄마가 일을 하면서 아이에게 언어를 노출하는 환경에서, 그렇게 젖어들 정도로 충분한 시간을 갖는 건 불가능합니다. 그리고 가끔씩 찾아오는 '정말 되고 있는 걸까?' 하는 불안함과 초조함이 '오늘 하루 하지 않아도 상관 없어'라는 게으름을 낳기도 했고요.

물론 계획적인 노출도 처음에는 시행착오가 있습니다. 생각했던 것과 너무 다른 아이의 반응에 실망할 때도 있었고, 어쩔 때는 엄마가 의도했던 것과는 전혀 다른 놀이에 빠져드는 아이를 보고, "아이의 관심사에 맞게 외국어가 바로 전환될 수 있으면 얼마나 좋을까?" 한탄이 들 때도 있고요. 하지만 이제 그만해야지 생각할 때 생각지도 않게 아이가 엄마를 챙기며 "엄마, 오늘은 왜 과일 놀이 안해요?" 하고 물어볼 때도 있었어요. 그렇게 조금씩 저는 아이에게 가장 맞는 방법으로 함께 반복을 할 수 있는 틀을 잡아나갔습니다.

다음 페이지의 30개의 주제가 보이나요? 일주일에 하나의 주제를 선택하세요! 주제에는 순서가 있는 게 아니라서, 아이에게 가장 친숙한 주제부터 시작하면 됩니다. 그리고 주제를 중심으로 자료를 모아보세요. 그 다음 하나의 주제에 일주일 푹 빠져보세요. 6개월 정도 시간을 투자하면, 영어 전집을 주제별로 묶어서 한 번씩은 노출할 수 있습니다.

영어 전집 | 30개의 주제

숫자 Number	색깔 Color	가족 Family	장난감 Toy	동물 Animal
마실 것 Drink	간식 Sweets	음식 Food	얼굴과 몸 Face & Body	과일 Fruits
채소 Vegetables	탈 것 vehicles, Transportation	집 안 장소 My home, Parts of house	동작 Action	옷 Clothes
놀이터 Playground	마트 Supermarket	맛, 오감 Tastes, five senses	일상 Daily routines	거실 물건 in the living room
방 물건 in the Bedroom	화장실 물건 in the Bathroom	부엌 물건 in the Kitchen	기분 Feeling, Emotion	취미 Hobby
날씨 Weather	계절 Season	직업 Jobs	동네 Town	반대말 Opposites

영어 전집, 체계적으로 노출하기

1. 주제 선정 | 하나의 주제를 선정하자
2. 자료 모으기

   책 | 집에 있는 책 중 주제와 관련된 책 모두 모으기

   YouTube

   동요 | (주제어) songs for kids 로 검색해서 노래 고르기

   단어 | (주제어) vocabulary for kids 로 검색해서 단어 영상 고르기

   Google 이미지 검색

   단어 카드 | (주제어) flashcards for kids 로 이미지 검색해서 단어 카드 고르기

   색칠 놀이 | (주제어) coloring for kids 로 검색해서 색칠 놀이 주제 고르기

   기타 활동 | (주제어) activities for kids 로 검색해서 다른 놀이 아이디어 구경하기
3. 리스트를 적고 아이와 실천하기
4. 아이가 좋아했던 것과 크게 반응이 없었던 것을 적어서 시행착오 줄이기

주제별 노출 계획표 예시

1. 주제 | 신체(얼굴 & 몸)

2. 신체 관련 책 모으기

3. 동영상 자료 | 유튜브 검색

    검색어 | My face vocabulary for kids

4. 패턴 연계

    Look at my~ 패턴과 관련 단어를 묶어주기

5. 활동 계획

    1단계 | 행동 아웃풋 유도

    Look at my eyes, Look at my nose 문장을 엄마가 읽어주고 아이가 신체 부위를 손가락으로 가리키기

    2단계 | 〈머리 어깨 무릎 발〉 노래 부르기

    단어를 확실하게 익히는 목적으로 〈머리 어깨 무릎 발〉 영어로 노래 부르면서 복습하기

    3단계 | 숨은 그림 활용하기(패턴 활용)

    숨은 그림 찾기 놀이를 하면서 Look at my teddy bear! Look! Look at my doll 이렇게 새로운 물건을 찾을 때마다 말해주기

4단계 | 장난감 소개하기(일상생활에서 활용)

서연이가 제일 좋아하는 장난감을 고르고, "Look at my teddy bear's eyes", "Look at my teddy bear's nose" 하고 장난감의 신체 부위 소개하기

5단계 | 페이스페인팅 물감으로 얼굴에 그림 그리기

페이스페인팅 물감으로 아이 얼굴에 그림을 그린 후에 "Look at my face!" 외치고 예쁘게 웃는 아이 얼굴 사진 찍어 주기

하루 1시간
직접 노출 & 적극 노출 [상호작용]

물론 영어 노출은 많이 하면 할수록 좋습니다. 그렇지만 상호작용 없는 언어는 이미 그 자체로 죽어 있는 언어이기 때문에, 엄마가 적극적으로 상호작용하는 것이 중요해요. 그렇게 해줄 수 있는 시간을 하루에 한 시간 확보하는 것이 책을 많이 읽어주는 것보다 더 중요하다고 생각해요. 이렇게 주제를 정하고 엄마가 적극적으로 주도해서 노출하는 환경을 만들어 나가자는 굳은 결심을 했죠! 그리고 실천했습니다.

사실 주제별로 묶어서 아이와 놀이를 하고 책을 읽으면, 읽을 수 있는 책의 양이 그렇게 많지 않아요. 하나의 주제로 묶으면 많게는 5권, 적게는 2~3권을 읽어주게 되지요. 대신 책을 내려놓고 놀면서 반복하는 시간이 많아져요. 비슷한 단어와 표현들을 아이에게 노래, 책, 회화, 패턴으로 전달합니다. 때로는 그림을 보면서, 몸으로 말하면서, 구체적으로 접하게 되니 훨씬 더 빠르게 받아들였어요.

이런 생각을 많이 했어요. '이렇게 해서 내가 영어 교육에 혹시 성공하지 못하더라도, 적어도 아이와 매일 함께 시간을 보냈다는 그 추억들이 남을 거다.' 아이에게 엄마와 재미있는 활동들을 했던 기억이 남을 거라고 말이에요. 그리고 그렇게 엄마와 함께 보낸 시간들은 절대로 배신하지 않는다고 생각했죠. 만약 아이가 영어를 잘하게 되지 못하더라도 엄마와의 유대관계가 남을 것이고, 함께 같은 목표를 위해 노력했던 경험, 함께 쌓아가는 시간들이 남을 거라고요. 그건 다른 어떤 것으로도 아이에게 대체해줄 수 없는 것이기 때문에, 내가 부족하더라도 책과 DVD에만 의존하지 않으려고 했어요. 반드시 엄마가 모든 것을 함께해주는 적극적인 노출 환경을 적어도 하루 한 시간 확보하기로 했죠.

하루 한 시간? 길다면 길고 짧다면 짧을 수 있는 시간입니다. 그냥 시간을 때우는 게 아니고 온전하게 한 시간을 아이에게 집중해본 적이 있다면, 정말 짧지 않은 시간이라는 것을 알 수 있을 거예요. 때로는 엄마 주도 하에, 때로는 아이의 페이스에 맞춰 '밀고 당기기'를 하면서 한 시간 동안 함께 노래하고 춤추고 뛰고 게임을 하다 보면, 정말 체력 소모가 생각보다 커서 이 이상은 못할 것 같다는 생각이 들 정도였어요.

그런데 변화가 생기기 시작했습니다. 처음에 소리 노출만 하다가 이렇게 상호작용을 더하니 모든 노출의 효율이 함께 올라가는 것을 느낄 수 있었습니다. 당연히 이렇게 일주일동안 테마를 반복하여 노출한다고 해도 아이는 일정 시간이 지나면 단어를 까먹기도 합니다. 하지만 그런 아이에게 그 테마를 상기시킬 때에는 큰 노력 없이 그냥 책을 한 권 읽어주거나, 연관 동요를 지나가면서 한 번 들려주기만 해도 다시 기억해내는 것을 자주 목격했습니다. '아, 처음 장벽을 넘어가는 게 어렵지 한 번 장벽을 뛰어넘고 나면 다시 하는 건 너무 쉬운 일이구나.' 그렇게 적극적인 노출의 중요성을 배웠어요. 뼈대를 잡아주는 것과 그렇지 않은 것의 효율 차이를 명확하게 확인하고 나서는 점점 이 '한 시간의 중요성'에 확신을 갖게 되었어요. 확신이 생기고 나니 꾸준함이 생기게 되었고요.

	상호작용을 통한 적극적 노출 계획
단어	애니메이션 사전 or 리틀 스마티 (5분) 네이버 사전으로 계속 단어 알려주기 (최소 하루 5단어 이상)
패턴 & 동요 (주제 노출)	이번 주 주제 ǀ 가족 (Family) 전집 ǀ 오톡 1권, 씽씽영어 1권 (5분) 패턴 ǀ I love~ (아이가 좋아하는 장난감에 연계)(5분) 동영상 ǀ YouTube Family vocabulary (5분) 동요 ǀ Finger Family (5분) 미술 활동 ǀ 가족 앨범 만들기 (가족 소개하기)
역할극 (생활 회화)	양치질 관련 생활 회화 1과 - 화장실에서 매일 써주기 (양치질 관련 생활 회화 화장실에 붙여놓기)
하루 한 시간, 아이와 영어로 자신 있게 소통하는 시간을 만들어 보세요	

 **확장:**
베드타임과 주말 아침은 골고루 [영어책 다독]

평일에 일을 끝내고 아이를 기관에서 데려와서 같이 저녁밥을 먹는 일상이다 보니, 간단한 생활 회화를 쓰거나 같이 주제별로 책을 읽으면서 노래를 부르고 놀고 나면 다양한 책을 읽어줄 수 있는 시간을 확보하기가 어려웠어요. 게다가 아이가 책을 크게 좋아하지 않으니 에너지가 넘치는 시간대에 책을 읽어주려고 하면, 사방으로 뛰어다니고 집중하지 못했거든요. 그 와중에 평정심을 잃지 않으면서 그림이 예쁘고 스토리가 있는 긴 책을 읽어주는 건 너무 어렵더라고요. 익숙한 모국어라고 해도 어려운 일인데, 영어로 책을 읽어주려면 훨씬 더 집중해야 하잖아요. 아이는 계속 뛰어다니니 점점 저도 책을 읽어주는 시간을 내려놓게 되었어요.

역시나 영어책을 다양하게 읽어줄 수 있는 시간이 없으니 기껏 뼈대를 세워 놓아도 살을 붙여나갈 수 있는 시간이 없었어요. 이렇게 해서 얻게 된 교훈 하나, '시간이 부족하다는 말은 항상 핑계다. 분명 중요하다고 생각하는 일인데도 자꾸 우선 순위에서 밀린다면, 그 일만을 하기 위한 시간을 따로 정해놓자!' 이런 생각에 제가 잡았던 시간이 자기 전 베드타임과 주말 아침이었습니다. 베드타임에는 아이가 에너지 레벨이 떨어져 있어, 평소에 읽던 책보다 조금 긴 책도 들을 수 있어요. 또 평일 아침에는 항상 일어나면 정신 없이 나갈 준비를 해야 하니 누워서 침대에서 빈둥대면서 책을 읽는다거나 수다를 떠는 여유를 가질 수 없으니, 주말 아침은 꼭 일어나서 책을 먼저 잡자는 철칙을 세웠어요.

'아무리 다른 일이 급하다고 해도 그 시간은 책을 읽어주는 시간으로 삼아야 한다!' 너무 힘들거나 일이 늦게 끝나서 책을 읽어줄 수 없을 때는 책의 음원을 들으면서라도 꼭 책을 읽어주는 시간을 유지했어요. 잠들 때까지 또는 주말에 일어나서 바깥 활동을 하러 나가기 전에 틈새 시간에 읽는 것이기 때문에 읽어주는 책의 권 수가 일정하지도 않고 많지도 않았지만, 그래도 매일 외국어로 된 책을 접하는 시간을 유지할 수 있었습니다.

베드타임 책 고르기

1. 아이가 읽어달라고 가지고 오는 책

: 어떤 책이라도, 무수히 반복했던 책이라도 아이가 읽어달라는 책을 우선 읽어주자! 아이는 들을 때마다 다른 부분에 집중해서 보기 때문에 몇 번을 읽어줘도 새로운 자극을 받는다!

2. 유명한 작가(앤서니 브라운, 에릭칼)의 그림책

: 그림이 예쁜 책을 읽어주면서 스토리에 몰입할 수 있도록 한다. 영어로도 한국어만큼 재미있는 책들이 많다는 것을 알려주자!

3. 아이가 좋아하는 놀이와 연계되는 책

: 항상 그림에 관심이 많은 아이라서 《그림 그려 줘, 루이!》 같은 그림을 그리는 책을 읽어주면 훨씬 더 집중해서 볼 수 있었다.

4. 엄마가 스토리를 알고 있어 실감나게 읽어줄 수 있는 명작동화

: 아무리 쉬운 책이라고 할 지라도 엄마가 미리 내용을 알고 있지 않으면, 읽다 보면 아무 생각 없이 입만 움직이게 되는 경우가 많다! 엄마가 내용을 알아서 제대로 읽어줄 수 있는 명작동화를 외국어로 읽어주자!

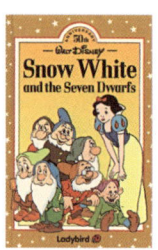

서연맘's 베드타임 스토리북 추천

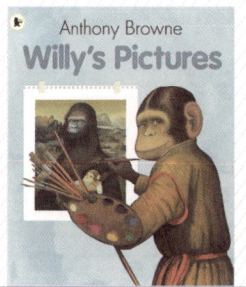

Anthony Browne
Willy 픽처 북 7종 세트

My very first book of Eric Carle 세트

그림 그리며 배우는 영어 루이
(Louie, draw me)

노부영 베스트

노부영 닥터수스

삼성출판사
세계명작 영어동화 30권

04

캐릭터로 몰입하는 환경을 만들자

회화체에만
집중해본 적 있나요?

영어 전집을 체계적으로 노출하는 게 끝나고 나면, 또 엄마표의 기로를 맞게 됩니다. 이 다음 단계로 가장 많이 택하는 길이 리더스를 구입하고 영어책을 집중 듣기 하면서 리딩을 준비하는 길일 것입니다. 처음에는 영어를 많이 들으면 언젠가는 말이 터질 거라고 생각하다가, 이젠 또 영어 책을 많이 읽다 보면 영어를 말하게 될 것이니 길게 보고 가야 한다고 돌아가는 길을 선택하지요. 영어를 많이 들으면 당연히 들어서 이해하는 능력이 늘어납니다. 영어 책을 많이 읽으면 읽고 이해하는 능력이 늡니다. 당연히 영어 말하기를 늘리기 위해서는 영어를 말하고 싶다는 동기 부여와 영어를 말할 수 있는 기회를 많이 주는 것이 중요합니다.

서연이는 문자를 인지하는 게 빠르지 않았기에 듣기와 말하기에 집중하는 시간을 더 오래 유지할 수 있었습니다. 문자가 느렸기에 좋아하는 책을 혼자 보려면 들을 수 밖에 없었고, 책의 내용을 혼자 말하고 싶을 때는 책의 문장들 중 좋아하는 부분을 외워서 읽는 방법 밖에 없었습니다. 그렇게 말하기에 집중을 할 수 있는 환경이 만들어졌고, 그 환경을 적극 활용하여 말하기에만 집중할 수 있는 시기를 준비하기 시작했어요.

영어 전집 노출이 끝났을 때, 아이는 간단한 문장을 만들어서 얘기하고 혼자 놀 때 영어로 옹알이를 하는 것처럼 중얼거리는 상태가 되었습니다. 그렇지만 자신의 생각이나 하고 싶은 말을 상황에 맞게 정확하게 영어로 표현하고 있다는 생각은 들지 않았어요. 아이가 읽는 책에서 접할 수 있는 회화 표현이 한계가 있기 때문에, "Where are you from?" 같은 질문에도 어떻게 대답할지 멍해지는 상태가 종종 보였어요.

또한 아이의 생활이 훨씬 다양해지기 시작했습니다. 엄마랑 같이 하는 집에서의 일상생활 비중은 점점 줄어들고, "너 오늘 뭐했니?"에 대한 대답이 소풍, 수영장 가기, 놀이동산 가기, 뮤지컬 보기, 유치원에서 친구들이랑 만들기 하기, 친구 생일파티 하기, 눈 오는 날 눈사람 만들기 등 다양해지니 엄마가 집에서 쓰는 회화로는 아이의 생활이 커버되지 않는 상황이 오게 되었어요. 아이의 이런 다양한 생활이 모두 한국어로 이뤄지니, 당연히 회화를 하다가 한국어로 말이 전환되는 경우도 더 자주 발생했고요.

결국 아직은 책을 보면서 혼자 말하는 것보다 상황에 맞는 회화를 채워가는 게 더 중요하다는 생각을 하게 되었고, 그래서 아이가 좋아하는 캐릭터를 찾아내서 캐릭터 북을 다양하게 읽어주고 DVD를 연계해서 보여주자는 생각을 하게 되었어요. 그런데 아직 아이가 아는 표현이나 단어가 부족해서 DVD만으로 노출을 하니 두 가지 문제점이 있었어요. 아직 제대로 알아듣지 못하니 몇 개의 들리는 부분 빼고는 길게 집중하지 못한다는 점과 대충 어떤 내용인지는 이해하지만 그 내용을 그대로 영어로 표현할 수 있는 '재현 능력'이 아직 부족하다는 것이었어요.

'이게 맞는 방법일까?'라는 마음 속의 회의가 생겼어요. 그러니 노출을 하면서도 계속 고민이 늘어갔고요. 그래서 영어 전집을 체계적으로 노출했던 것처럼, 역시 회화도 간접 노출의 효율을 늘릴 수 있도록 엄마와 함께 적극적으로 표현하고 중요한 표현을 암기할 수 있는 시간을 만들어보자는 결심을 했습니다. 역시나 엄마가 함께해주는 직접 노출과 아이가 정말 즐길 수 있는 간접 노출을 같이 해나갈 때 그 효과가 배가 된다는 것을 느낄 수 있었어요. '말하기'에 집중하는 시기에 제가 썼던 직접 노출 방법과 간접 노출 방법은 다음과 같습니다.

직접 노출(엄마와 함께) Quality	간접 노출(DVD & 책) Quantity
따라 말하기 (Pause & Speak) 전달 리딩 (감정을 담아 리딩 하라!) 회화체 암기 (문장별/통암기) 상황 역할극 (역할 놀이)	캐릭터 북 읽어주기 DVD 스크립트 연계 리딩 주제별 · 상황별 묶어서 노출하기 캐릭터 인형 사주기 캐릭터 퍼펫 만들어주기 Disney 패키지 만들기

캐릭터 북, 효과적으로 노출하자!

캐릭터 북은 연령대가 설정되어 있는 하나의 캐릭터가 일상적인 생활(캠핑, 생일 파티, 수영장, 병원 가기 등)을 하면서 겪는 에피소드를 모아놓은 책이랍니다. 아이가 좋아하는 캐릭터를 하나 새롭게 찾아내기만 해도 굉장히 오랜 기간 노출을 해줄 수 있어요.

캐릭터 북을 모을 때 마음 속으로 생각한 궁극적인 목적은 언젠가 아이가 영상을 편안하게 볼 수 있게 되면 쉬는 시간만으로도 영어가 유지될 수 있도록 도와주겠다는 것이었습니다. 그런데 DVD만으로는 아이가 익숙하지 않은 표현을 잡아주기가 어렵습니다.

예를 들면 camping에 관한 영상을 보고 있으면 camp out, tent,

campfire, flash light, owl, spooky ghost, marshmallow 등의 단어들이 나오는데, 이런 단어들을 엄마가 같이 아이와 DVD를 보면서 알려주는 것은 너무 어려운 일이었습니다. 이때 동일 캐릭터 또는 동일 주제로 연계가 되어 있는 픽처 북을 구입하여 영상과 병행해 노출하면, 훨씬 더 많은 부분을 알아듣고 말할 수 있게 됩니다.

아이들에게 영상을 보는 시간은 성역입니다. 그렇기 때문에 영상을 보는 시간에 학습적인 것을 병행하려고 하면(예를 들어 영상의 대사를 섀도잉 시키는 것) 영어로 영상을 보는 시간마저 거부하게 될 수 있습니다. 제가 항상 생각한 건 40분~1시간 학습적인 요소가 내재되어 있는 상호작용을 통한 직접 노출로 효율을 높이고, 나머지 시간에 책과 DVD를 통한 간접 노출로 시간을 늘리는 것이었습니다. 그런데 아이가 영상을 보는 시간도 학습 시간으로 느끼게 되면, 절대 장기간 영어 노출을 유지할 수가 없습니다. 그렇기 때문에 영상은 그냥 즐겁게 보도록 내버려두고 대신 관련 캐릭터 북을 구입해 듣고 따라하거나 소리내어 낭독하면서 말로 발화될 수 있도록 연계해주었습니다.

캐릭터 북 리딩, 이래서 중요해요!

자연스럽게 글의 길이를 늘려갈 수 있어요!

영상을 통해 캐릭터와 친숙해지고 난 후에 책을 보여주면, 평소에 읽던 책보다 더 긴 레벨의 책을 읽어줄 수 있어요. 아이들에게 책을 읽어줄 때는 난이도와 함께 얼마나 몰입해서 들을 수 있는지를 고려하는 게 중요하다는 것을, 캐릭터 북을 읽어주면서 느낄 수 있었어요

영상을 연계할 수 있어 회화체의 비중이 커요!

관련 영상을 연계해서 보여줄 수 있는 틀을 잡을 수 있어서 영상을 통해서 반복 노출할 수 있어요. 그 과정에서 배울 수 있는 회화체의 비중이 크기 때문에 자연스럽게 말을 배워나갈 수 있습니다.

시리즈 별로 큰 틀과 주요 어휘가 반복 돼요!

예를 들면 《Charlie and Lola》 시리즈에선 항상 "I have this little sister, Lola. She is small and very funny" 라는 문구가 반복이 됩니다. 그리고 같은 작가가 모든 시리즈를 썼고 캐릭터의 성격도 그대로 유지되기 때문에 사용하는 표현이나 어휘가 반복되는 경우가 많아서, 하나의 시리즈를

다 읽어주고 나면 자연스럽게 습득되는 표현이 많습니다.

한 캐릭터가 다양하게 연계되는 경우가 많아요!

한 캐릭터가 파닉스 북, 리더스, 픽처 북, 챕터 북까지 연계되는 경우가 많습니다. 《Fancy Nancy》 시리즈 같이 아주 쉬운 파닉스부터 시작해서 리더스와 픽처 북까지 연계되어 있거나, 《Arthur》 시리즈 같이 리더스, 픽처 북, 그리고 챕터 북까지 연관되어 있는 경우가 많지요. 관련 도서를 많이 찾을 수 있어서 리딩을 시작할 때도 많은 도움을 받을 수 있어요!

내적 동기, 따라 하고 싶고 말하고 싶어요!

비슷한 연령대의 캐릭터를 찾아서 보여주면, 나의 생활과 비슷하게 느끼기 때문에 흉내를 내고 싶고 말도 따라 하고 싶다는 내적 동기를 만들어줄 수 있어요. 기관 생활을 하면 친구들이 사용하지 않는 영어에 대한 관심이 식는 경우가 많은데, 감정을 이입할 수 있는 캐릭터를 찾아주면 영어에 흥미를 유지하는 데 도움이 됩니다.

서연맘's 캐릭터 북 리스트

1단계
회화체가
반복되는 쉬운
캐릭터 북

Maisy 메이지 스토리 북 세트

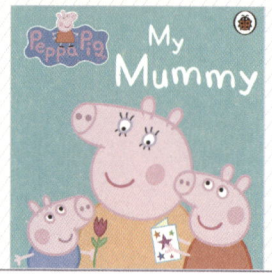

Peppa Pig 페이퍼백 세트

Max&Ruby 픽처 북 세트

Caillou 스토리 북 세트

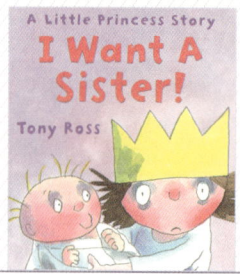

Little princess 스토리 북

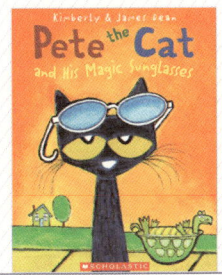

Pete the cat 페이퍼백 세트

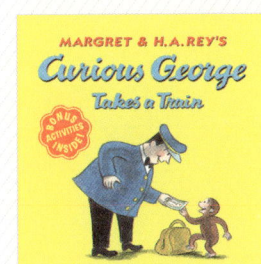

Curious George 픽처 북 세트

2단계,
캐릭터 북으로
영어책 듣기
레벨 UP!

Little critter 픽처 북 세트

Charlie and Lola 픽처 북 세트

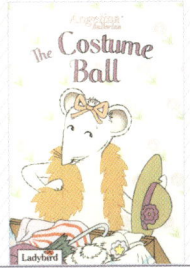

Angelina Ballerina 페이퍼백 세트

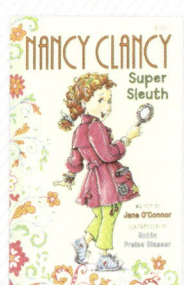

Fancy Nancy 픽처 북 세트

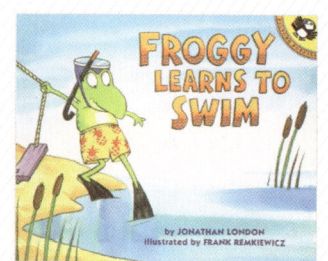

Froggy 픽처 북 세트

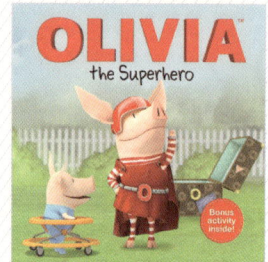

Olivia 픽처 북 세트

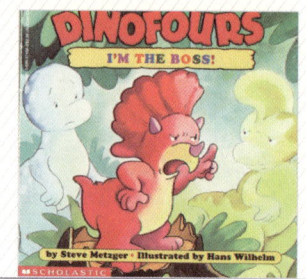

Dinofours 픽처 북 세트

Daisy 픽처 북 6종 세트

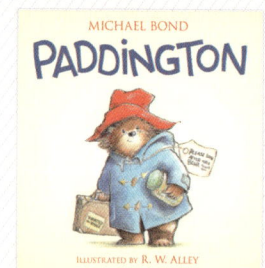

Paddington 픽처 북 세트

Arthur 스타터 세트

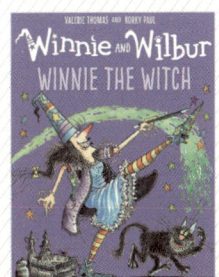

Winnie the witch 픽처 북 세트

Bernstein bears 픽처 북 세트

그럼 캐릭터 북 시리즈를 효과적으로 노출하기 위해서는 어떡해야 할까요? 먼저 아이가 친숙하게 느낄 수 있도록 아이가 좋아하는 캐릭터의 인형이나 피규어를 구입합니다. 피규어를 구입할 수 없는 경우는 책에 있는 사진을 이용해 막대 인형을 만들어주었습니다.

구체화할 수 있는 대상이 있으면, 당연히 영상을 보거나 책을 읽고 나서 놀이시간에 가지고 놀면서 영상 내용을 자주 상기시킬 수 있고, 놀이 아웃풋을 끌어낼 수 있는 확률이 높아집니다.

제가 가장 크게 효과를 봤던 부분은 캐릭터를 아이의 생활에 맞게 연계해서 주제별로 묶어서 노출했던 것입니다. 예전에는 모두 DVD를 통해서 캐릭터 영상을 노출했기 때문에, 이렇게 주제별로 비슷한 영상을 묶어서 노출하는 것이 어려운 일이었습니다.

그런데 이젠 유튜브를 통해서 영상을 볼 수 있으니 주제별로 묶어서 노출하는 것이 얼마든지 가능합니다. 예를 들면 오늘 아이가 가족들과 함께 수영장에 가는 날입니다. 집에 책을 찾아보니 《Peppa pig goes swimming》이라는 책이 있습니다. 그 책을 읽어준 후 유튜브에서 'Swimming'을 검색합니다. 집에 책은 한 권 밖에 없었지만 그 책을 천천히 읽어주고 나서 연관 영상을 보여주면, 훨씬 더 많이 알아 들을 수 있습니다. 뿐만 아니라 까이유, 페파피그, 맥스앤루비 등 다양한 캐릭터들이 수영장에 가는 에피소드를 묶어서 보여주면, 굳이 같은 동영상을 계속 반복하지 않아도 주요 표현은 반복 노출이 되지요. 뿐만 아니라 '다른 친구들(캐릭터)도 다 비슷한 걸 좋아하는구나'라고 친숙함도 느끼게 되어, 영어로 말을 하고 싶다는 내적 동기도 길러줄 수 있습니다.

주제별로 묶어서 노출하라!

캐릭터 | Peppa pig, Caillou, Max&Ruby, Timothy, Berenstein bears, Arthur

이용 사이트 | YouTube

오늘 이벤트 | Swimming

검색어 예시

Peppa pig swimming

Caillou swimming

Max&Ruby swimming

Timothy swimming

Berenstein bears swimming

Arthur swimming

캐릭터 북에서는 집에서 일어나는 일상 생활을 벗어나서, 유아가 특별한 날에 경험하는 일들이 표현되어 있어서 아이의 회화를 확장해주는 것에 가장 효과가 큰 방법이 됩니다. 다음의 주제어를 사용하여 다양한 캐릭터의 이름과 같이 검색하면 다양한 에피소드를 묶어서 노출할 수 있습니다.

기초 캐릭터 북에서 주로 다루는 주제들

병원 hospital	놀이공원 amusement park	캠핑 camping	수영장 swimming pool	학교 첫날 First day of kinder garden, school
눈오는 날 snowy day	숨바꼭질 hide and seek	쇼핑 shopping	생일 birthday	해변 beach
동물원 at the zoo	비오는 날 rainy day	아픈 날 sick day	소풍 picnic	요리 cook
스포츠데이 sports day	발표 show and tell	애완 동물 pet	동생 탄생 baby	공연 school play
치과 dentist	친구와 하룻밤 sleepover	크리스마스 Christmas	발렌타인 Valentine	취미 hobby

캐릭터 책을 읽어주고 나서, 관련 영상을 검색해서 보여주고 같은 주제의 다른 캐릭터의 영상과 스토리 북까지 묶어서 노출합니다. 책에서 봤던 단

어와 표현들이 다른 동영상을 이해하는 데 뼈대가 되어주기 때문에 훨씬 효과적인 노출이 가능해요.

영상을 유튜브 공식 사이트를 통해 쉽게 구할 수 있기 때문에, 저는 DVD를 많이 구입하지는 않았습니다. DVD를 구입하면 진도를 맞춰서 1번부터 순서대로 다 노출을 해야 할 것 같은 부담이 들기 때문이에요. 그렇게 되면 아이가 좋아하는 부분을 충분히 보여줄 수 있는 시간을 확보하기 힘들거든요. 제가 DVD를 구입하는 경우는 오로지 DVD를 사면 '영한대본 스크립트'를 주는 경우에요. 그러면 영상을 보고 나서 DVD 스크립트를 읽어주고 아이가 좋아하는 장면을 골라서 역할극을 해줄 수 있기 때문에 정말 다양하게 활용할 수 있습니다.

'영한 대본'은 영상이 있으니 이미 음원도 존재하는 셈이라서, 읽어주기 위해서 엄마가 공부할 때도 들으면서 따라할 수 있어요. 그러니 엄마의 회화 공부에도 중요한 교재가 되지요. 아이가 좋아했던 에피소드는 자기 전에 읽어줄 수 있으니 베드타임 스토리 북으로도 사용할 수 있습니다. 가끔 좋아하는 대사는 아이가 먼저 말할 때도 있었어요. 중요한 건, 아이가 리딩을 하지 못하는 단계에서 스크립트는 엄마를 위한 것이라는 거예요. 아이가 모를 것 같다고 생각되는 단어나 문장을 읽어줄 수 있는 장점이 있고요. 분명 좋아하는 장면을 가지고 역할 놀이를 하고 싶은 모습을 보이는데, 명확하게 뭐라고 말해야 하는 건지 잘 몰라서 망설이고 있을 때도 엄마가 도움을 줄 수 있습니다.

서연맘's 추천 DVD 영한대본

⭐ 우리는 세쌍둥이 영한 대본
⭐ 까이유 영한 대본
⭐ 찰리앤롤라 영한 대본

네이버에서 DVD 영한 대본으로 검색하면 다른 영한 대본을 제공하는 DVD 리스트도 검색할 수 있습니다. 아이 취향에 맞는 것으로 구입해서 같은 방법을 적용해도 됩니다.

일상 캐릭터 다음으로 아이에게 자연스럽게 노출한 것은 Disney 애니메이션입니다. Disney 애니메이션의 경우는 영상도 화려하고 영어도 어렵다는 생각이 들어 최대한 늦게 노출하고 싶은 마음이 있었지만, 아이와 함께 영화관에 가서 새로 개봉하는 애니메이션을 영어로 보는 것도 아이에게는 큰 이벤트이니까요. 그리고 "같이 영어 열심히 하니까 너무 좋지?"라고 이야기 해줄 수 있는 좋은 기회였기 때문에 놓칠 수 없었어요.

영화를 같이 보고 나면 아이는 계속 반복해서 보고 싶어하고 영화에 항상 푹 빠져 있답니다. 아이가 영어로 된 영상을 스스로 보겠다고 하니 기특하고 이 기회를 놓칠 수 없다는 마음이 들면서도, 마음 한 편으로는 아이가 제대로 이해하지 못하는 것을 보는 것도 의미가 있을까 하는 의구심이 동시에 생겼어요. 그래서 '아이가 좋아하는 Disney 영화가 있으면 Full package를 만들어주자!'라는 생각을 하게 되었습니다.

이렇게 아이의 흥미를 유지하는 것을 포기하지 않고, 대신 그 시간이 최대한 도움이 될 수 있게 관련 리더스, 픽처 북, 캐릭터, 회화를 모아서 패키지를 만들어서 노출하니, 엄마와 아이의 만족을 동시에 높일 수 있었어요. 책을 읽고 나서 영화를 보는 방식으로 습관이 들고 나면, 항상 뼈대를 책으로 세워준 후에 영상을 통해서 살을 붙여나갈 수 있습니다.

효과적인 캐릭터 북 노출법 요약

- ★ 캐릭터 인형이나 캐릭터 퍼펫을 준비하라
- ★ 아이의 생활에 밀착 연계하여 묶어서 노출하라
- ★ DVD 스크립트가 있는 경우는 스크립트와 연계 리딩하라
- ★ 아이가 좋아하는 Disney 영화는 Full package를 선물하라

디즈니 풀 패키지 만들기

| 영상 | Disney 영화 Zootopia |

| 픽처 북 | Zootopia Read along book

음원이 실제 영화 캐릭터 목소리로 제작되어 있어, 다른 책보다 길어도 아이들이 흥미를 잃지 않는 책입니다

| 리더스 | 디즈니 펀투리드 리더스북 Zootopia

펀투리드 리더스북은 디즈니 영화가 새로 제작되어 나올 때마다 신간을 출시합니다. 짧은 문장만 다시 짚어주고 장기적으로는 리딩도 연습할 수 있는 책으로 준비합니다

캐릭터	Zootopia My busy book
	My busy book은 주요 장면 및 캐릭터 피규어가 있어서, 장면별 회화 연습을 할 때도, 아이가 혼자 가지고 놀 때도, 흥미를 유지할 때도 큰 도움이 됩니다
회화	스크린 영어회화 Zootopia
	30장면을 정도를 발췌하여 영화에 있는 대사가 해석과 함께 제공됩니다. 주요 장면의 대사를 듣고 따라 하면, 영화의 이해도가 높아집니다

캐릭터 북 단계에서 마지막으로 다시 한 번 강조하고 싶은 것이 있습니다. 바로 "아이가 리딩이 될 때까지 기다리지 말자"입니다. 어린 나이에 외국어 노출이 잘 된 경우는 당연히 듣기-말하기-읽기-쓰기 순서로 자연스럽게 언어가 발달합니다. 만일 아이가 분명 알아듣고 있는 것 같은데 말하기는 아직 잘 되지 않는 경우는 말하기에 집중할 수 있는 시간을 반드시 가져야 합니다. 이 회화체 말하기에 집중하는 시간이야 말로, 일찍 외국어 노출을 시작해서 내가 벌어놓은 1~2년의 시간을 이용해 읽기와 듣기 위주의 교육을 받는 다른 아이들과 차이를 낼 수 있는 기회입니다. 아이가 나중에 스스로 캐릭터 북을 읽을 때와 스크립트를 읽을 때를 기다려야 된다고 생각하면, '결국 일찍 시작해도 다 비슷해지는구나'라는 회의감을 들게 합니다. 일찍 시작한 아이는 리딩 수준이 아니라 듣기와 말하기 수준으로 책을 많이 들려줘야 합니다. 그래서 캐릭터에 집중하는 기간이 굉장히 중요합니다.

말하기의 질을 좌우하는
회화체 뼈대잡기

말이 터질 때까지 기다리지 말고, 회화의 뼈대를 잡고 말을 시작할 수 있도록 엄마가 적극적으로 상호작용을 해주고 도와주세요. 우리는 알고 있습니다. 결과가 같아 보일지라도 그 과정에서 차이가 있다면, 사실 결과가 같은 것은 아니지요.

예를 들어 9살에는 한글 못 읽는 아이가 없지요. 결과적으로는 모두 읽을 수 있습니다. 하지만 초등학교에 들어가 간신히 읽게 된 아이와, 5살부터 읽어서 "엄마, 통행금지가 뭐에요?", "엄마, 주차금지가 뭐에요?" 하고 눈에 보이는 것을 읽으며 호기심을 채운 아이의 학습 능력이 같지는 않습니다.

어느 나이가 되어 정해진 진도 안에서 문장을 비슷하게 읽고 말할 수 있을지라도, 어린 나이에 "I love apples. I want to eat apples. Do you want to buy apples?" 하고 말을 했던 경험이 있는 아이와 그렇지 않은 아이가 어떤 특정 단어를 사용해본 경험이 같을 수는 없습니다. 설사 엄청 회의적인 생각을 가지고 있어서 "어렸을 때는 말하는 것 같아도 어느 정도 나이가 되고 나면 한국 환경에서는 어차피 영어로 말을 하지 않게 된다"라고 생각하더라도, 어렸을 때 영어로 말을 하다가 선택적으로 하지 않게 된 아이와 한 번도 말을 해본 적이 없는 아이가 어떻게 같을 수 있겠어요. 회화체 뼈대를 잡는 일은 조기에 영어를 시작했기 때문에 벌게 된 시간을 가장 효과적으로 사용할 수 있는 방법입니다. 리더스와 책 레벨에 현혹되지 말고, 아이의 발화 능력을 믿고 먼저 회화의 뼈대를 잡아보아요.

회화체를 따로 접하게 할 필요가 있을까?

"원서를 읽어나가는 과정을 통해서 자연스럽게 회화를 익힐 수 있을 것 같은데 꼭 회화를 따로 모아놓은 회화용 교재를 접하게 할 필요가 있을까?"라는 질문을 많이 듣습니다. 우리가 원서로 보는 책들은 영어권 아이들에게 정서·생활·인성·창의 등을 함양하기 위한 것이지 언어를 배우기 위한 책은 아닙니다. 그래서 노출만으로는 채워지지 않는 일상 회화의 구멍이 점점 커지게 됩니다. 게다가 하나의 책 안에서의 회화의 비중도 다릅니다. 회화가 많이 나오는 원서라고 할지라도,

> Daisy looked down at the little green balls that were ganging up on her plate. "I don't like peas", said Daisy.

이렇게 나와 있는 원서를 읽었을 때 아이가 실제 발화에 사용할 수 있는 문장은 몇 개일까요?

만약 회화체가 중심이 된 따옴표로 연결된 스크립트형 스토리 전집을 읽어주게 되면,

> "Hello! I'm the king of sea land. This is my daughter, Mimi"

"Hi! I'm Mimi. I love Pepe"

"Hi, guys. I'm Pepe. I love mimi"

이렇게 표현들을 읽어 나가고, 이런 연극 대사 같은 스토리 전집을 접했을 때 아이가 바로 생활 속에서 사용할 수 있는 문장이 많아집니다.

이런 회화들은 자연스럽게 동영상 노출을 통해서 늘릴 수 있지 않을까 하는 생각이 들 수도 있어요. 하지만 당연하게도 많이 들으면 듣기를 잘하게 되고, 많이 말하면 말을 잘하게 됩니다. 들어서 대충 무슨 내용인지 아는 것과 문장을 정확하게 따라 할 수 있고 더 나아가 일상생활에서 말할 수 있게 되는 것은 다릅니다.

게다가 이렇게 주요 회화 표현을 따라 말할 수 있고, 스스로 말할 수 있는 뼈대가 있는 상태에서 동영상을 노출하는 것과 그냥 회화를 노출하면서 알아서 말이 터지기를 기다리는 것은 효율이 같을 수 없습니다.

기다리지 말고 지금 바로 시작하는 회화체 뼈대잡기 프로젝트. 더 늦기 전에 시작해보세요!

회화체 뼈대잡기 세 가지 방법

Pause & Speak [듣기 ⇨ 말하기]

듣고 멈추고 따라 하기! 모방은 창작의 어머니!

듣기를 영어로 재현해내는 능력을 키워서 아이의 문장의 그릇을 넓혀라!

한 마디를 하더라도 감정을 담아봐! [전달 리딩: 읽기 ⇨ 말하기]

감정을 넣어서 뜻을 생각하며 낭독하자!

큰 소리로 듣는 사람을 생각하며 책에서 눈을 최대한 많이 떼면서 말하기를 위한 리딩의 시간을 만들자!

회화체 암기와 상황 역할극 [통암기]

중요 회화체를 암기하고, 상황 역할극을 통해 복습하자!

통암기를 위한 스토리 코스북을 선택하여 문장 구조를 잡아주자

장기 기억으로 전환하기 위해 상황 역할극을 반복하자

회화체 암기 리스트

유아 · 초등 저학년 회화 교재

아이들에게 일상 · 주요 이벤트에 맞는 회화 표현을 정리해서 외울 수 있도록 만들어진 회화 교재

| 말문이 빵 터지는 세 마디 영어 [10권], 노란우산
| 말문이 빵 터지는 엄마표 생활영어 [1권], 노란우산
| 폴리톡 영어 [1~3단계], 인탑시스템
| 말문이 빵 터지는 어린이 영어 말하기 [3권], 노란우산
| Let's go [6권]
| English Land [6권]

통암기 유도 스토리 전집

스토리가 진행되면서 캐릭터와 스토리에 몰입하며 영상/교재를 연계해서 반복 노출하여, 전체 내용을 통으로 암기하는 것을 유도하는 영어 전집

| 잉글리시타임 시리즈
| 애프터스쿨 랜드시리즈, EPL에듀

영자 신문: 회화체 표현 익히기

| NE 타임즈: Max and Jia
| 키즈 타임즈: Phrase of the week

회화 늘리기 실제 예시

애프터스쿨 랜드 시리즈 http://www.ieafterschool.com/

| 애프터스쿨이 자랑하는 대표 회화 프로그램

| 씨랜드, 스윗랜드, 리빙랜드 총 3개의 시리즈: 24권의 교재로 영어 회화에 살을 붙이자!

| 캐릭터 연극을 통한 반복·암기 및 말문 터지기

캐릭터에 몰입하여 캐릭터의 숨소리까지 따라 하면서 자연스럽게 스토리를 '통암기'할 수 있는 '애프터스쿨 랜드 시리즈'입니다. 24권의 책을 듣고 따라 말하면서 통암기가 될 때까지 진행합니다. 캐릭터 인형을 만들어 연기를 하면서 따라 할 수 있어서 아이가 말할 수 있는 문장이 점점 길어졌던

시리즈에요. 처음에는 따라 말하는 것만 해도 어려웠는데, 자주 반복하고 어려워하는 문장은 일상생활에서 더 자주 사용해주었더니 도움이 많이 되었어요. 이미 암기가 된 부분도 계속 캐릭터를 가지고 놀면서 자유롭게 반복하여 장기 기억으로 바꿔주었습니다. 연극 놀이를 통해서 말하기를 익히는 뼈대를 잡는데 도움이 많이 되었던 시리즈랍니다.

이때 서연이와 제가 익숙해진 역할 놀이 방법으로 다른 캐릭터 북을 낭독하고 읽어나가는 것에도 정말 큰 도움을 받았어요. 아이가 기초 전집이 끝나고 생활 회화도 조금씩 발화되는 상태에서 아직 리딩은 쉽게 해결되지 않아, 다음 단계를 어떻게 끌어주는 게 좋을지 고민하는 엄마에게 좋아요. 다양한 상황별 주요 회화 및 패턴을 코스북처럼 끊어지는 방식이 아니라, 스토리 속에서 자연스럽게 접하게 해주고 싶은 엄마에게 추천합니다.

시작하는 시기의 Q&A

1. 서연이는 외국어 노출을 언제 시작했나요?

서연이의 영어 노출은 26개월에 시작되었습니다. 두 돌 이후, 어린이날에 선물로 씽씽영어(첫 영어 전집)를 중고로 사주면서 영어 노출을 시작했어요. 이후 31~33개월 사이에 일본어와 중국어를 시작했고, 42개월에 스페인어를 시작했지요. 항상 동일한 비중으로 진행하고 있는 것은 아니에요. 대부분 영어와 중국어를 중심으로 진행하였고, 일본어와 스페인어는 번갈아 가면서 잊어버리지 않게 유지했어요. 일본어는 중간에 진행을 잠깐 쉬었고, 6세에 다시 시작해서 7세 상반기에 조금 더 집중했어요. 독일어와 러시아어도 잠깐씩 노출했었는데 지금은 쉬고 있고, 아이가 관심을 보이면 다시 시작할 생각이에요. 어렸을 때 외국어에 노출되는 것만으로도 언어에 대한 두려움도 극복할 수 있고, 나중에 필요해서 시작해야 될 경우 막막함이 덜할 거라고 생각해서 그냥 접해준 언어가 많아요. 하나의 언어를 한다고 해서 더 잘할 거라고 생각하지 않았고, 여러 개의 언어를 한다고 더 못할 거라고 미리 겁먹지도 않았지요. 그만두지 않고 5년간을 유지해온 게 조금씩 결실을 보이고 있는 것 같아요. 소리로만 노출해준 영어는 언어, 중국어, 스페인어, 프랑스어, 일본어, 독일어, 러시아어, 아랍어, 베트남어, 이탈리아어 등 10개 이상이에요. 그 중에서 저도 관심이 있고 서연이도 좋아했던 5개의 언어가 진행하고 있는 언어로 남았습니다.

2. 영어를 시작할 당시, 서연이의 모국어는 어느 정도였나요?

사실 서연이는 모국어가 느렸어요. 두 돌 무렵에도 말할 줄 아는 단어가 3~4개 수준일 정도로 말이 느려서, 아이의 언어 발달에 뒤늦게 관심을 갖게 되었습니다. 제가 영어를 시작했던 이유가 오히려 아이의 모국어 발달이 느린 것에 대한 조바심에 다른 걸 하면서 마음을 다스릴 시간이 필요해서였어요. 모국어 발달을 위해 책도 많이 읽어주고 의성어·의태어 소리도 많이 얘기해주고 엄마가 수다쟁이가 되려고 노력했지만, 그렇다고 해서 아이의 반응이 바로 나오는 것은 아니니 오랜 시간을 기다려줘야 했지요.
고민하고 걱정할 시간에 정신을 분산시켜 보자는 마음으로 시작한 거라서 영어를 시작할 때도 모국어가 터진 상태는 아니었어요. 모국어로 간단한 명령어를 알아듣고 행동을 할 수 있을 때 시작했다고 보면 됩니다.

3. 처음 영어를 들었을 때, 어떤 반응이었나요?

처음 영어로 말을 걸고 《씽씽영어》 책을 읽어주기 시작했을 때 책을 덮거나 도망가는 반응을 보였어요. 그 당시에는 오히려 그런 반응이 안도감을 주었던 것 같아요. "아, 그래도 모국어는 충분히 알아듣고 있었구나. 그래서 영어는 이렇게 거부감을 보이는구나." 게다가 처음에는 시중에 소문난 전집을 구입했다가 망한 적도 있었답니다. DVD만 반복해서 보여주면 통으로 암기를 하고 영어를 익힐 수 있다고 하기에, '큰 노력하지 않아도 아이는 그냥 보여주면 되나 봐'라고 생각하고, 아이를 몰아쳐서 영어 거부기도 왔었어요. 그때의 교훈으로 아이에 맞게 템포를 조절하는 법을 배운 것 같아요.

4. 외국어로 단어를 알려줄 때, 한국어가 아니라고 "아니야", "아니야"라며 거부할 때는 어떡해야 하나요?

우선 아이가 좋아하는 영어로 말하는 캐릭터를 하나 찾아내야 합니다. 그리고 그 캐릭터가 노는 모습과 하는 행동을 동경하게 만들고 찬찬히 가르쳐주지요. 예를 들어 어떤 캐릭터를 엄마가 "rabbit"이라고 했을 때 "아니야. 토끼야!" 라고 한다면, "그런데, 네가 좋아하는 ㅇㅇ는 rabbit이라고 말한다? 공주님 나라에서는 똑같은 이 동물을 rabbit 이라고 부른대. I'm a rabbit. It's a rabbit. I love carrots. "
아직 나라마다 언어가 다르다는 걸 설명하기 어려울 때, 그렇게 각 언어별로 좋아하는 캐릭터를 만들어주고 그 캐릭터가 하는 말이라는 설명을 통해서 언어 장벽을 넘어갈 수 있었답니다.

5. 자꾸 한국어로 해석을 해달라고 해요

최대한 모국어로 설명해주는 것 말고 다른 방법을 먼저 시도하려고 했어요. 우선 한국어로 얘기해달라고 계속 요구하는 경우 "아, 내가 아이의 수준에 맞지 않는 책을 골랐구나"를 먼저 생각했어요. 만약 쉬운 영어 전집의 단순한 패턴이 반복되는 이야기라면, 분명 책에 나와 있는 삽화와 액션을 통해서 설명해줄 수 있고 이해할 수 있을 텐데, 그게 불가능하다면 내가 아이의 수준보다 더 어려운 책을 읽어준 거지요. 정말 그림과 간단한 한 줄 내용이 있는 쉬운 책으로 출발하세요. 만약 그림책을 시도하고 싶다면, 한국어와 영어 원서를 세트로 구입해서 같이 읽어주세요. 책을 아이에게 읽어주기 전에 엄마가 먼저 읽어본 후, 책의 표지를 같이 보면서 아이와 모국어로 내용을 같이 이야기해요.

제일 피하려고 노력했던 건, 단어 마다, 문장구조 마다 그 의미를 한국어로 해석해주듯이 읽는 거였어요. 만약 두 단어를 다른 언어로 동시에 듣게 되면, 당연히 아이는 이미 내용의 궁금증이 해소되었으니 익숙한 언어의 단어만 기억하게 돼요. 우리도 자막이 있는 영화를 보고 나오면 좋았던 대사들이 한국어 자막으로 생각나고 영어 원어는 기억이 나지 않는 것처럼요. 해석은 해주지 않았답니다.

6. 아이가 거부 없이 외국어를 듣고 있기는 하는데, 알아듣기는 하는 건지 걱정 돼요

알아듣기 힘든 건 맹렬하게 거부하고 싫다는 걸 강하게 표현하는 아이가 있는 반면에, 어떤 걸 보여줘도 그냥 별 표현 없이 보고 있는 아이가 있지요. 이럴 때 아이가 이해는 하고 보는 건지, 아무 생각 없이 영상만 보고 있는 건지 불안한 기분이 들 때도 있을 거예요. 그럴 때는 같은 캐릭터가 나오는 비슷한 영상을 아이가 태어나서 한 번도 들어보지 않은 엄청 낯선 언어로 틀어보세요. 아이가 보이는 집중도나 반응을 잘 관찰해보세요. 주로 노출한 언어인 영어와는 반응이 다른 경우, 영어도 소리를 듣고 있다는 것을 느낄 수 있어요. 목표는 아이가 영상에서 상호작용을 요하는 부분(예를 들면 "what's your name?", "let's do it again!", "Let's sing with me" 등)에 반응을 할 때까지 꾸준히 단어, 패턴, 생활 회화, 동요를 채워주며 아이가 받아들일 수 있는 시간만큼 최대한 노출을 하는 거랍니다.

7. 우리 아이는 노래를 싫어해요!

모든 아이들이 노래를 부르는 것을 좋아하는 건 아니랍니다. 서연이는 노래는 좋아했지만, 영어를 리듬에 맞춰 반복적으로 따라 하는 챈트는 배경음악 자체도 무서워하고 좋아하지 않았어요. 결국 챈트는 많이 사용하지 못했고, 동일한 패턴을 일상 속에서 게임이나 엄마와 문답을 통해서 반복하는 방법으로 극복했거든요. 하고 싶은 말은 노래는 외국어를 배우는 여러 가지 방법 중 하나일 뿐이지 절대적인 방법은 아니라는 거예요.

아이에게 영어 노래를 들려주는 이유를 생각해보면, 영어 노출 시간을 늘리고 영어 배우는 재미를 늘려주며 라임을 익히기 위함이니까요. 만약에 노래를 듣는 것을 정말로 싫어한다면 굳이 고집하지 말고, 아이가 좋아하는 다른 음원을 사용하여 노출 시간을 유지하면 됩니다. 라임Rhyme은 조금 더 커서 영미권 시를 읽으면서도 배울 수 있는 거니 <Nursery Rhyme>, <Mother goose> 영어동요가 절대적인 것은 아니에요. 아이가 싫어하더라도 반드시 좋아하게 만들어야 된다고 너무 부담을 느끼진 않았으면 좋겠어요.

8. 문자가 빨라서 혼자서 책을 읽는데, 말은 하지 않아요

문자를 늦게 읽게 된 경우는, 아이가 모르는 말을 읽어서 말하지 못하니 아이가 어디까지 알고 있고, 이해하고 있는지를 엄마가 파악하기 쉬운 장점이 있어요. 듣기→말하기→읽기→쓰기 순으로 발달되는 게 가장 자연스러운 수순이기도 하고요. 그렇지만 문자가 빠른 아이는 혼자 책을 읽으면서 노출할 수 있는 시간이 많고, 더 빨리 많은 반복을 통해 내용을 기억할 수 있다는 장점이 있답니다. 대신 많이 읽는다고 해서 말하게 되는 건 아니니 책 없이도 내용을 말하는 연습이 필요해요. 책에 있는 내용을 최대한 현실로 끌어내서 책 없이도 이야기를 해볼 수 있는 기회를 많이 줘야 한답니다.

"It is a star. It is a book." 이런 아주 쉬운 문장이라고 할 지라도 문자를 눈으로 보는 일이 없이 말해보는 게 큰 도움이 되어요. 글자를 읽는 아이는 글자로 힌트를 빨리 얻어낼 수 있으니 반복을 해도 외우려고 하지 않는 경향이 있어요.

문자가 빠르면 책을 혼자 읽을 수 있으니, 책을 통해서 노출하는 게 가장 편하다고 생각될 수도 있지만, 소리 노출이나 말하는 연습은 오히려 간과하게 되는 경우가 많으니, 책 이외에도 노래, 영상으로 노출도 계속 해야 합니다. 문자가 강한 아이는 또 소리에 관심이 크게 없는 경우가 많아서, 기계음으로 노출하는 것보다 사람을 통해서 접하는 게 더 효과적이니 문자가 빨라 혼자 하니 편하다고 안심하지 말고 더 적극적으로 상호작용을 해주세요.

매일 하나씩
―――――――――
엄마가 함께 쌓아가기

홀로서기까지
엄마가 함께하는 외국어!

아이가 외국어 홀로서기를 하기까지!

엄마는 어떤 역할을 해주는 게 좋을까요? 서연이와 함께 외국어 노출을 시작하면서, 저도 5개국어를 할 수 있는 엄마가 되었습니다. 누구는 결과만 갖고 "엄마가 외국어를 잘했네" 할지도 모르죠. 하지만 단 한 번도 아이 혼자서 무언가를 하도록 요구한 적 없고, 아이의 옆을 지키고 모든 과정을 함께하면서 그 결과로 엄마의 외국어도 발전했다는 것에 주목하세요.

엄마가 함께하는 외국어!

엄마가 아이의 외국어 파트너가 됩시다. 아이에게 학습 방법을 모델링해줄 수 있는 롤모델 엄마가 됩시다. 아이와 함께 외국어 놀이를 해주는 친구 같은 엄마가 됩시다. 아이를 위해 세운 계획을 아이와 함께 모두 지키는 엄마가 되어줍시다. 아이의 거부기도 슬럼프도 눈물도 함께 겪으며 함께 눈물 흘리는 엄마가 되어줍시다.

엄마도 외국어를 공부하자!

엄마도 외국어를 함께 공부하는 환경을 제공합시다. 엄마가 조금이라도 익숙한 언어는 인풋을 한 번이라도 더 하게 되고, 한 번이라도 더 많이 들려줄 수 있답니다. 책에서 보았던 문장들이 일상생활에서도 자연스럽게 녹아들도록 도와줄 수 있게 된답니다. 엄마가 외국어를 항상 공부하는 모습은 아이에게 자연스럽게 모델링이 되어, 아이도 외국어를 생활화하는 것을 자연스럽게 받아들이게 된답니다.

아이의 계획, 함께 지키자!

때로는 내가 아이에게 너무 과하게 시키는 것이 아닌가 고민이 되나요? 계획을 세우고 계획이 생활화될 때까지 계획을 함께 진행하는 엄마가 되어줍시다. 아이의 거부기가 올 때는 직접 노출을 과감하게 내려놓고 간접 노출을 하면서 엄마는 변함없이 항상 그 자리를 지켜줍시다. 때로는 아이에게 적절한 당근을 사용하여 아이를 달래줄 수 있는 친구 같은 엄마가 되어주기도 합시다.

아이만 성장하는 엄마표가 아니고, 아이와 엄마가 함께 성장하는 엄마·아이 동반표 외국어! 함께 시작해볼까요?

01
영어 학습 방법을 모델링하자

영어가 아닌
영어 학습법을 가르치자

아이에게 부모가 좋은 모델링이 되어야 한다는 것은 이제 상식에 가까운 이야기입니다. 즉 아이에게 "대체 책은 왜 안 읽는 거니?"라고 100번 얘기하는 것보다 엄마, 아빠가 항상 책을 들고 있는 모습을 보여주는 게 훨씬 더 효과적입니다. 같은 논리가 외국어 공부에도 적용이 된답니다.

엄마가 외국어 공부를 하는 가장 큰 이유는 외국어를 완벽하게 배워서 아이에게 가르치기 위함이 아니라, 외국어를 학습하는 방법을 올바르게 모델링하기 위해서입니다. 즉 '왜 내 아이는 동요를 절대로 따라 부르지 않는 걸까'라고 고민하기 전에 엄마가 설거지 등 집안일을 하면서 항상 외국어 동요를 따라 부르는 모습을 보여주는 게 더 효과적이라는 거죠.

혼혈 집안처럼 네이티브 구사자가 항상 언어 노출 환경을 제공할 수 있는 경우를 제외하고는, 부모가 언어를 잘한다고 해서 또는 언어를 가르치는 직업을 가지고 있다고 해서 반드시 아이가 그 언어를 잘하는 것은 아닙니다. 부모가 언어 전공자거나 언어를 현직에서 가르치고 있는 교사이거나 외국에서 오래 살았기 때문에 언어를 전혀 무리 없이 구사할 수 있는 실력을 가진 사람이라도, 제대로 환경을 제공하지 않으면 아이에게 부모의 외국어 능력이 전혀 도움을 주지 못합니다.

교실이 아닌 집에서 평소에 어떻게 아이에게 알려줘야 하는지 방법을 모르기도 하고, 내 아이를 직접 가르치는 건 중이 제 머리를 깎지 못하는 것처럼 힘든 일이기도 하겠지요. 아니면 직업적으로 외국어를 항상 구사해야 하는 상황에 놓여 있기 때문에 집에서까지 시달리고 싶지 않은 경우일 수도 있겠고요. 또는 내가 외국어에 큰 스트레스가 없었기 때문에 간절함이 없고 아이도 때가 되면 할 것이라고 안이하게 믿는 경우도 있습니다. 이런 상황에서는 오히려 부모가 외국어를 제대로 구사할 수 있는 게 아이에게 독이 되는 경우도 많이 봤습니다.

그러니 '내가 외국어를 못하니까 내 아이는 외국어를 당연히 못하겠구나'라고 미리 포기하지 않았으면 좋겠어요. 아이에게 필요한 건 외국어를 잘하는 엄마가 아니고, 항상 함께 외국어를 공부해줄 수 있는 엄마니까요. 음악가 집안에서 음악가 나고, 운동선수 집안에서 운동선수 나고, 언어를 습관처럼 공부하는 집안에서 언어를 공부하는 아이가 난다는 걸 믿어보아요. 어려서 언어를 접해주고 싶은 열의에 가득 찬 엄마, 항상 시간만 나면 언어를 공부하는 모습을 아이에게 보여주는 엄마가 되어보아요.

아이에게 좋은 모델이 되는 공부하는 엄마

⭐ 일상에서 단어 찾아서 확인하기

⭐ 다른 일 하면서도 항상 노래 흥얼거리기

⭐ 아이가 보는 영상을 함께 볼 때 동작과 말투까지 따라 하기

⭐ 연관 책을 들고 다니면서 읽기

⭐ 항상 무언가를 공부하고 나면 동영상을 남기기

입 모양과 동작을 크게

아이에게 적극적인 외국어 노출을 해주자고 마음을 먹고 나서, 엄마의 평소 리액션은 모르는 사람이 보면 이상하게 생각할 정도로 점점 커졌습니다. 입 모양과 동작을 크게 해서 최대한 아이에게 큰 자극을 주기 위해서 노력했어요. 이렇게 오버하는 엄마가 되어야겠다고 생각한 이유는 "그게 무슨 말이야?"라고 아이가 물어보는 횟수를 최대한 줄이기 위해서였어요. 또한 아이가 외국어로 보는 영상은 아무래도 모국어로 이해할 수 있는 수준의 영상보다는 더 단순하지요. 흥미를 길게 유지하기 위해서는 엄마가 즐겁게 영상 보는 모습을 모델링하자는 생각도 있었어요.

　엄마가 큰맘 먹고 영어로 책을 읽어주거나 영어로 영상을 함께 보려고 하는데, 아이가 옆에서 계속 "방금 뭐라고 한 거야?", "무슨 말이야?"라고 끊임없이 물어보면 엄마는 위축될 수 밖에 없습니다. 해석을 해주면 안 될 것 같은데, 그렇다고 아이가 물어보는데 계속 모른 척하고 있을 수도 없고. 궁금증을 해결해주지 않으면 영어에 흥미를 잃어버릴 수도 있을 것 같은데, 그렇다고 바로 궁금한 걸 모국어로 설명해주면 아이가 영어로 된 문장은 기억하지 않을 것 같고. 이렇게 물어보는 습관이 계속되면 영어를 영어로 받아들이지 못하게 될 것 같고.

아이는 모국어로 말을 배울 때 처음에는 단어나 문장을 조합하고 분석해서 무슨 뜻인지 이해하지 않습니다. 엄마의 표정이나 말하는 톤, 그리고 동작들을 관찰하면서 엄마가 하는 이야기가 어떤 뜻인지 유추하는 능력이 생기는 것이지요. 그런데 외국어를 배울 때도 똑같이 상황에 맞춰서 아이가 뜻을 유추하는 방법을 사용하면 문제가 생깁니다. 이미 모국어를 알아들을 수 있는 아이는 빨리 모국어로 설명을 듣고 싶어하지, 엄마가 동작으로 설명해주는 게 귀찮고 짜증난다고 생각할 수 있기 때문입니다. 그래서 입 모양과 동작을 모국어로 할 때보다 훨씬 더 오버해서 크게 보여주서 시선을 끌어야 합니다.

아이가 "무슨 말이야?"라고 물어보면 '아, 내가 충분히 표정이나 행동으로 보여주지 못했구나'라고 생각하여 좀 더 크게 행동으로 보여주려고 했어요. 그리고 엄마가 행동이나 목소리 톤, 그림, 표정 등으로 설명을 해줄 수 없는 말들이 많이 나오는 책이나 영상을 이해시키려고 하다가, 모국어로 해석을 해줘야 한다는 생각이 들면 "아, 내가 지금 아이의 수준에 너무 어려운 매체를 골랐구나" 하고 알 수 있었지요. 그에 맞춰서 더 쉬운 책으로 내려갈 수 있으니 아이의 수준에 맞는 책이나 DVD를 선정하는 데도 엄청 좋은 가이드라인이 되었답니다.

"I'm tall"이라는 문장이 나오면 거실 상 위에 올라가서 팔을 하늘 끝까지 뻗으면서 "I'm tall!" 하고 이야기해줬고, 반대로 "I'm short"라는 문장이 나오면, 몸을 둥글게 말아서 바닥에 들어갈 것처럼 작게 만들어서 보여주었습니다. "Let's catch a dragonfly" 한 문장을 제대로 이해하기 위해서 잠자리채를 들고 집에 있는 물건들을 모두 잡으면서 30분 이상을 뛰어다니기도 했어요.

아이를 대하면서 느끼는 건 ==가끔 어른들이 생각하기에 가장 비효율적인 방법이 아이에게는 가장 효율적인 방법이다==라는 것이었어요. '정말 이거 하나 보여주기 위해서 이렇게까지 해야 되는 거야?'라는 마음이 올라올수록 아이는 더 쉽게 받아들이고 재미있어했고요.

어떠세요? 진짜 이렇게까지 해야 하나 생각이 드나요? 네! 정말 그렇게까지 해주세요.

이 방식으로 지금은 엄마가 된 우리도, 우리의 엄마에게서 모국어를 학습했으니까요. 그리고 모국어만큼 자연스럽게 대화를 할 수 없는 상황에서 아이의 외국어 학습을 도와줄 수 있는 최선의 방법은 최대한 오버하고 최대한 강한 기억을 주어서 한 문장, 한 단어라도 자연스럽게 접할 수 있도록 해주는 것이니까요.

외국어를 노출하는 환경에서 모국어처럼 상호작용을 해줄 수는 없을 때, 그 공백을 가장 근접하게 채울 수 있는 방법은 영상을 통해서 많은 표현들을 접하는 것이라고 생각했어요. 처음에는 영유아용 DVD를 재미있게 보지 않았어요. 그리고 저 역시 엄마의 태도 변화를 통해 상황을 해결해보려고 하는 게 아니고, 아이가 좋아할 수 있는 다른 DVD나 책을 찾아줘야 한다고 생각했고요 그래서 제대로 읽어주고 보여주고 활용한 책이나 영상 매체가 없는 상태에서 계속 새로운 것을 사들이기 시작했어요. 그렇지만 만족스럽게 재미와 효과를 동시에 잡을 수 있는 매체를 찾는 건 정말 어려운 일이었어요. 재미있는 영상은 너무 어려워 보였고, '아! 이 정도면 아이도 충분히 직관적으로 이해할 수 있겠다!'라고 확신이 드는 기초 단어나 패턴 영상은 아이가 보기에 재미가 없어서 그 흥미가 오래가지 않았어요.

영유아가 보는 영상을 옆에서 같이 보면서 관찰해보니 아이의 반응을 유도하는 많은 표현들이 나오는데, 그런 표현들에도 아이는 크게 반응하지 않았습니다. '어떻게 하면 재미를 찾게 할 수 있을까?'라고 고민하다 '외국어 영상을 보는 태도도 모델링을 해보자!'라고 생각했어요.

방법은 간단했어요. 아이가 보는 영상을 함께 보면서 간단한 말들을 오버해서 따라 하기 시작했어요. 특히나 영상에서 "Follow me!" 등 아이의 행동을 요구하는 부분은 적극적으로 미션을 수행하면서 엄마가 먼저 재미있어 하는 모습을 보였습니다. 영상에 나오는 웃기는 장면이나 캐릭터의 웃기는 표정과 말투도 따라 했어요. 그렇게 영상을 보는 시간을 아이를 혼자 놔둬도 되는 시간으로 생각하지 않고, 아이와 함께 보내는 시간으로 생각하고 입 모양과 동작은 더 크게 따라 했어요.

매번 이렇게 해주는 것은 힘들겠지만, '아이가 처음 보는 영상이나 책은 무조건 엄마가 함께해주고 최대한 오버한다'는 원칙을 지켜서 즐겁게 본 기억을 아이에게 심어주세요. 그러면 두 번째 노출할 때는 그때의 기억이 남아 있기 때문에 그냥 틀어주는 소극적인 방식으로 노출을 해도 흥미를 더 길게 유지할 수 있습니다.

이렇게 하면 단기적으로 외국어의 거부감을 줄이는 것과 뜻을 더 쉽게 이해할 수 있도록 도와주는 효과가 있고, 장기적으로는 캐릭터의 대사를 따라 할 때 표정이나 동작까지 함께 따라 하려고 하거든요. 회화체가 집중되어 있는 캐릭터 스크립트를 통해서 언어를 익힐 때의 태도를 모델링하는 데도 큰 도움이 되었어요.

기초적인 생활 회화가 끝나고 나서는 캐릭터를 통해서 회화체에 단기적으로 집중하고, 그 뒤에 외국어로 책 읽기를 시작했어요. 이게 가능했던 이유는 따라 하는 것에 대한 거부감을 줄여놓았고, 또 입 모양과 동작을 크게 해서 따라 하는 것에 익숙해졌기 때문이에요. 그러니 이후 발전된 단계에서도 무조건 책을 다독하고 듣고 따라 하는 방식이 아닌, 캐릭터를 따라 하는 놀이식 방법을 더 길게 유지할 수 있었습니다. '다른 아이들은 다 이게 재미있다는데 왜 우리 애는 반응이 없을까?' 원망하지 말고, '혹시 정말 한 방에 아이가 빠져들만한 다른 게 없을까?' 찾아 헤매지 말고, ==엄마가 먼저 재미있어하는 모습을 보여주세요!== 아이가 매체를 통해서 외국어를 배우는 귀중한 초석이 세워진답니다.

오버하는 엄마가 되자

| 아이가 보는 영상의 흥미도 높이기!

영유아가 보는 영상에는 "Follow me!", "Do as I do", "Look!", "One more time!" 등 아이의 반응을 유도하는 부분이 나옵니다. 하지만 아이는 이런 말에 어떻게 반응해야 하는지 모르기 때문에, 처음 접하는 영상은 엄마가 함께하며 오버해서 반응해주세요!

| "그게 무슨 말이야?"라고 물어본다면, 더 오버하자!

표정, 말투, 동작, 그림, 상황 등으로도 아이가 그 뜻을 느낄 수 있도록 책을 읽어줄 때도 오버해서 반응해주세요. 아이가 무슨 말인지 물어봤을 때, 엄마가 모국어 설명이 아닌 방식으로 설명하기 어렵다면 내가 지금 아이와 함께 접하고 있는 책과 영상이 너무 어려운 건 아닌지 점검해보세요!

| 노래를 직접 불러주자!

아이에게 노래를 직접 불러주세요! 그리고 동요가 흘러나오고 있으면, 엄마가 다른 일을 하면서도 노래를 흥얼거리는 모습을 항상 보여주세요. 아이에게 확실한 모델링을 해주고 나면, 아이도 다른 놀이를 하면서도 노래를 자연스럽게 흥얼거리게 됩니다.

오감을 활용하여
영어에 노출시키자

또 하나 아이에게 외국어를 노출하면서 습관으로 만들어주고 싶었던 것이, 꼭 영어로 된 책이나 DVD를 보고 있지 않아도 일상생활에서 영어로 생각하는 시간을 늘려주는 것이었습니다. 처음에 제가 했던 실수는, 아이가 좋아하는 영어 책을 반복해서 읽어서 책에 있는 문장을 거의 다 혼자 이야기할 수 있게 되면 그 책의 문장들을 자유롭게 응용해서 말할 수 있을 것이라고 생각한 거예요. 그런데 완벽하게 알고 있었다고 생각했던 단어나 문장도 일상생활에서 영어로 발화가 되지는 않았어요. 아이가 책을 펼치면 "It's an apple!" 하고 문장을 말할 수 있는데도, 평소에 사과를 봤을 때는 "사과" 하고 바로 모국어만 튀어나오지요.

그래서 '아이의 영어 문장을 일상으로 꺼내오자!'라는 마음을 가졌어요. 일상생활에서 아이가 보는 물건을 보고, 듣고, 냄새 맡고, 느끼고, 맛보는 대로 이야기를 해보자고요. 시작으로 단어와 간단한 패턴 문장을 영어로 표현해보기 시작했어요. 이 활동의 목적은 영어로 표현이 되는 간단한 몇 문장을 알게 되고 외우는 데 있는 것이 아닙니다. 물론 단기적으로는 그런 표현들을 익히는 효과가 먼저 보이겠지만, 장기적으로 제가 생각했던 궁극적인 목적은, 아이가 혼자 새로운 놀이를 하거나 새로운 경험을 할 때 모든 생각을 한국어로만 하는 게 아니고 영어로도 할 수 있는 유연한 사고를 만드는 데 있었어요. 즉 책에서 고양이를 보았을 때만 "Look! It's a cat!" 하고 말하는 게 아니고, 지나가면서 고양이를 보았을 때도 "Look! It's a cat"이라고 말할 수 있는 기회를 많이 주려고 시작했던 활동입니다. 단어 하나로도 많은 문장들을 만들 수 있어요.

물건

It is a(an) _____

The _____ is _____

시각 look	색깔 모양 느낌 good, bad	It looks big
청각 sound	맛 salty, sweet, sour, bitter, spicy	It sounds good!
느낌 feel	촉감 soft, rough	It feels soft!
맛 taste	크기 big, small	It tastes sour
냄새 smell		It smells bad!

아이가 관심 있는 물건을 오감으로 설명하는 방식을 책에서 벗어나 일상에서 영어를 사용하는 방법 중 하나로 사용한 이유는, 가이드라인이 명확해서 활용하기 쉽고 몇 단어의 조합으로 문장을 표현하는 게 가능하기 때문이었어요. 처음 엄마가 외국어로 말을 하려고 하면, 영어 자체도 어렵지만 무슨말을 해야 할지 생각하는 것조차도 막막하니까요. 게다가 일상의 물건에 관심을 가지고 관찰하게 되고, 주변의 단어들의 이름을 외국어로 익혀나가는 데도 큰 도움이 되었답니다.

	It is an apple.
	The apple is red.
	The apple smells good.
	The apple is yummy.
	The apple is pretty.
	It is a dog.
	Look at the dog.
	The dog is cute.
	The dog smells good.
	Bark! Bark!

조금씩 일상생활에서 영어 사용 빈도가 늘고 영어로 생각하는 시간도 늘어났어요. 그리고 단순 패턴에서 벗어나서 책에서 보았던 표현을 사용하기도 했어요. 그리고 아이가 현재 책에서 자주 접하는 패턴이 "Give me ~"인 경우에는 "Give me some apples" 처럼 일상에서 보는 단어와 합치기도 했습니다.

꼭 오늘의 영어 노출을 위해서 책을 몇 권 읽어야 되고, DVD를 몇 분 봐야 된다는 정량적인 목표에 집착하지 않아도 일상생활 속에서 조금씩 영어를 접해간다고 생각하니, 엄마가 외국어 노출에 대해 가지고 있는 부담도 크게 줄었습니다. 그리고 가장 중요한 건 꼭 정해진 시간에 앉아서 책을 보면서 공부를 하는 것이 아니라, 일상생활에서 외국어로 생각할 수 있는 생활 습관을 아이에게 잡아줄 수 있었던 거예요.

오감 활용으로 시작한 일상생활 외국어 노출이 점점 확장이 되고, 생활 속에서 아이가 접하는 모든 단어가 아이의 단어 사전이 되는 생활을 하니, 엄마와 아이의 어휘가 점점 확장되기 시작했습니다.

외국어 공부는 끝이 없는 긴 싸움입니다. 특히나 기본 문장 구조를 느끼게 되더라도, 외국어로 모든 단어를 알고 표현한다는 건 거의 불가능에 가깝다고 생각해요. 그래서 중요한 건 새로운 물건을 접했을 때, "솜사탕은 영어로 뭘까?" 하고 궁금증을 가지는 태도라고 생각했어요. 평소에 접하는 것을 계속 찾아보고, 특성을 영어로 이야기해보는 활동을 통해서 말이에요. 아이가 외국어로도 호기심을 표시한다면 긴 외국어 공부의 아주 중요한 학습 방법을 엄마가 모델링해준 것이랍니다. 그 습관이 외국어 공부에 가장 큰 자산이 되어줄 거예요.

자투리 시간을 활용하여 앞으로만 달리자

"시간이 없어요!"라는 말을 입에 달고 사는 사람들은 시간 관리를 제대로 하지 못하는 사람입니다. 시간이 없다는 핑계를 대기 시작하면, 외국어 공부를 위한 시간을 하루에 한 순간도 마련하지 못하는 날도 있을 거예요. 보통 "시간이 없어요!"라고 말하는 사람들의 공통점을 보면, 새로운 것을 하기 전에 엄청난 준비 시간이 필요한 사람이에요. 방을 정리하고 펜을 새로 구입하고 새로운 외국어 교육 교재와 DVD를 주문하고 그렇게 준비하다 보면, 잠깐이나마 내게 있다고 생각했던 자유시간도 끝나버리지요.

"우와, 정말 할 게 많은데 대체 어떻게 시간을 내는 거지?"

"우와, 나는 퇴근해서 집에 오면 7시, 아이들이랑 밥 먹고 치우고 이야기

하면 재울 시간인데, 어떻게 하는 거지? 잠을 엄청 늦게 자는 건가?"

"바깥 활동을 하긴 하는 건가? 맨날 앉아서 공부만 하는 건가? 집중력이 좋은 건가?"

"그냥 타고난 천재라서 한 번만 봐도 다 아는 거야?"

그렇게 다른 사람의 시간은 48시간인 것 같은데, 내 시간은 하루 4시간도 안되는 것 같은 기분이 들 거예요. 자투리 시간을 활용하세요! 정말 너무도 진부한 이야기지만, 진부하다는 것은 그만큼 모든 사람이 공감하고 맞다고 생각한다는 뜻이지요. 저도 강조를 하지 않을 수가 없네요!

반복적인 학습을 통해서 훈련을 해야 하는 언어 공부의 경우, 조금씩 자주 반복하는 방법이 효과적입니다. 10분이라는 짧은 시간을 활용하여 매일 발전을 이뤄낼 수 있습니다.

하루 중 나와 아이가 잠깐 시간을 낼 수 있는 시간이 언제인지 생각한 후에 그 시간에 할 수 있는 아주 작은 미션을 스스로에게 부여합니다. 시간이 없어서 못한다는 말은 정말 비겁한 핑계에 불과해요. 내가 지금 이걸 왜 하고 있는 건지 의미를 생각하지 말고, 이게 정말 도움이 되는 걸까 의심하지 말고, 머리를 비우고 그냥 할 수 있는 것들을 리스트로 만들어 실천하세요. 그렇게 힘들이지 않고 당연하게 하는 리스트들이 쌓여야 한답니다.

만약 아침에 일어나서 양치를 하고 세수를 할 때마다, 더 효과적인 방법은 없을지, 다른 방법은 없을지 생각하고 내 행동의 의미를 분석하면서 고민한다면, 정말 세상을 살아가는 게 얼마나 피곤할까요? 외국어 노출은 '의지의 영역'이 아닌 '습관의 영역'으로 넘어가야 합니다.

자투리 시간을 활용하세요!

⭐ 연속적인 노출 시간을 확보해야만 한다는 생각은 잠깐 버리세요.

⭐ 반드시 책상 앞에 앉아서 해야 한다는 생각을 접어두세요.

⭐ 모든 노출을 10분 또는 20분 단위로 잘라서 한다고 생각해보세요.

⭐ 조금씩 자주, 하는 듯 안 하는 듯, 구렁이 담 넘어가듯 스리슬쩍 치고 빠지는 거예요.

노출에 왕도가 없다는 말이 괜히 있는 것이 아닙니다. 언어를 잘하기 위해서는 절대적인 인풋 시간이 당연히 필요합니다. 언어는 반복이 가장 중요하고, 망각 곡선이 증명해주듯 조금씩이라도 매일 하는 것이 중요합니다. 연속된 노출 시간을 일주일에 겨우 한 번 확보해서 가지는 것보다, 짧게 여러 번 반복하는 공부가 더 효과적이랍니다. 그래서 '하루에 10분만 하자' 등 매일 습관을 잡는 슬로건이 유행하는 것이죠.

엄마가 외국어를 공부하는 모습을 아이에게 보여주면서 모델링해줄 수 있는 가장 중요한 습관이, 틈새 시간을 활용하는 모습이 아닐까 합니다. '외국어를 잘해서 뭐가 좋지?'라고 생각할 수 있는데, 환경적인 어드벤티지없이 여러 외국어에 능통한 사람들을 보면 참 부지런합니다. 있는 시간을 활용하는 것을 넘어서, 없는 시간을 만들어내서라도 중도포기는 하지 않는 시간 활용의 귀재입니다.

그리고 끊임없이 자기계발을 하려고 하고, 한 번 마음먹은 일을 끝까지 해내는 지구력이 있습니다. 그런 시간 관리 능력을 익히는 것만으로도 아이에게 더 큰 자산이 되지 않을까요? 틈새 시간에 아이를 위한 노출을 하는 것과 동시에, 엄마도 항상 틈새 시간에 공부를 하는 모습을 보여주는 것이 중요합니다.

자투리 시간을 활용하면 짧은 시간에 노출할 수 있는 간단한 기초 영어 책 및 단어를 항상 옆에 두기 때문에, 기초를 계속 반복할 수 있는 효과가 있습니다. 그리고 시간을 내서 하려다가 오히려 제대로 준비해서 해야 할 것 같은 압박 때문에 내용을 챙기지 않는 부작용에서 벗어날 수 있어요.

또 하나의 정말 큰 장점은 계속해서 앞으로 나아갈 수 있다는 것에 있어요! 시간을 내서 하려고 하면 한동안 시간이 없을 때는 외국어 노출을 아예 멈추게 되지요. 나중에 다시 하려고 하면 처음으로 돌아가게 되어서 매번 발전이 없고 제자리 걸음을 하고 있는 것 같다는 기분이 들잖아요. 자투리 시간에 짧게 하는 습관이 생기면 항상 조금씩은 끈을 잡고 있기 때문에, '어디서부터 다시 시작해야 하는 거지?' 하고 헤매는 시간이 줄어요! 자투리 시간에 짧게 노출할 자료를 찾다 보면, 영상도 다양하게 노출해줄 수 있고 시간에 제한이 있기 때문에 영상을 보여주면서, '혹시 너무 길게 보여줘서 영상 중독이 생기면 어떡하지?'라는 걱정에서도 벗어날 수 있답니다.

10분씩 10번이면 100분이랍니다. 연속된 100분은 못 내는 날이 많아도, 10분씩 10번을 낼 수 있는 날은 많답니다.

자투리 시간 아이 노출 예시

엘리베이터 기다리면서 | 엘리베이터 숫자 올라오는 것을 보면서 숫자 다 개국어로 노출

아이 응가 타임 | 화장실 앞 작은 책장에 짧은 생활 동화를 비치해놓고 읽어주기

차 안 | 외국어 동요, 아이가 좋아하는 외국어 책 음원 틀어주기

목욕 | 목욕에 관련된 생활 동화 및 동영상 음원 모아서 틀어주기

자투리 시간 엄마 공부 예시

출근하면서 지하철 20분 | 네이버 오늘의 회화 푸시 알람하고 외우기

퇴근하면서 지하철 20분 | Spanish flash cards라고 유튜브 검색해서 나오는 주요 단어 Flash card 보고 따라하기

시작은 상호작용이 아닌 원맨쇼, 혼자 문답하기

서연이에게 생활에서 외국어를 사용해줘야겠다고 마음 먹고 간단한 말을 계속 반복해주기로 했습니다. 처음에는 아이에게 질문을 계속 하는 것으로 시작했어요. 특히나 간식을 줄 때는 해줄 수 있는 말이 반복되기 때문에 그럴 때 아이에게 영어로 말을 걸었습니다.

엄마 | Are you hungry?
아이 | ……

엄마 | Do you want some bread?

아이 | ……

엄마 | Here you are!

아이 | ……

엄마 | Is it yummy?

아이 | ……

엄마 | Do you want some milk?

아이 | ……

엄마 | Here you are!

아이 | ……

엄마 | Is it cold?

아이 | ……

아마 '집에서 영어로 간단한 대화를 사용해봐야지!' 결심해본 엄마들은 항상 비슷한 상황을 경험할 거예요. 이렇게 아무 대답 없는 아이를 향해 엄마 혼자 익숙하지도 않은 언어를 중얼거리면, 괜히 더 작아지는 기분이 들면서 너무 극성 엄마인 것 같은 민망함이 몰려오지요. 아이가 듣고 있는 건지 확신도 없으니 엄청난 회의감이 몰려오면서 금방 영어로 말을 거는 것을 포기하게 됩니다.

그러다 문득 생각난 것이 있었습니다. 서연이가 한국어가 느렸을 때, "물 줄까?"라는 짧은 질문에도 "물 주세요"라고 두 단어를 연속해서 문장을 만들지 못하던 시기가 있었습니다. 아이가 말을 알아듣기는 해도 대답을 하지 못했던 시절, 저는 혼자 원맨쇼를 했었습니다. "물 줄까?", "응, 물 주세요", "맛있어?", "네, 맛있어요" 이렇게 질문과 대답을 혼자 다 하면서 아이와 대화 아닌 대화를 했던 것입니다. 아이의 표정과 몸짓을 잘 관찰해서, 아이가 아마도 하고 싶었을 것이라고 생각했던 말을 그 대답까지도 혼자 말하기 시작했어요. 그러다 어느 날, 아무 생각 없이 또 혼자 말하면서 "물 줄까?"라고 묻고 "네!" 하며 대답을 하려고 했는데, "응, 물 줘"라고 아이가 대답을 했어요. 정말 얼마나 감동을 받았던지 아이를 안고 거실 바닥을 데굴데굴 굴렀어요. 엄청난 양의 칭찬을 아이에게 하기 시작했습니다. 혼자 하던 원맨쇼가 그렇게 조금씩 대화로 변해갔습니다.

왜 외국어를 할 때는 다르다고 생각했을까요? 왜 아이가 다 알아듣고 혼자 대답을 해주길 기대했을까요? 아이의 나이가 지금 몇 살이든, 아직 발화가 되지 않을 때는 한 마디의 말도 내뱉기 어려운 영아와 같은 상태라는 것을 왜 알아주지 못했을까요? 아이가 엄마가 내게 무슨 말을 하는지 조금씩 이해하기 시작했다고 하더라도, 그럴 때 어떻게 대답하는 것인지를 왜 어느 순간 저절로 알게 될 것이라고 생각했을까요? 그런 후회가 마음을 차오르기 시작하면서 우리 집의 '영어 말 걸기'는 엄마의 원맨쇼로 바뀌었습니다.

엄마 | Are you hungry?
엄마(아이) | Yes, I am hungry.

엄마 | Do you want some bread?

엄마(아이) | Give me some!

엄마 | Here you are!

엄마(아이) | Thank you!

엄마 | Is it yummy?

엄마(아이) | Yes!

엄마 | Do you want some milk?

엄마(아이) | Give me some milk.

엄마 | Here you are!

엄마(아이) | Thank you!

엄마 | Is it cold?

엄마(아이) | No.

처음에는 혼자 대답까지 다 해야 하는 게 훨씬 힘들지 않을까 생각했어요. 그런데 한 번 해보세요. 혼자서 질문과 대답을 다하면 훨씬 길게 영어로 대화를 끌고 갈 수 있어요.

첫 번째 이유는 아이의 멍한 표정을 보면서 '다음에 또 뭘 물어봐야 되지? 말이 끊기면 안 되는데'라고 끊임없이 질문을 생각해내야 되는 부담에서 벗어날 수 있었기 때문이고, 두 번째 이유는 생활 회화에 나와 있는 예시 문장을 눈으로 살짝 보면서 그대로 전체 대화를 활용할 수 있었기 때문이에요. 질문 부분만 잘라서 쓸 때보다 두 배로 길게 이야기해줄 수도 있고요. 일단 아이의 영어 대답을 들어야 한다는 부담에서 벗어나니 엄마가 영어로 말을 하는 것에 거부감이 없어질 수 있었답니다.

처음에는 아이에게 생활 회화를 노출하며 알아듣는 문장을 조금씩 늘리는 효과가 있을 것이라고 믿고 시작했던 행동인데, 시간이 흐르면서 "내가 간접적으로 가르쳤던 더 큰 자산이 있구나"라는 것을 깨닫게 되었습니다. 예전에는 아이가 영어로 물어도 모국어로 대답했어요. "What are you doing?" 하면 "영어 개구리 봐" 하고 말이에요.

엄마의 말을 대충 알아들어서 대답은 하는데, 영어로 말을 걸었을 때는 영어로 대답한다는 개념이 아직 없고 엄마가 한국어를 다 알아듣는다는 것도 알고 있으니 한국어 대답이 나오지요. 그래서 아주 간단한 Yes/No로 대답할 수 있는 질문부터 천천히 영어로 질문하면서 영어로 대답하는 습관을 들이기 시작했어요.

질문만 계속 듣고 대답은 내가 생각해서 해야되는 게 아니고, 질문에 대한 대답들을 많이 듣고 익숙해지니 훨씬 더 반응 속도가 빨라졌어요. 이런 성향을 만들어준 것이 향후 다른 언어를 공부할 때도 정말 큰 자산이 되었습니다. 간단한 질문에는 그 언어로 대답을 하는 습관이 생긴 거예요.

평소에 '내가 가능한 부분은 외국어로 말을 걸어주자!'라고 마음을 먹었는데도 그 진행이 정말 쉽지 않았는데, '차라리 혼자 원맨쇼를 하자!'라고 생각을 전환한 것만으로도 아이에게 굉장히 중요한 외국어 학습 방법을 모델링해줄 수 있었습니다.

테디베어 효과

테디베어 효과Teddy bear effect는 질문을 받는 사람이 그냥 들어주기만 해도 그 해답을 스스로 떠올릴 수 있다는 것을 말해요. 누군가를 앞에 두고 이야기를 하는 것만으로도 마음 속에 가지고 있었던 문제의 대답을 찾을 수 있다는 뜻인데, 외국어를 배울 때도 내 아이가 나에게는 귀여운 '테디베어'가 되어주는 것 같았어요. 즉 아이가 꼭 대답을 해주지 않아도, 들어주기만 해도 엄마는 외국어 공부의 실천 동력을 받을 수 있다는 것이지요! 외국어를 잘하는 사람들이 공통적으로 하는 말은 학습한 새로운 단어나 문장을 자주 사용해야 된다는 것이에요. 하지만 외국어 초보로서 '내가 제대로 말할 수 있을까?'라는 두려움 때문에 평소에 그것을 실천한다는 것은 쉽지 않아요. 그렇게 외국어로 말할 수 있는 기회를 쉽게 찾을 수도 없고요.

내 아이가 내 외국어의 '테디베어' 파트너가 되어준다고 생각해보세요. 아이는 듣고만 있으니 혼자서 해보고 싶은 말을 다 해볼 수 있어요. 게다가 엄마가 하는 말은 항상 물끄러미 관심을 가지고 바라볼 뿐, 평가를 하지도 않아요. 혼자 이야기하면 되니 어떤 말을 하면 좋을까 소재를 찾기 위해 고민할 필요도 없어요.

평소에 엄마의 외국어 사용 비중을 늘리고 싶은데 어디서부터 시작해야 하는지 막막했다면, 혹은 엄마가 정말 잘하게 될 때까지는 입을 닫고 공부를 하다가 잘하고 나서야 말을 할 수 있다고 생각했다면, 오늘 당장 '테디 베어' 앞에서 원맨쇼를 시작해보세요.

엄마가 오늘 공부한 생활 회화 한 페이지를 눈으로 힐끗 컨닝하면서, 아이 앞에서 감정을 담아 큰 소리로 읽어주는 것으로 시작해도 좋아요! 어느 순간, 엄마가 혼자 질문하고 대답했던 대답 부분을 아이가 해주는 것을 발견할 수 있어요! 그렇게 상호작용이 시작되고 나면 아이가 길고 외로운 외국어 공부를 하는 데 있어, 대신할 수 없는 소중한 파트너가 되어줄 거예요.

02

정확성과 즉시성은 엄마표 영어의 핵심

엄마 영어,
그 출발점이 달라야 한다

영어는 그래도 학교 다닐 때 접했던 언어고, 공부를 해본 적이 있는 언어이기 때문에 분명 다른 언어보다 더 쉽게 시작할 수 있을 것 같다고 생각하지만, 실상은 그렇지 않아요. 오히려 다른 언어는 아예 처음부터 시작하는 것이라서 가장 초보 교재부터 차근차근 외우면서 해나갈 수 있어요. 그런데 영어는 사람마다 기본 수준의 차이도 크고, 분명 내가 제대로 말을 못하고 있는데도 불구하고 쉬운 책을 보면 이미 알고 있는 것 같은 착각도 들어서 어디서부터 손을 대야 할지 고민이 더 깊어지는 언어입니다. 그래서 누가 우선순위를 잡아주고 이것부터 공부하라고 말이라도 해줬으면 좋을 것 같다는 생각이 들지요.

아이를 위해서 엄마가 공부를 시작할 때, 어떤 마음으로 교재를 선택해야 길게 갈 수 있는지부터 함께 생각해볼까요?

첫째, 주객이 전도되면 안됩니다. 너무 어렵고 오랜 시간을 잡고 공부해야 하는 교재를 선택하면 회의감이 몰려올 거예요. "이렇게 아이를 위해 공부를 한다는 핑계로 아이를 오히려 방치하는 것이 맞는 걸까? 이 시간에 차라리 아이 책이라도 한 권 더 읽어주는 게 맞지 않을까?" 그러니 쉽고 간단하고 짧은 시간에 나눠서 공부할 수 있는 교재를 나와 가장 가까운 곳에 두고 틈틈이 공부하는 것이 가장 현명한 선택입니다.

둘째, 아이와 컨텐츠를 함께하는 것이 가장 우선시되어야 해요. 공부도, 4개의 기둥(단어, 동요, 패턴, 생활 회화)이 가장 우선이 되어야 합니다. 가장 먼저 아이가 보는 책과 DVD를 함께 봐야 해요. 아이가 보는 책을 엄마 목소리로 읽어주려고 노력하는 것, 아이가 보는 DVD를 함께 보면서 추임새를 넣어주고 같이 웃어주는 것!

엄마가 스스로 공부에 마음이 바빠서 거꾸로 아이를 방치하면 안 된다는 뜻이에요. 그리고 남는 시간이 있다면 아이가 좋아해서 계속 반복적으로 노출하게 되는 컨텐츠, 그리고 엄마가 새롭게 시도해보고 싶은 책이나 DVD를 보는 것이 순서예요. 아이가 정말 좋아하는 에피소드가 있다면, 그 에피소드의 스크립트를 찾아서 공부하는 것도 아주 좋은 방법입니다.

또 남는 시간이 있다고요? 그럼 생활 회화를 공부하세요! 당장 건넬 수 있는 한 마디의 말을 공부하는 생존 영어의 단계! 외워지지 않으면 팔뚝에 새겨서라도 오늘 내 입에서 한 마디라도 더 많이 외국어가 나올 수 있도록 정신무장을 하는 것입니다.

마지막으로, 아이가 기관 생활을 하거나 일찍 자는 아이라서 나만의 온전한 공부 시간이 있는 경우에는 기초 문법을 공부하는 것이 좋습니다. 기초 문법을 공부하면, 이제 문장을 단순히 외우는 것에서 벗어나서 문장을 활용할 수 있게 됩니다. 한 문장을 외워도 10개 이상의 문장으로 바꿀 수 있게 되고, 엄마도 자기계발을 하고 있는 것 같은 만족감을 줍니다.

==셋째, 교재가 정말 쉬워야 합니다.== 열심히 몇 번씩 밑줄을 그으면서 읽지 않아도 눈에 들어오는 짧고 쉬운 교재를 선택해야 해요. 엄마는 본업이 공부인 사람이 아니에요. 육아라는 것은 외국어를 생각하지 않아도 굉장히 힘든 일입니다. 게다가 워킹맘의 경우는 머릿속에 동시에 생각해야 하는 것이 엄청나기 때문에 금방 과부하가 걸릴 수 있어요. 내가 정말 힘들다고 생각하는 일은 습관이 될 수 없습니다. 그걸 자꾸 의지로 이겨낼 수 있다고 착각을 하면, 스스로 의지 박약이라며 본인의 나약함을 탓하게 돼요. 중도에 포기했던 기억들이 쌓이면 다시 공부를 시작하는 것을 주저하게 만든답니다.

물론 머리로는 중요하고 장기적인 일부터 해야 된다는 것은 알고 있지만, 실제로 몸이 움직이는 건 쉽고 급한 일부터인 것은 사람의 당연한 심리에요. 그 당연한 심리를 의지로 이겨내려고 하지 말고, 엄마의 영어 공부를 쉽고 급한 일로 만드세요. 오늘 아이에게 외국어를 노출해주는 것을 인생의 우선 순위로 놓고, 엄마가 공부하는 교재는 빠르게 접근 가능하고 쉬운 걸로 준비하세요. 스마트폰으로 볼 수 있는 어플리케이션도 강력 추천합니다.

==넷째, 영어 공부를 다시 시작해야 합니다.== 사회에서 역할이 바뀌면 재교육이 필요한 것처럼 엄마로서 영어를 사용해본 적이 없기 때문에 동일

한 출발선에서 다시 시작해야 합니다. 즉 단어를 공부해도 accommodate, commemorate 등 제대로 사용할 수도 없는데 어렵기만 한 단어에서 벗어나서 공룡의 종류, 장난감의 이름, 이유식, 배밀이, 딸랑이 같은 엄마용 단어를 공부해야 합니다. 회화를 공부해도 "그 보고서는 언제까지야?", "지금부터 회의를 시작하겠습니다", "오늘 미팅의 주제는 ㅇㅇ입니다"에서 벗어나야지요. 또 예술, 미술, 과학 등 다양한 지문 독해를 하는 데서도 벗어나서, "배고프니?", "간식 먹을까?", "졸리니?" 등 엄마가 사용하는 말로 전환해야 합니다. 학교를 다니면서 영어를 열심히 공부하고 잘 했던 사람이라도, 정말 영어권에서 태어나고 자란 엄마를 제외하고는 "아이가 잠투정을 해요", "기저귀 발진" 같은 말까지 알 수는 없으니 다시 영어를 새로 공부해야 해요.

분명 답이 있는 게 아니고 사람마다 성향과 스타일이 다 다르다는 것도 알고 있지만 누군가 "스스로 본인에게 맞는 방법을 찾으세요!"라고 말하면 피곤하게 느껴지지 않나요? "그걸 찾을만한 시간과 여유가 있었으면 내가 이러고 있을까?"라는 생각이 들면서 짜증이 몰려오고요.

어차피 언어라는 게 꾸준히 했을 때 조금씩 발전하는 것이라면, 누가 "이것부터 공부하세요!"라고 답을 정해줬으면 좋겠다는 생각이 들 거예요. "단순하게 시키는 대로 하는 게 이렇게 편하고 좋은 일이었다니!" 매일 깨달으며 무한 책임감을 어깨에 짊어지고 사는 게 세상 모든 엄마들이니까요. 그래서 엄마 영어 공부의 출발점을 제시합니다. 아이와 함께 공부를 하기 위해서 엄마가 공부가 공부해야 할 영역은 크게 3가지입니다.

1. 아이가 보는 DVD & 책 함께 보기
2. 유효 노출 4개 기둥(단어·동요·패턴·생활 회화)으로 엄마 생존 영어의 감각 기르기
3. 기초 문법 다지기

비록 할 줄 아는 말이 "화장실 갈래? 옷 입자! 양치질 해야지!" 밖에 없어서 정작 밖에서 성인 외국인을 만나서는 꺼낼 수 있는 말이 "안녕!" 밖에 없을지라도, 집에서 아이와 함께 있을 때는 자신 있게 영어로 대화할 수 있는 엄마 영어 공부! 아이의 나이에 맞춰서 공부를 시작해서, 아이가 자라면서 함께 성장하는 외국어 공부를 시작해보세요!

엄마 영어 공부 우선 순위표

아이가 보는 DVD & 책

• 아이에게 읽어줄 영어 동화책 큰 소리로 낭독하기
영어책 내용을 미리 읽어보고 아이에게 읽어줄 때 아이와 교감할 수 있게 미리 준비하기

• 아이가 보는 DVD 단어 & 표현 따라 말하기
아이가 DVD를 볼 때 함께 보면서 DVD의 캐릭터가 말하는 주요 단어와 표현을 따라 말하기

• 아이가 보는 DVD 스크립트 공부하기
아이가 정말 좋아하는 캐릭터 DVD(까이유 추천합니다)의 스크립트에서 들리지 않는 표현들을 체크하고 유용한 표현은 따로 외우면서 공부하기
베드타임으로 아이에게 DVD스크립트를 읽어줄 수 있도록 스크립트를 큰 소리로 낭독하기

단어 / 동요 / 패턴 / 생활 회화

단어 | 주제별 단어 암기

테마별 영어회화&단어 2300, 비타민북

일상생활에서 자주 사용하는 회화용 단어 외우기

공부 포인트 | 독해용 단어에서 벗어나 일상생활 단어를 주제별로 외우기

동요 | 아이가 좋아하는 동요 가사 공부하기

가사가 나와 있는 책이 없는 경우는 Google 에서 '(노래제목) + lyric' 을 검색

공부 포인트 | 아이가 즐겨 듣는 노래를 엄마가 외우면 아이도 훨씬 빨리 부른다

패턴 | 간단한 패턴 공부로 말을 확장하기

영어 패턴 500 플러스+ 말문이 터지는 영어회화 공식, 넥서스

공부 포인트 | 뼈대는 생각하지 않아도 입에서 나오도록 한다

생활 회화 | 아이의 일상을 영어로 표현한다

암기용 교재 | 목표를 세우고 한 과씩 완전 암기

말문이 빵 터지는 엄마표 생활 영어, 노란우산

공부 포인트 | 자주 사용하는 말은 정확하게 표현한다

참고용 교재 | 필요한 말을 찾아서 공부

엄마표 생활영어 표현사전, 로그인

공부 포인트 | 상황에 맞는 한 마디를 골라서 공부한다

바쁠 땐 이거라도 | 네이버 영어 회화

네이버 영어 사전에서 제공하는 〈네이버 영어 회화〉에서 스마트폰 푸시 알람을 설정하고, 아무리 바쁘더라도 하루에 이거라도 본다는 생각으로 흐름을 놓지 않기

특히 주요 표현에 대해서 예문을 공부할 수 있어서 효과적

공부 포인트 | 아무리 시간이 없어도 흐름을 완전히 놓지는 않는다

기초 문법

• 엄마의 장기 영어실력 향상에 도전한다.

Grammar in use, Cambridge

공부 포인트 | 쉬운 문법을 입으로 익혀 말의 길이를 늘리자

• 쉬운 어플리케이션으로 기초부터 다시 시작한다

English Re-start, 뉴런

(★스마트폰 어플리케이션 다운로드 가능)

공부 포인트 | 무릎 반사처럼 머리로 생각하지 않고 반사적으로 맞게 말하자

문법공부는
뒤에서부터

영어를 잘하기 위해서는 기초 문법 공부가 필요해요. 그렇지만 문법 공부를 해야 한다고 하면 사실 거부감부터 드는 것이 사실입니다. 그리고 문법책을 처음부터 끝까지 모두 공부해본 사람도 정말 손에 꼽아요. 매번 처음 문법을 시작할 때 나오는 수의 일치를 배우면서 '주어가 단수니 동사에 s가 있어야 되고, She라는 주어가 나왔으니 뒤에는 have가 아니라 has가 나와야 한다' 같이 수학 공식 같은 부분을 공부하다가, 시제를 공부한다고 동사의 불규칙 과거를 조금 외우다 보면 "역시 난 영어는 자신이 없다"고 영어 문법 공부를 포기하게 되죠. 그런데 공부를 다시 시작할 때는, 예전에 공부를 멈췄던 부분에서 다시 시작하는 것이 아니라, 맨 처음부터 시작하기 때문에 내게 정말 필요한 어순이나 어법을 제대로 익히지 못하는 경우가 많습니다.

영어 문법 목차를 보면 크게 두 부분으로 나눌 수 있어요. '정확성'과 '유창성'! '정확성'은 간단한 말이라도 어법에 맞게 정확하게 구사하는 방법을 설명하는 부분이며 보통 시제 및 수의 일치(단수와 복수)에 관한 부분이 주를 이루고 있어요. '유창성'을 위한 부분은 말을 길게 하기 위해서 문장의 대구를 설명하는 부분으로 접속사 및 절을 제대로 활용해서 문장을 길게 이어주는 것을 설명해줍니다. 사실 당장 말을 시작하기에는 '유창성'을 위한 문법 부분이 중요한데, 그 부분은 문법 책의 뒷부분에 나오니 구경도 못 해본 경우가 많아요.

아이와 대단한 대화를 하고 사는 것이 아니기 때문에 아이와 자주 사용하는 구문의 유형을 보면 사실 필요한 문법 종류가 그렇게 많지 않아요. 그래서 문법을 공부할 때 저는 문법책에서 앞을 공부하지 않고 조동사, 접속사 등이 나오는 뒷부분부터 시작했어요.

그리고 시간이 더 부족하다고 느낄 때는 필요한 부분만 골라서 공부했어요. 영어를 넘어서 다른 언어로 확장할 때에도 이런 기준을 가지고 필요한 구문만 먼저 익히니, 더 짧은 시간에 아이와 외국어로 일상 대화를 할 수 있었습니다. 3마디 정도를 연결하는 명령형 문장을 먼저 쉽게 암기할 수 있는데, 그 명령형 문장을 조건형, 조동사, 진행형, 선택형으로 확장하면서 문장을 다양하게 익힐 수 있는 문법을 우선 공부해보세요.

아이와 자주 사용하는 구문의 유형

지금 ~ 해, 아니면 ~할거야.

ex 코트를 입어. 아니면 감기 걸릴 거야.

~ 하면 ~할거야.

ex 책을 읽으면 똑똑해질 거야.

~ 하고 있어.

ex 나는 지금 책을 읽고 있어.

~ 해야 돼.

ex 약을 먹어야 돼.

~ 할 수 있니?

ex 혼자 옷 입을 수 있니?

~ 일 거야

ex 아빠는 늦을 거야.

~ 할래 ~할래?

ex 우유 마실래? 물 마실래?

ex) Brush your teeth

조건절 ⇨ 명령형, or 주어 + will + 동사원형 (지금 ~해, 아니면 ~할거야)

Brush your teeth now, or You will be sick.

⇨ If + 주어 + 동사, 주어 + will + 동사원형

If you brush your teeth, you will feel good.

진행형 ⇨ be + ~ing (~하고 있어)

I am brushing my teeth.

You are brushing your teeth.

조동사 ⇨ Shoud, have to, can, might

You should brush your teeth. (~해야 돼)

Can you brush your teeth? (~할 수 있니?)

He might brush his teeth every day. (~일거야)

선택 의문문 ⇨ or로 의문문 연결 (~할래, ~할래?)

Do you want to brush your teeth now or later?

이 부분의 문법을 문법 책에서 우선적으로 공부하면 일단 일상생활에서 급하게 사용하는 부분을 해결할 수 있습니다. 이런 우선 순위를 정리하는

팁이 엄마들이 문법책을 펼칠 때 느끼는 두려움을 줄여줄 수 있었으면 좋겠어요. 예시 하나 더!

ex) Wash your hands

조건절 ⇨ 명령형, or 주어 + will + 동사원형 (지금 ~해, 아니면 ~할거야)

⇨ Wash your hands, or you will get sick.

If you don't wash your hands, I will not give you something to eat.

진행형 ⇨ be + ~ing (~하고 있어)

I am washing my hands.

You are washing your hands.

조동사 ⇨ Shoud, have to, can, might

You should wash your hands. (~해야 돼)

I have to wash my hands. (~해야 돼)

Can you wash your hands? (~할 수 있니?)

선택 의문문 ⇨ or 로 의문문 연결 (~할래, ~할래?)

Do you want to wash your hands or brush your teeth first?

Grammar in Use로 영어를 제대로 익혀보자!

주의 아이의 영어공부와 상관 없이 엄마가 정말 영어를 잘하고 싶다면 보세요!

사실 엄마표 영어를 위해서라면 이렇게까지 문법 책을 처음부터 본격적으로 공부할 필요는 없어요. 하지만 엄마표 영어를 진행하고 있는 엄마들의 이야기를 들어보면, 처음에는 아이를 도와줄 목적으로 시작했다가 하다 보니 욕심이 생기는 경우가 많더라고요. 처음부터 제대로 영어를 공부해 보고 싶다고 생각하는 엄마들도 많고요.

어떤 언어든 정말 그 언어가 어떤 것인지 제대로 알기 위해서는 큰 구조를 머리에 넣는 것이 중요해요. 특히나 분석적으로 생각하는 사람들에게 이런 성향이 더 두드러지고요. 성인들은 이해가 되지 않는 상태로 암기하는 것을 아이들보다 훨씬 더 어려워하기 때문에, 큰 구조를 쉬운 문법 책으로 잡는 것이 향후 그 언어에 대한 암기력 향상에도 크게 도움이 됩니다.

문법은 다들 어렵다고 생각하는데, 사실 우리가 중학교 때 배우는 문법 정도가 말할 때 필요한 문법의 전부에요. 그 이후 점점 문법이 어려워진다고 생각이 드는 건, 예문을 구성하는 어휘가 어려워지기 때문이에요. "You look pretty"는 쉽게 느껴지지만, 같은 단어 수에 같은 문장 구조라고 해도 "The suspicion proved accurate"라는 문장은 너무 어렵게 느껴지죠? 어려운 예문이 가득한 문법 교재를 선택하면, 내가 모르는 것이 문법인지 어휘인지도 알 수 없고 그저 연습문제를 푸는 것에 급급할 수 밖에 없어요. 그래서 문법 교재는 정말 쉬워야 합니다.

제가 공부를 하면서 말하기 향상에 가장 도움을 받았던 책은 《Grammar in Use》였어요. 《Basic Grammar in use》로 시작해서 《Intermediate》까지 제 방법으로 공부를 했어요. 진도를 빨리 나가지 않고 하루에 하나의 Unit씩 제대로 익히는 것에 집중해서 공부하면, 한 권에 5개월 정도의 시간이 필요했고, 두 권을 끝내는 데 10개월 정도 걸렸어요.

사실 문법 공부는 수학공식처럼 'He, She, it의 3인칭 단수가 주어로 오면, 동사에 s를 붙인다' 하는 규칙을 외우는 것보다, 규칙이 적용된 예문을 입으로 익히는 것이 중요합니다. 결국 어휘를 제대로 익히는 방법도 어법을 제대로 익히는 방법도 예문을 통해서예요.

《Grammar in use》는 각 유닛마다 연습문제가 있습니다.

연습문제를 대하는 4단계 방법

1. 연습문제의 답을 문장 전체를 읽으면서 녹음합니다.
2. 해답을 보면서 내가 녹음한 문장을 듣습니다.
3. 연습문제 답을 적습니다. 단, 해답과 내가 녹음했던 문장이 달랐을 경우 틀린 부분은 색깔이 있는 펜으로 적습니다.

4. 내가 적은 답을 보면서 다시 따라 읽으면서 자신 있게 녹음합니다.

예를 들면,
If I were you, I _____(not/ buy) that coat.
I _____ (help) you if I could, but I'm afraid I can't.

'가정법' 단원에 다음과 같은 연습문제가 나와 있는데, 이걸 손으로 답을 쓰려고 하면 예문을 처음부터 끝까지 제대로 읽는 게 아니라 수학 문제를 푸는 것처럼 공식을 대입하듯 문제를 풀이용 공식이 머릿속에 떠오르고, 그럼 예문을 제대로 읽지도 않은 채 'would not buy, would help' 이렇게 답을 적게 돼요.

예문이 중요하다고 제 아무리 강조를 해도, 이미 동일한 패턴의 문장이 10개 넘게 모여 있으면, 뇌는 지루한 반복이라고 생각하고 빨리 문제를 풀고 싶어서 문장을 제대로 살피지도 않게 돼요. 스피킹을 위한 문법 공부가 아니라, 정말 수학 문제 푸는 것 같은 문법 공부를 한 셈입니다. 이렇게 공부하니, 문법은 공부할 필요가 없다는 말까지 나왔어요.

만약 답을 손으로 적는 것이 아니라, 문장 전체를 읽으면서 순간적으로 빈칸의 답도 생각해서 녹음을 해야 한다면, 좋든 싫든 "If I were you, I would not buy that coat"라는 문장을 다 읽을 수 밖에 없습니다. 이렇게 반복적으로 읽으면, 'If I were you~'라는 문장이 입에서 나올 때 뒷부분에 'I would'까지 관성적으로 따라와요. 그리고 "I would help you If I could"라는 문장을 읽으면서 뒤에 "but I'm afraid I can't"가 첨가되면, "사실 나는 너를 도울 수 없었다"라는 문장의 뉘앙스도 느끼게 됩니다. 손으로 답만 적을 때와는 차원이 다른 공부지요. 틀린 부분은 해답을 보면서 내 목소리를 들으며 교정하고, 다시 읽을 때는 틀린 부분을 신경 써서 읽게 되니, 평소 자주 틀리는 부분의 교정까지 됩니다.

사실 문법을 얼마나 머릿속으로 잘 아는지가 중요한 게 아니고, 내가 크게 머리로 생각하지 않고 말을 할 때 관성적으로 맞는 표현들이 사용되는 지가 더 중요한 거잖아요. '머리로는 문법을 아는데, 말할 때는 하나도 적용이 안 된다' 하는 생각이 들지 않을 수 있도록, 이제 문법도 예문을 입으로 익히는 데 집중해보세요.

※ 성인을 위한 방법들은 초등학교 고학년부터는 적용할 수 있습니다. 지인 중에 아이가 어려서부터 영어를 접해서 간단한 말을 크게 고민하지 않고 하긴 하는데, 문법적으로는 틀리는 표현이 많은 경우가 있었어요. 그 지인에게 이 방법을 조언했지요. 매일 꾸준히 진행하니 정말 눈에 띄는 효과를 봤다고 해요! 혹시 이 책을 읽는 독자 중에 이미 초등학교 고학년인 아이를 둔 엄마는, 아이와 함께 도전해봐도 좋을 것 같아요. 누군가와 함께하면 끝까지 할 수 있는 확률이 더 커지고, 아이와 함께 진행하면 엄마의 책임감도 더 커지니깐요.

하루에 하나,
간단한 말은 정확하게!

아무리 간단한 말이라고 해도 외국어를 정확하게 구사한다는 것은 굉장히 어려운 일입니다. "아이가 듣는 말이니 하나도 틀리는 것 없이 정확하게 해야지!"라고 정확성에 부담을 갖는 순간, 엄마의 말문도 닫히게 돼요.

"손을 씻어라! Wash your hands!" 이런 쉬운 문장이라고 해도, "Wash a hand? Wash hands? Wash the hands? Wash your hands?" the를 붙여야 하는 건지, s를 붙여야 하는 건지 머릿속이 하얗게 변하는 것 같은 경험을 해본 적 있을 거예요. 뿐만 아니라, "텔레비전 보지 마!"라는 간단한 문장도 막상 쓰려고 하면 '보다'를 뜻하는 look, watch, see 등 많은 단어 중에서 어떤 단어를 사용하는 게 더 자연스러운 건지, 짧은 시간 안에 다양한 생각이 오가지요. "look at the TV? Watch TV? Let's see TV?" 중에서 어떤 게 맞는 문장인지 고민이 되면서 아이에게 말을 건네기가 어려워집니다.

물론 아이는 정확한 문장을 책이나 영상을 통해 항상 보고 듣고 있기 때문에 충분한 노출을 통해서 천천히 올바른 문장을 찾아갑니다. 엄마의 생활회화는 아이가 영어를 TV나 책 등에서만 나오는 언어가 아니고 일상 언어라고 받아들일 수 있는 다리가 되어줄 수 있다면 그것으로 충분합니다. 엄마의 발음도 걱정하지 않아도 돼요. 영어 책의 음원을 통해 항상 정확한 발음도 접하고 있기 때문에 엄마의 목소리로 읽어줘서 책이 재미있다는 기억을 만들어주는 역할만 하면, 좋은 발음으로 서서히 교정이 됩니다.

분명 많은 경험자들의 말을 통해 그런 사실을 듣고 느끼고 있다고 하더라도 아쉬운 마음이 들지요? 아이가 다른 말보다는 엄마가 평소에 사용하는 단어나 문장을 훨씬 더 빨리 배운다는 것을 경험하고 나면 엄마인 내가 좀 더 정확한 문장을 사용하고 싶다는 욕구가 생깁니다. 정확한 문장을 위해서 평소에 사용하는 모든 문장을 다 외울 수는 없고, 그렇다고 하나도 틀리지 않게 영어를 구사하기 위해 처음부터 문법을 다시 공부할 수도 없는데 짧은 시간에 어디서부터 공부하는 것이 효과적일까요?

저는 이렇게 원칙을 정했어요! 아이에게 읽어주고 있는 '아이 수준'의 '아이 책'에서 하나의 문장을 골라서 외운 후 그 문장을 확장한다! 영어 책 암기 아웃풋이 아니라, 일상생활의 아웃풋으로 꺼내준다! 아이들용 영어 전집을 정말 많이 읽어주면서 느낀 건, 영어 전집마다 단어의 '테마'가 있고, 그 '테마'를 연결하는 '패턴' 또는 '핵심 문장'이 반복된다는 것이었어요. 그래서, 책을 읽어주고 난 다음에 그 패턴 하나를 외워서 일상생활에서 계속 사용하기 시작했어요. 이 패턴은 엄마가 선택한 책으로 하는 것이 아니라, 아이가 한 번 다시 읽어달라고 가지고 올 정도로 좋아하는 책으로 하면 그 효과가 더 컸어요.

"하루에 한 문장은 외워서 정확하게 사용하자"라고 정한 이유는, 적어도 하루 한 문장은 아이에게 제대로 떠먹여주기 위해서예요. 엄마가 머릿속에서 만들어 사용하는 문장은 틀릴 수도 있다는 생각에 망설이게 돼요. 또 머릿속에서 문장을 만드는 데 시간이 걸리고, 더듬게 되고, 자신 없이 지나가면서 한 번 뱉고 넘어가게 돼요. 하지만 엄마가 책에서 보고 외운 문장은 맞는 문장이라는 확신이 있기 때문에 더 크고 강하게 이야기를 해줄 수 있고, 그렇게 반복되는 문장은 아이가 처음 뱉게 되는 문장의 가장 중요한 기초가 되어줘요.

그리고 아무리 한 부분이라고 해도 매일 암기하고 게다가 변형해서 계속 말하기 연습을 하니 엄마 영어 실력의 향상에도 정말 큰 도움이 됩니다. 엄마의 언어 공부도 이렇게 부분부분 쌓아가면 돼요!

실제 문장 응용 예시

책에서 꺼내서 엄마가 외운 문장

Let's go to the _____.

How many do you see?

One for the _____.

Two for the _____.

응용법

어린이집 갈 때

Let's go to the school.

How many do you see?

One for my teacher!

화장실 갈 때

Let's go to the bathroom.

How many do you see?

One for the toothbrush.

One for the toothpaste.

놀이터 갈 때
Let's go to the playground

How many do you see?

Two for the slides.

방에 갈 때
Let's go to your room.

How many do you see?

Ten for the dolls.

이렇게 내가 외운 단 하나의 핵심 패턴을 최대한 많은 상황에서 사용할 수 있도록 노력합니다. 문장의 밑줄 부분만 필요할 때마다 단어를 찾아서 계속 변형해서 활용합니다.

외워지지 않는다면 팔뚝에 새기자

생활 회화를 공부하면 정말 외국어를 외우는 것이 쉽지 않구나 실감하게 되고, 외우고 나서도 돌아서면 또 까먹는 것 같아 자괴감을 느껴요. 여러 언어를 동시에 공부했던 경험에 비춰보면, 그래도 조금이라도 내게 익숙한 언어는 조금 더 빨리 외워지는 반면 아직 낯설게 느껴지는 언어는 아무리 노력해도 쉽게 외워지지 않았어요. 일단 실제 상황에서 많이 사용을 해봐야 더 쉽게 외울 수 있는데, 빨리 외워야 한다고 부담을 느끼고 하루에 최대한 많은 문장을 외우려고 압박을 느끼니 오히려 외우는 데 더 많은 시간이 걸렸던 것 같아요.

　외워야 한다는 부담감을 최소화하기 위해서 잘 외워지지 않는 중요한 문장을 적어놓기로 결심했어요. 당연히 처음에는 가지고 다니기 쉬운 수첩을 준비하고 수첩에 문장을 적었어요. 그런데 막상 적어놓은 문장을 사용할 수 있는 상황이 되면 정말 이상하게도 방금까지만 해도 근처에 있었던 수첩이 눈에 띄지 않는 거예요.

두 번째로 스마트폰에 적는 것을 시도했는데, 일단 타이핑을 하는 게 오래 걸려서 점점 기록하는 게 귀찮아지고 스마트폰도 항상 손에 쥐고 있을 수는 없으니 필요한 문장을 제 때 활용할 수 없었어요.

결국은 외우는 것 밖에 답이 없는 건가 생각하다가, 몸에 적어보기로 결심을 했습니다. 처음에는 손바닥에 적었는데, 엄마는 손에 물이 닿는 일이 많기 때문에 손바닥에 적은 것은 땀에도 물에도 쉽게 지워졌어요. 그래서 팔뚝에 문장을 적기 시작했습니다. 잘 외워지지 않는 단어, 문장들을 볼 때마다 왼팔의 팔뚝에 적었어요. 제가 팔뚝에 적었다고 하면 장난 삼아 몇 번 해본 걸 말하는 거라고 생각할 수도 있는데, 정말 제 주변 지인들은 모두 제가 팔뚝에 외국어를 적고 다니는 것을 알 정도로 절실하게 적었어요. 모든 펜이 팔뚝에 제대로 써지는 건 아니라서, 여러 번 시도를 하며 제일 잘 써지는 펜을 발견(Bic GL1 갤펜)하고 주위에 추천을 하기도 했지요. 간절하게 매일 반복했던 습관이었습니다.

팔뚝에 적기 시작하고 나서는 지금 당장 외워야 된다는 부담도 덜 수 있었고, 정말 필요한 상황에서 팔뚝을 컨닝해서 사용할 수 있을 때도 많았어요! 수시로 공부를 할 수 있었기 때문에 책을 보고 주어진 시간 안에 반드시 다 외워야 한다고 압박을 느낄 때보다 훨씬 더 빨리 필요한 문장을 공부할 수 있었습니다. 엄마표 생활 회화 사용이 너무 간절하다고 생각이 든다면 한 번 시도해보세요!

서연맘의 추천 펜 | Bic GL1 갤펜

외워지지 않는다면 팔뚝에 새기자!

웃어넘기는 게 아니라 정말 시도해보고 싶은 사람에게 추천합니다.

상황에 맞는 한 마디가
책에서 본 백 마디보다 중요하다

엄마는 외국어를 사용할 때 상황에 맞춰서 필요한 한 마디를 해줄 수 있기 때문에, 뜻을 해석해주지 않아도 아이에게 그 의미와 감정을 명확히 전달할 수 있습니다. 이런 살아 있는 말은 책에서 보는 백 마디의 말보다 더 효과적일 수 있습니다. 사람들이 영어를 학습해 구사할 때 가장 어색하게 느껴지는 것이 바로 말을 할 때 억양이나 감정이 너무 밋밋하여 로봇 같은 느낌을 준다는 것이니까요.

"엄마표 영어로 엄마가 적극적으로 외국어로 소통을 도와주자" 하는 말을 오해하여, 엄마가 아이의 영어 선생님이 되어야 한다고 생각하는 사람이 있어요. 그럼 보통 교구를 만들거나 학습지를 만드는 일에 집중하게 됩니다.

하지만 엄마는 결코 선생님의 자리를 대신하려고 해서는 안됩니다. 아이가 울고 있을 때, "Are you sad?" 하고 상황에 맞는 말을 한 마디 건네주는 것이 엄마의 역할이지, 앉은 자리에서 교구를 사용해 "Are you happy? Are you sad? Are you excited? Are you scared?" 하고 감정을 바꾸면서 획일적으로 주입하는 것은 엄마의 역할이 아니라고 생각해요.

그럼 상황에 필요한 한 마디의 말을 해주기 위해서는 어떤 공부를 해야 하는 것일까요? 결국 엄마가 어떤 말이든 다 할 수 있을 정도로 영어를 잘해야 된다는 걸까요? 오해하지 마세요. 원하는 부분을 골라서 공부하면 됩니다.

우리가 영어를 공부할 때만 해도 종이 사전이 더 일반적이었고, 원하는 말을 모두 찾을 수 있는 시대가 아니었지요. 그러니 하고 싶은 말 위주로 공부한다는 것이 더욱 막막하게 느껴질 거예요. 그런데 요즘은 사전에서 예문으로 검색하면 간단한 문장은 다 나오는 시대잖아요. 정말 아이가 하고 싶은 말이나, 엄마가 아이에게 해주고 싶었던 말을 우선 찾아서 검색해서 적어서 외우는 것이 가능합니다. 만약 저녁 시간에 엄마가 차분하게 영어 문장을 공부할 시간이 있으면 상황에 맞게 내가 할 수 있는 말을 공부해봅시다.

중요한 것은 한 마디라도 더 말을 건네고자 하는 엄마의 의지라고 생각해요. 엄마가 정말 목이 쉬어서 목소리가 나오지 않는 날이 있을 수 있어요. 이런 날, 오늘은 목이 아프니 내 몸이 괜찮아질 때까지 외국어 노출을 쉬어야겠다고 생각할 수도 있는 반면, '아! 목이 쉬었다라는 표현을 영어로 아직 모르는데 상황에 맞게 그 말을 알려줘야지!'라고 생각하고 그 표현을 예문에서 검색하는 의지를 가질 수도 있어요. 그 의지에서 장기적으로 큰 차이가 만들어지는 것 같아요. 목이 쉬어서 힘든 날에도 '다른 건 몰라도 엄마의 쉰 목소리로 이 한 문장은 알려줘야지'라는 생각으로, "My voice is hoarse from a cold"를 말했어요.

심지어는 아이와 함께하는 다개국어를 반대하면 안 되겠다고 아빠가 생각하게 된 계기도 상황에 맞는 말 한 마디를 건네고자 하는 제 노력에서 시작되었어요. 서툰 솜씨로 요리를 하다가 손가락을 칼에 베여서 피가 나는데 연고부터 찾는 게 아니고, 그 다친 손가락을 들고 서연이에게 보여주면서 "I am bleeding"을 말해주고 있는 것을 보면서, '저럴 정도로 진심으로 열심히 하는데, 감정적으로라도 반대는 하지 말자' 하고 생각하게 되었다는 이야기를 들었어요. 이런 제 의지는 '외국어를 환경적인 도움이 없이 익힌다는 것은 누구에게도 어려운 일이니 내가 가능한 만큼은 도와주자' 하는 마음에서 출발한 것 같아요.

귀가 예민하고 언어 습득에 예민한 나이라고 해서 외국어를 그냥 듣고 익히는 것이 쉬운 건 아닙니다. 분명 낯선 언어를 낯선 환경에서 익힌다는 것은 외롭고 어려운 길이지요. 아이가 스트레스 없이 언어를 익힐 수 있는 환경을 만들기 위해서는 아이에게 다 떠넘기지 말고, 내가 할 수 있는 만큼은 같이 동참해주세요. 내가 시작한 일, 적어도 외롭게 혼자 가는 일은 없게 해주세요.

엄마의 영어 공부도 동참하고자 하는 마음에서 출발해보세요. 아이와 사용하는 말 위주로 공부해보세요. 대체 어디서부터 공부를 다시 해야 되는지 모르고 답답한 마음이 해소되고, 갈피를 못 잡고 버려지는 시간들을 한 문장이라도 찾아보는 데 사용할 수 있을 거예요.

네이버 영어사전을 활용한 꼭 필요한 말 공부하기!

네이버 영어사전 http://endic.naver.com/에 접속합니다. 또는 스마트폰에 〈네이버 사전〉 앱을 설치하면 더 쉽게 필요한 문장을 찾을 수 있습니다. 영어사전에서 내가 상황에 맞게 써주고 싶었는데 영어로 나오지 않았던 문장, 아이랑 대화하던 중 아이가 갑자기 한국어로 전환하여 말한 문장을 검색합니다.

단어로 쪼개서 검색하려고 하지 말고 비슷한 예문을 찾아주는 예문 검색을 믿고, 그냥 문장을 그대로 입력해보세요. [예문 검색]을 선택하여 검색한 후, 내가 하고 싶었던 말과 가장 비슷한 문장을 선택하여 노트나 팔에 적고 다음에 같은 상황에서는 영어로 문장을 이야기를 해주려고 노력합니다.

다개국어로 단어를 빨리 찾을 때는 구글 번역기를 추천하지만, 한국어 문장을 영어로 바꿀 때는 번역기를 사용하지 말고 사전의 예문을 사용하세요.

서연맘이 찾아서 공부했던 예문들

땡강 부리지 마

Stop throwing a fist / Don't be cranky

이 수건으로 머리 말려

Dry your hair with this towel

감기에 걸리지 않도록 머리 말리자

Let's dry our hair so we don't catch cold

뭘 사용했으면 다시 제자리에 갖다 놔!

If you use something, put it back!

엄마 말 좀 들어

Hey, listen to your mother

졸리면 낮잠을 자라

If you feel sleepy, take a nap

숙제부터 하고 놀아라

Play after you finish your homework

난 참을 만큼 참았어

I've had just about enough of you

화장실, 식탁, 놀이터, 마트는
외국어 활용의 성역이다

 영어를 더 자주 사용할 수 있는 환경을 조성하기 위해서, 영어로만 말하는 시간을 따로 정하는 것이 가능할까요? 만약 이끌어주는 엄마나 아이가 영어를 모국어처럼 편안하게 구사하는 것이 불가능하다면, 그런 시간을 만들어도 영어 연습은커녕 대화가 단절되고 어색한 시간이 될 것이 뻔합니다.
 일상생활에서 어떤 상황이 벌어지게 될 지 알 수가 없기 때문에 시간을 정해두고 영어를 쓰는 것은 정말 어려운 일이에요. 그렇지만 환경 조성을 위해서 영어로만 말하는 장소를 지정하는 것은 가능합니다. 그럼 엄마도 그 장소에서 사용하는 말을 가장 먼저 찾아서 공부할 수 있기 때문에 공부의 우선 순위를 정하기도 편합니다.

==저는 화장실, 식탁, 놀이터, 마트를 영어 활용의 성역으로 생각하고 그 장소에서는 영어를 사용했어요.== 이 네 가지 공간은 제가 처음 외국어 노출을 시작했을 때부터, 외국어 노출의 성역처럼 생각하던 곳입니다. 심지어 다른 외국어를 시작할 때에도 외국어로 가장 먼저 대화를 시작했던 공간이고요. 아이의 생활에 밀접하게 외국어를 노출하기 위한 모든 노력이 가장 집중되어 있는 공간입니다. 아이의 외국어 첫 아웃풋도 이 네 곳의 공간에서 시작되었으니, 이 책을 읽는 엄마들도 '화장실, 식탁, 놀이터, 마트'의 외국어 존 zone 설정을 지금 시작해보세요!

왜 이렇게 외국어 존을 설정해야 할까요? 왜 화장실, 식탁, 놀이터, 마트 등 일상에 가까운 장소일까요?

이유는 간단해요. 일상에서는 상황에 따라서 하루에 10분도 외국어 노출을 할 수 없는 날도 생기거든요. 화장실이 외국어 존이라면 적어도 세수할 때, 양치할 때, 저녁에 씻을 때 외국어를 노출해줄 수 있어요.

또 심리적으로 외국어 첫 노출을 시작하면 아이가 외국어로 무언가를 듣거나 말을 해야 하는 상황을 불편해하고 거부하는 '거부기'가 있어요. 그렇기 때문에 짧게 치고 빠지는 게 중요하고, 특히나 아이가 기분이 좋을 때를 이용하는 것이 중요해요. 그래서 밥을 먹을 때나 놀이터에서 놀이를 할 때를 주로 활용했어요.

다음으로 마트! 저는 워킹맘이라 아이와 평일 외출이 주로 마트였어요. 그래서 마트에 갈 때마다 외국어 노출을 해야겠다고 마음을 다잡았지요. 그런데 세상에, 마트가 정말 단어를 익히기에 좋은 곳이더라고요! 아이에겐 실물을 보여주면서 명사를 확장해주는 게 좋은데, 사실 집에 있는 물건은 한

정적이잖아요. 마트에는 다양한 물건이 있기 때문에 한 번은 과일 세션을 돌면서 과일 이름을 이야기 해주고, 다음에는 채소 세션을 돌면서 채소를! 또 유제품 세션을 돌면서 간식들 이름을! 장난감 세션을 돌면서 장난감 이름을 알려주는 거죠. 이러니 필요한 것을 사는 것 이외에 오늘 어떤 구역을 돌아야겠다는 마음을 먹고, 그 구역을 돌면서 실물을 보면서 단어를 익히는 오감 영어를 실천했어요.

엄마 공부의 팁으로 필요한 말을 먼저 공부하는 것을 이야기했었는데요, 해야 할 것이 너무 많다는 생각이 들 수 있을 거예요. 그럴 때 머릿속에 우선 순위가 없으면 몸이 빨리 반응하지 않기 때문에 '우선 이 공간에서는 내가 정말 능숙하게 영어를 해봐야지!'라는 목표를 가지고 공부를 시작해보세요!

초기 발화에 도움이 되는 건 아주 쉬운 문장을 반복적으로 계속 접하는 거예요. 다양한 인풋이 동시다발적으로 들어가는 것은 유연한 듣기 실력을 키우기 위한 방법이고, 말하기를 위한 방법은 쉬운 문장을 정말 똑같이 매일 듣는 거예요. 그리고 그 문장을 대충 알아듣는 정도에서 끝나는 것이 아니라, 확신을 가지고 그 문장을 말할 수 있을 정도로 익숙해지는 것! "Brush your teeth! Brush your teeth! Brush your teeth!" 계속 반복을 해주는 게 말문이 터지는 데 큰 도움이 됩니다.

그런데 모든 공간에서 항상 정확한 말을 반복해줄 수 있을 정도로 많은 문장을 외우는 건 어렵잖아요. 특정 공간을 한정해서 시작하면 지치지 않을 수 있어요. 외국어 존을 지금 시작해보세요.

외국어 존 zone 이렇게!

준비하기

- 엄마표 회화 책을 보고 '화장실, 식탁, 놀이터, 마트'에서 사용할 수 있는 기본 표현을 적고 암기하는 공부를 시작합니다(《말문이 빵터지는 세마디 회화- 영어, 엄마표 생활영어》, 《엄마표 생활영어 표현 사전》 등). 우선 화장실 및 식탁은 장소가 정해져 있기 때문에 '포스트잇'에 써서 화장실 벽, 식탁 유리 밑 등 잘 보이는 곳에 붙이고, 마트 및 놀이터 표현 공부를 시작합니다.
- 해당 장소의 테마 회화의 음원이 있는 경우, 그 장소의 음원을 스마트폰에 옮깁니다. 화장실/식탁/놀이터/마트로 폴더명을 설정합니다.
- 내가 가지고 있는 생활 회화 전집 중에서 화장실, 식탁, 놀이터, 마트에 관련된 책을 그 장소에서 가까운 곳에 둡니다. 외출할 때 사용하는 책은 외출용 가방에 넣어둡니다.
- 유튜브에서 아이가 가장 좋아하는 노래를 테마별로 찾습니다.

  검색 예시) Bath time song for kids / Brush song for kids
  Wash song for kids / Playground song for kids
  Shopping song for kids / Meal time song for kids

외국어 존 실행하기

| 각 장소에서 시간을 보낼 때, 배경 음악으로 스마트폰에 미리 모아놓은 플레이리스트를 항상 흘려 듣기 음원으로 사용합니다. 운동도 몸을 워밍업 하는 시간이 필요하듯, 엄마도 아이도 외국어로 스위치를 전환하기 위해서는 시간이 필요하기 때문에 흘려 듣기 음원을 틀어놓으세요.

| 각 공간에서 아이에게 말을 걸 때는 엄마가 미리 적어놓았거나 외운 표현들을 사용해서 말을 겁니다. 아이가 대답을 하지 않을 경우는 알죠? 원맨쇼! 엄마가 아이 대답 부분까지 이야기 하면서 아이에게 말을 겁니다. "Is it yummy?", "Don't be picky" 쉬운 표현들을 사용해서 대화를 이어나가요!

| 아이와 테마로 설정해놓은 노래를 함께 틀어놓고 노래를 같이 부르고 들으면서 시간을 보내요. 제일 효과가 빨리 나타났던 노래는 '양치질송'이었고, 다른 언어로 확장할 때에도 '양치질송'이 가장 빨리 아이의 반응을 이끌어낼 수 있는 노래였어요. 주요 생활 공간에서의 테마송이 있는 것이 크게 도움이 됩니다.

| 마트에 가기 전에는 항상 스마트폰에 사전을 준비하고 갔어요. 마트에서는 가장 큰 목적이 단어를 확장하는 것이기 때문에, 하루에 한 구역씩 마음속에서 섹션을 정하고 그 공간에 있는 단어들을 빠르게 검색해서 알려주었답니다. 《테마 2300 단어장》의 해당 주제 페이지를 사진으로 찍어서 스마트폰에서 사진을 보면서 검색할 필요 없이 빠르게 단

어를 알려주기도 했어요.

| 놀이터에서 가장 크게 신경을 썼던 것은 '동작 동사'를 익히는 것이었어요. 'Action verbs for kids'라고 구글에서 이미지 검색을 하면 다양한 동작 동사들을 확인할 수 있어요. 예를 들면 'Push, jump, run, walk, stomp, slide, go up, go down' 등의 단어들을 엄마가 말하고 행동을 같이 해보면서 동작 동사들을 익힐 수 있어요. "Push me!"라는 표현을 하나 익히기 위해서 대체 그네를 얼마나 많이 밀어줬는지 모르겠어요! 그래도 실제 생활에서 동작을 하면서 익힌 것이기 때문에 큰 스트레스 없이 더 자연스럽게 아이의 입에서 해당 표현이 나올 수 있었답니다.

03

성공의 열쇠는 매일 벽돌 쌓기: 습관이 전부다

O, X를 체크할 수 있는 계획을 만들자

엄마표 외국어를 시작하면서 항상 계획하고 기록하는 생활을 했어요. 여러분은 비법을 수집하는 수집가가 되고 싶은가요? 아니면 어떤 방법이든 꾸준히 실천해나가는 실천가가 되고 싶은가요? 수집가는 남에게 듣기 좋은 입바른 소리는 할 수 있어도 자기 발전은 없는 사람이 되고, 실천가는 딱히 어떤 책이 좋다, 어떤 방법이 좋다고 꼭 집어 말하지는 않지만 이미 몸에 밴 생활 습관으로 늘 자기 발전을 이뤄내는 사람이 됩니다.

네 돌까지는 모든 계획이 아이의 계획이 아니고 엄마의 공부 계획이었어요. 그때는 엄마가 온전히 다 해야 하는 시기여서 정말 힘들다 생각했는데, 지나고 보니 엄마의 의지만 있으면 다 해줄 수 있는 그 시기가 가장 쉬웠던 것 같아요. 매일 반복해서 읽어줄 책, 적극적 인풋 계획을 중심으로 읽어 줄 책과 아이의 흘려 듣기 음원 리스트를 기록했어요.

네 돌부터 다섯 돌까지는 엄마 주도로 계획을 세우고 아이에게 계획을 매일 지켜나가는 성취감을 느끼게 해주는 것에 집중했어요. 매일 해야 하는 것의 리스트를 만들고 아이가 달성하면 칭찬 스티커를 붙이며 달성했을 때 긍정적인 강화를 줄 수 있는 소소한 보상도 준비했어요.

이때 너무 무리한 계획을 세우지 않는 것이 중요해요. 주체가 조금씩 아이로 넘어가면서 아이에게 너무 많은 것을, 너무 쉽게 말 한마디로 강요하는 실수를 하게 되는 경우가 많습니다. 이 실수를 방지하는 방법은 간단합니다. 아이의 계획을 엄마가 함께 지키는 거지요. 엄마가 같이 해야 된다고 생각하면 과한 계획을 세울 수가 없습니다.

예를 들면 회화체 영상을 보면서 따라 말하는 것이 하루 20분이면 엄마도 옆에 20분을 앉아서 그 과정을 같이 하고, 영상 보기가 30분이라면 엄마도 함께 앉아서 영상을 함께 보는 거지요.

함께하세요. 아이도 하기 싫은 날이 있다는 것도 이해되고, 머리로 계산하면 짧은 시간인 것 같아도 사실 엄청 길게 느껴진다는 것도 알게 되요. 첫 습관, 엄마가 함께 지키는 것이 성공의 열쇠입니다.

다섯 돌부터는 아이의 계획과 엄마의 계획을 분리하기 시작했어요. 즉 아이의 과제는 아이 혼자서 해나가지만 나 혼자만 하고 있다는 마음은 느끼지 않도록, 그 시간에 엄마는 옆에서 엄마의 개인 공부 시간을 갖기 시작했어요. 그리고 오전(기관 가기 전)과 오후(기관 다녀온 후)의 계획을 완전 분리해서 오전에는 앉아서 집중해야 하는 학습형 과제를 끝내고 오후에는 책이나 관심 부분을 자유롭게 탐구할 수 있는 시간을 갖도록 했습니다. 혹시 오전에 오전 과제를 다 끝내지 못한 경우는 오후 시간을 이용해 끝낼 수 있도록 하여 자신의 행동에 책임을 지는 법을 천천히 가르치려고 했어요.

==열심히 하겠다는 마음만으로는 길게 갈 수 없습니다. O, X를 체크할 수 있는 명확한 계획을 세우고 매일 계획을 실천하려고 노력하는 하루하루가 쌓이면 습관이 됩니다.== 적어도 세 달은 빠짐없이 진행을 해주세요.

계획의 원칙과 세부 내용(요약) 예시

아이나이	계획목표	내용

48개월 전	엄마의 Input 계획	원칙
		1. '엄마의 육아일기'를 기록하듯 노출 계획을 세운다
		2. 엄마의 의지만 있으면 할 수 있는 시기이다
		
		세부 내용
		1. 기본 아웃풋 유도용
		  일주일 단위 반복(매일 반복해서 읽어줄 책 / 매일 반복해서 보여줄 DVD)
		2. 확장용으로 읽어 줄 영어 전집 - 다독용
		3. 적극적 인풋 계획(1시간) - 엄마가 적극적으로 어떤 회화/패턴/동요를 함께해줄 것인지
		4. 소극적 인풋 계획 (목표 없이 내용 기록만!)
		  l 자유놀이 시간에 틀어줄 흘려 듣기 음원
		  l 자기 전에 읽어줄 베드타임 책 리스트
		  l 아이가 좋아하는 영상 노출

48개월 ~ 60개월	엄마 주도의 아이 습관 기르기	원칙 1. 계획은 엄마가 세우고, 아이와 함께 지킨다 2. 아이에게 적당한 양인지 파악하기 위해서는 계획을 아이에게 지키게 하는 게 아니고 엄마도 함께 지키는 것이 중요하다 3. 칭찬 스티커판을 사용하여 성취감을 느끼게 한다

아이나이	계획목표	내용
60개월 ~	아이 주도의 공부 습관 잡기	세부 내용 1. 회화체 문장 따라하기 　일주일 단위 반복(하나의 주제를 정해서 일주일 단위 반복) 2. 아이가 좋아하는 캐릭터 북 - 다독용 3. 적극적 인풋 계획 (30분) - 엄마가 어떻게 적극적으로 역할 놀이를 해줄 것인가 4. 소극적 인풋 계획 　| 자기 전에 읽어줄 베드타임 책 　| 아이가 좋아하는 영상 노출 　 (영상 노출 비중 늘리기) 원칙 1. 아이와 함께 아이의 계획을 세우고, 엄마 계획도 세운다 2. 앉아 있는 시간의 계획을 세우기 시작한다 3. 외국어 이외의 공부를 시작한다 세부 내용 1. 오전 학습서 - 책상에 앉아서 공부하는 시간(연산, 영어 리딩, 구몬 등 학습지) 2. 저녁 자유롭게 언어 노출 　| 책 읽기- 묵독(음원) or 낭독 　| 영자 신문 읽기 (주간지로 영자 신문 구독) 　| 아이가 좋아하는 영상 노출 (유튜브에서 자유롭게)

습관과 실력을
동시에 만들 수는 없다

처음으로 아이랑 함께 완성하는 계획을 만들기 시작했을 때, 엄마인 내가 혼자 하는 것보다 몇 배는 힘들었어요. 내가 아닌 다른 존재를 움직이게 한다는 것은 너무 힘든 일이고, 무언가를 새로 시작하려고 했을 때도 그냥 엄마가 좋다고 시작할 수 있는 게 아니었으니까요. 아이에게 오늘부터 같이 해보자고 얘기하는 시간이 필요하고 아이가 적응하는 시간도 필요했습니다. 그런 과정을 통해서 깨달은 게 있어요.

첫 번째, 습관과 실력을 동시에 만들 수는 없어요. 즉 아이에게 아주 작은 학습이라도 매일 하는 습관을 들여주기 위해서는 정말 눈높이를 확 낮춰서 엄청 쉬운 것부터 시작해야 된다는 것입니다.

예를 들면 아이에게 매주 신문을 보는 습관을 만들어주고 싶다고 해요. 처음부터 아이에게 신문을 시작부터 끝까지 하나도 빠짐없이 모두 읽히는 계획을 세우면 안돼요. 아이가 스스로 굉장히 힘들고 부담스러운 일이라고 느낀다면 매일 하는 습관을 기르기가 어렵습니다. 만약 영어 신문 읽기를 처음 시작한다면 "헤드라인만 엄마랑 같이 읽고 〈Fun Activity〉 부분의 색칠놀이를 같이 해보자!" 이렇게 아이가 전혀 부담을 느끼지 않는 정도로 시작을 해서, 매주 신문이 오면 먼저 뜯는 습관을 만들어줘야 해요. 그 다음에야 "이번에는 기사 하나 골라서 한 번 무슨 내용인지 읽어볼까?" 하고 아이에게 도움이 되는 내용을 진행할 수 있어요.

두 번째로 아이에게 만만한 것에서 시작해야 합니다. 연산 학습을 시작할 때에도 처음부터 아이가 생각을 많이 해야 풀 수 있는 단계로 시작했다면, 아이가 힘들어하는 모습을 매일 지켜봐야 하기 때문에 매일 해나가는 것이 어려웠을 거예요. 그런데 처음에는 1에서 10까지 물건을 보고 숫자를 쓰는 것처럼 엄청 쉬운 걸로 시작하면 아이는 "이런 거라면 매일 할 수 있겠어!"라는 강한 자신감을 보이게 되고 매일 흥미를 유지하면서 해나갈 수 있게 됩니다. 그렇게 매일 연산을 하는 습관이 들고 나면, 시간이 지나면서 정말 아이 수준에 맞는 연산의 단계가 시작이 될 거예요. 어떤 날은 하기 싫다는 고비가 오기도 하지만, 그래도 이미 쉬운 단계에서 매일 해냈던 경험이 쌓여 있어 매일 연산을 해야 된다는 사실에 대해서는 거부감이 없지요. 그래서 엄마가 옆에서 어려워하는 부분을 도와주면 실력을 키워나갈 수 있게 됩니다.

마음이 급해져서 "지금 이 정도는 해야 도움이 되겠지!"라고 무리해서 계획을 세우고 매일 하는 습관을 잡으려고 하면 엄마도 아이도 너무 힘들어져요. 나한테 힘든 일은 당연히 장시간 해나가는 것이 어려울 수 밖에 없고요. 좋은 육아서를 읽거나 어떤 새로운 방법론에 대한 정보를 입수하면, 항상 엄마의 마음만 아이와 상관없이 앞서가는 실수를 하게 됩니다. 그리고 "우리 아이에게는 맞지 않는 방법이었구나!"라고 너무 쉽게 진행을 포기해 버립니다.

아이에게 영어 따라 말하기 습관을 잡아주고 싶은가요? 아이가 이미 충분히 말할 수 있는 것들을 가지고 시작해보세요. "우리 하루에 10문장을 따라 해볼까?"라는 계획을 세우고 처음에는 "It's blue. It's yellow" 같이 쉬운 문장으로 시작합니다. "오늘도 10문장이나 했네!"라고 칭찬을 해주면서 아이가 끝냈다는 성취감을 느끼게 해주세요. 그렇게 3달 정도 쉬운 문장으로 습관을 만들어주고 나면 조금씩 문장이 어려워져도 "10문장은 내가 할 수 있어!"라는 자신감을 유지해나갑니다.

'이렇게 쉬운 것부터 시작해서 언제 잘할 수 있을까?'라는 조바심은 내려놓으세요. 습관이 잘 잡히지 않아서 매번 하다 말고 하다 말고 다시 시작하고, 다른 방법을 찾아서 헤매는 시간을 생각하면 결과적으로는 더 빨리 갈 수 있으니까요.

주말에는 계획을 비우자

워킹맘 타이틀을 달고 있으면 아이에게 가장 미안한 것이, 아이와 평일에 낮 시간을 함께 보내지 못한다는 것이에요. 그래서 마치 한이 맺힌 것처럼 주말이 되면 아이와 함께 새로운 경험을 하기 위해서 애썼답니다. 아이와 외국어 공부를 함께하는 과정을 지켜본 사람들이 제게 부정적으로 한 질문이 "아이가 놀 시간은 있나요?", "아이가 놀이터에 가서 놀기는 하나요?"라는 질문이었는데, 외국어와 관계없이 그런 바깥 놀이 시간은 평일에 낼 수 없었어요.

어린이집과 유치원을 거치며 아이가 경험한 모든 기관에서 아이는 종일반 생활을 했고, 집에 데리고 오는 시간이 7시 근처라 여름이 아니면 놀이터에서 놀 수 있는 시간이 많이 없었어요.

이직을 하고 나서는 그래도 일주일에 한 번은 빨리 집에 데려올 수 있는 시간을 내려고 노력했지만, 아마 역부족이었을 거예요. 그래서 아이가 밖에서 시간을 보내는 것을 지켜보는 게 주말의 가장 큰 목표였습니다.

일주일에 하루는 모든 계획을 비워보세요. 아이도 엄마도 충전의 시간이 있어야 새로운 일주일을 시작할 수 있습니다. 저는 "최소한 일요일은 매일 하던 것에서 벗어나서 뭘 하든 새로운 것을 한 가지는 하자!" 하는 마음으로 일요일을 준비했습니다. 그 하루의 추억이 아이와 저에게 모두 너무 소중한 날이기 때문에 설레는 마음으로 일요일을 기다리곤 했습니다. 그리고 일요일을 비우기 위해서 평일을 더 열심히 해나갈 수 있었어요.

하루는 온전히 아이가 원하는 시간을 보내기

1. 자신의 행동에 책임지기

주말은 매일 세웠던 계획 중에서 지키지 못했던 계획만 보충하도록 했어요. 이 과정에서 행동의 결과에 책임을 지는 책임감을 길러줄 수 있었어요.

2. 새로운 경험 하기

여행, 뮤지컬, 박물관, 놀이 공원 등 다양한 장소에서 새로운 경험을 하고, 자전거, 줄넘기, 공놀이 등 자주 하지 못했던 운동도 했어요.

3. 가족과 온전히 대화하는 시간 갖기

일요일 저녁은 가족이 모두 모여서 식사하는 시간으로 정했어요. 가족들이 모였을 때는 장기자랑 시간을 마련해 평일에 매일 열심히 했던 것들을 발표할 수 있는 기분 좋은 순간을 만들어줬어요.

4. 쉬고 놀고 충전하기

쉬는 시간이 아이에게는 큰 보상 중 하나로 자리잡게 되고, 일상에서 지루함을 느끼지 않고 매일 해나가는 힘을 길러주었습니다.

04

슬럼프는 반드시 이겨내야 한다: 무조건 실천하기

거부기는
누구에게나 온다

외국어를 거부하는 거부기는 누구에게나 옵니다. 거부기가 왔을 때 초조함을 내려놓고 생각해보세요. 영어에 거부기가 온다는 것은 그만큼 모국어를 훨씬 익숙하게 느끼기 시작했다는 반증이 되기도 하기 때문에, 아이가 정상적으로 발달을 하고 있다는 기분 좋은 신호이기도 합니다. 물론 그렇게 생각하는 것이 쉽지 않다는 것은 잘 알고 있지만, 그만큼 누구나 겪는 자연스러운 과정이라는 것을 인정하고 나면 마음이 편해질 거예요.

서연이도 몇 차례 거부기가 왔었습니다. 가장 먼저 온 거부기는 28개월 정도였어요. 영어를 틀어놓으면 "아니야! 아니야!" 하고 외치면서 손으로 귀를 막고 돌아앉는 모습을 보인 적이 있었지요. 40개월 넘어서는 모국어가 주요 언어임을 인지하고 어린이집 친구들과 교류하기 시작하면서 영어를 오랜 기간 거부했습니다. 두 달 정도는 제가 계획을 세우고 서연이 친구들과 함께하던 인풋을 서연이만 못할 정도로 심하게 거부하기도 했었고요. 그 이후에도 호기심과 지식 습득에 대한 욕구가 커진 60개월 무렵에도 한글 책만 읽고 싶어하고, 한글로만 설명을 듣고 싶어하고 외국어를 거부하는 시기가 또 찾아왔고요.

그 시기를 현명하게 바꿔나가기 위한 여러 묘안들이 있겠지만, 가장 중요한 것은 엄마의 마음을 다스리는 것입니다. 누구나 겪는 과정입니다. 자연스러운 성장 과정입니다. 거부기가 오게 된 계기를 장점으로 받아드리려고 노력해야 합니다.

첫 거부기에는 이런 생각을 했습니다. "아, 언어가 느려서 너무 걱정했는데 그래도 모국어가 더 편하다고 느끼기는 하는구나." 두 번째 거부기에는 "아이가 외국어를 거부할 정도로 친구들과의 사회생활을 적극적으로 하고 있고, 또래집단과의 사회성도 키워나가는 시기라서 외국어를 거부하는구나. 명랑하고 적극적인 성격을 뒷받침해주기 위해서 노력하자. 그리고 대신 같이 외국어를 공부하는 또래집단을 찾아주자" 하고 생각했지요.

세 번째 거부기에는 각 영역별 한국어 전집을 충분히 읽어주며 대화를 해주었고, 영어로도 재미있는 지식 습득이 가능하다는 것을 알려주기 위해서 영자 신문을 제대로 읽어주었어요. 영어 백과사전을 궁금해하는 부분만 찾아서 짧게 끊어서 보여주었고요.

거부기가 왔을 때는 엄마가 외국어 책을 읽어주고 생활 회화를 외국어로 해주며 같이 외국어 동요를 부르는 등의 직접 노출은 아이가 엄마의 강요로 받아들일 수 있으니 자제하는 것이 좋아요. 대신 외국어 동요를 틀어 놓거나 아이가 평소 즐겨보던 책의 음원을 틀어놓는 간접 노출은 계속 했습니다.

아이의 언어 민감기를 놓치지 않으면서도 아이에게 강요는 하지 않을 수 있는 최소한의 양보선이라는 생각을 했어요. 물론 그렇게 간접적으로 틀어놓는 소리마저도 듣고 싶어하지 않을 때도 있어요. 그때마다 "이거 서연이 보려고 틀어놓는 거 아니고, 엄마 보려고 틀어놓은 거야!", "지금, 엄마가 아빠 읽어주고 있는 거야" 이렇게 아이에게 말하면서 자연스럽게 넘어가려고 노력했고, 엄마가 외국어를 공부하는 모습은 계속 아이에게 보여주곤 했습니다.

책에 빠져드는 기간도 어느 순간 왔다가 어느 순간 사라지듯, 외국어 거부기도 엄마가 너무 불안해하면서 민감하게 반응하지 않으면 어느 순간 왔다 어느 순간 사라집니다. 아이를 힘들게 하는 건 엄마의 불안한 마음이에요. 엄마가 "내가 혹시 아이를 외국어 욕심으로 힘들게 하는 것은 아닌가?"라고 지나친 죄책감을 가지고 지나치게 외국어 노출을 자제하는 것, 또는 반대로 이러다 영영 시기를 놓칠까 무서워서 오히려 더 강하게 푸시하고 강요하는 자세 둘 다 잘못된 것이랍니다. '정상적으로 아이가 잘 크고 있구나!', '이런 시기를 몇 번 넘어야 나도 아이도 점점 성장하는 거구나'라고 성장 과정의 일부로 받아들여도 괜찮답니다.

당근 영어, 제대로 사용해보자

어떻게든 외국어로 책을 읽어주려면 엄마는 다양한 방법을 생각해봐야 합니다. 때로는 습관을 기르게 해주기 위해서 다른 보상을 사용하는 일명 '당근 영어'를 시전해야 할 때도 있습니다. 아이를 잘 관찰해서 아이가 좋아하는 것을 찾아내고, 아이에게 좋아하는 것을 하기 위해서는 짧은 영어 책을 한 권 또는 두 권을 읽어야 한다고 꼬셔보는 방법이지요. 유아기는 좋은 습관을 형성하는 것이 가장 중요한 시기입니다. 외국어는 평생 지속적인 노출을 통해 유지해야 하는 영역이지, 단기간에 끝낼 수 있는 것이 아니므로 좋은 행동 습관을 들이는 것이 중요합니다. 아이가 좋아하는 당근을 제대로 사용하여 아이가 목표를 이룰 수 있도록 도움을 주는 엄마가 됩시다.

당근은 어떤 걸 사용하나요?

어린 나이에는 무언가를 하고 싶고 가지고 싶다는 욕구가 길게 가지 않기 때문에, 아이가 먹고 싶어하는 작은 간식을 이용하는 것으로 시작해봅니다. 때로는 오랜 시간 기다림 끝에 받는 큰 보상보다 바로 받을 수 있는 작은 보상이 아이에게 더 큰 만족을 준답니다.

또 아이를 춤추게 하는 건 엄마의 칭찬입니다. 아이가 아주 미미한 발전을 보여도 있는 힘껏 진심으로 칭찬을 해주면 아이의 흥을 돋울 수 있습니다. 칭찬 스티커를 사용해보세요. 칭찬 스티커를 다 채웠을 때 받을 수 있는 보상을 구체적으로 명시하는 것이 좋습니다. 다이소나 문방구에서 구입할 수 있는, 아이가 좋아하는 물건으로 시작해보세요.

아이가 좋아하는 활동을 할 수 있도록 해주는 것도 좋은 당근이 될 수 있어요. 좋아하는 장소에 데려가고 아이가 좋아하는 게임을 함께해주고 아이가 보고 싶었던 영화나 뮤지컬을 보여주거나 친구들과 함께 놀 수 있는 기회를 만들어주는 등 신나는 경험을 채워주는 것도 좋은 보상이 될 수 있답니다.

더 고민해볼 것

하지만 보상을 사용하는 것에 부작용도 있다는 것을 분명히 이해하고 있어야 합니다. 즉 아이가 영어 노출과 책을 읽는 행위 자체에서 즐거움을 느끼는 것이 아니라 좋아하는 것을 위해 꾹 참고 견뎌야 하는 것으로 받아들이게 된다면 장기적으로는 오히려 부작용이 날 수 있기 때문입니다.

첫 번째로 저는 보상으로 제시한 것을 이겨야 한다는 강한 경쟁 심리를 가지고 당근 요법을 사용했습니다. 어떤 이야기냐 하면, 만약 "이 책 한 권만 읽고 서연이가 좋아하는 영상을 보자"고 당근을 조건으로 걸었다고 하면, 영어 책을 영혼을 다해 재미있게 읽어주려고 노력했어요. 책을 다 읽고 나서 아이가 보상을 까먹고 책을 한 번 더 읽어달라고 해야 성공했다고 생각했어요.

"보상을 제시했으니 네가 이 행위를 재미없어도 하는 게 당연해!"라는 생각에서 접근하는 것과 "비록 흥미를 끌기 위해서 보상을 사용했지만 그래도 정말로 이 행동 자체가 재미있다는 것을 꼭 알려줘야 된다!"라고 생각하는 것은 큰 차이를 만듭니다. 그렇게 시작은 당근을 사용하더라도 중간 과정에서 재미를 느낄 수 있는 요소를 항상 포함하는 것이 중요해요!

두 번째로는 물질적 보상보다는 활동적인 보상을 더 중요하게 사용했어요. 서연이와 음악, 미술, 요리, 가베, 인형 놀이 등 엄청 다양한 놀이를 하면서 새로운 경험을 할 수 있는 기회를 주어 '습관 형성'과 '경험 확장'의 두 마리 토끼를 동시에 잡으려고 했어요. 서연이가 좋아하는 미술 영역은 엄마가 잘했으면 하는 욕심이 전혀 없는 활동이라서 아이도 오직 즐거움만을 느낄 수 있는 활동이거든요. 이렇게 외국어 이외의 영역도 계속해서 관심을 기울이게 돼서 균형 잡힌 아이를 키우는 데도 도움이 되었습니다.

시작은 아이가 좋아하는 다른 물건이나 활동에 도움을 받을 수 있어요. 하지만 그 과정도 즐겁게 설계해서 아이가 "어? 해보니 그렇게 힘들지 않네? 읽어보니 그렇게 재미없는 건 아니네"라는 즐거운 기억을 계속 쌓아주면 나중에는 당근의 힘이 없더라도 계속 지속할 수 있는 힘을 길러줄 수 있습니다.

결국 목적은 숨쉬는 것처럼 자연스럽게 아이의 생활에 외국어가 스며들 수 있도록 도와주는 것이니까요. 때로는 엄마가 너무 피곤해서 아이와 늘 일상적으로 하던 책 노출을 잊었을 때도 아이가 먼저 "엄마, 오늘은 영어 책 안 읽어요?"라고 물어보는 날이 올 때까지, 아이가 거부를 하는 때가 있더라도 너무 일희일비하지 않고 묵묵히 밀어붙이는 힘을 길러보세요.

울면 멈추는 것이 아니고
끝까지 가야 한다

엄마표가 항상 즐거울 수 있는 것은 아닙니다. 외국어가 자연스러운 일상생활이 되어야지만 길게 가는 것이 가능하기 때문에, 행복할 때도 있고 슬플 때도 있고 화를 낼 때도 있어요. 인생사 희로애락을 모두 경험하면서 가는 것, 그 자체가 엄마표입니다.

    너무 즐겁고 재미있다는 핑크 빛 전망을 이야기할 수는 없습니다. 엄마와 아이의 호흡이 어긋나는 경우도 많이 있습니다. 엄마는 의욕이 넘치는데 아이는 너무 하기 싫어하는 경험을 할 때도 있고, 반대로 엄마가 몸이 피곤하고 오늘은 쉬어가고 싶은데 아이가 먼저 왜 오늘은 책 같이 읽고 놀아주지 않냐고 물어볼 때도 있어요. 알아 듣는 것 같은 날도 있고, 하나도 모르는 것처럼 보이는 날도 있고요. 항상 애타는 마음으로 아이를 관찰하고 지켜보게 됩니다. 아이 기분의 Up and down에 따라서 엄마의 기분도 Up and down이 심하게 오락가락하고 '우와! 우리 아이는 이런 방법으로 하면 되는구나!'라고 생각했던 방법이 갑자기 하나도 통하지 않기도 하고, 아이의 변덕에 지칠 때도 많습니다.

그 중에서 가장 엄마를 힘들게 하는 것은 아이의 눈물을 본 날입니다. 외국어를 하지 않아도 때로는 아이를 울리는 날이 있습니다. 그런데 왜 이렇게 외국어에 관련된 일로 아이가 눈물을 보이게 되면 엄마가 순간 죄인이 되는 마음을 느끼게 될까요?

아이의 눈물은 예고도 없이 갑자기 찾아옵니다. 때로는 하기 싫어서 거부감으로 눈물을 보일 때도 있고, 때로는 잘할 수 있을 것 같아서 엄마에게 자랑하듯 무언가를 말하려고 했다가 말이 제대로 나오지 않아서 눈물을 보일 때도 있어요. 때로는 소리를 제대로 따라 하지 못하는 답답함에 눈물을 보이기도 하고, 왜 우는 건지 설명할 수도 없을 정도로 갑자기 눈물을 보일 때도 있습니다. 언어 노출을 진행하다가 아이가 눈물을 보이면 엄마는 황급히 하던 것을 접고 아이의 눈치를 보게 됩니다. "이래도 계속 하는 게 맞는 걸까요?"라는 상담을 이곳 저곳에 해보기도 합니다.

만약 아이가 음식을 편식 하거나 양치를 하지 않겠다고 하면서 눈물을 보이면 엄마는 단호한 태도를 보일 수 있을 것입니다. 그런데 외국어는 자꾸 엄마의 욕심인 것만 같은 마음이 들고, 엄마가 무조건 잘못했다는 생각을 갖게 됩니다.

이유가 무엇이든 아이는 이미 눈물을 보였습니다. 그 일은 이미 벌어진 일이고, 엄마가 아무리 후회를 한다고 해도 바꿀 수 있는 일이 아니에요. 아이의 눈물이 100프로 엄마 책임인 것도 아닙니다. 예방을 한다고 해도 100프로 막을 수 있는 일이 아니며 이미 발생한 일을 되돌릴 수 있는 것은 더욱 아닙니다. 그럼 이후 엄마가 할 수 있는 길은 두 가지 중 하나입니다. 아이가 눈물을 보였으니 바로 물러서거나 아니면 끝까지 아이를 독려하고 할 수 있다고 옆을 지켜서 결국은 극복해내는 경험을 할 수 있게 도와주거나.

예를 들면 아이가 영어를 쉽게 따라할 수가 없어서 눈물을 보였습니다. 그때 "어? 그렇게 어려우면 하지 않아도 돼! 그만하자! 하지 말자!" 이렇게 바로 접어버리면, 아이에게는 어려웠던 기억, 힘들었던 기억과 포기했던 기억만 남습니다. 아이의 눈물에 의연하게 대처하고 "아니야. 할 수 있어. 엄마가 같이 해줄게. 분명히 할 수 있어"라고 대처해서 결국은 아이에게 "거봐! 끝까지 하니까 할 수 있지?"라고 격려해주면 아이는 눈물이라는 부정적인 기억을 덮을 수 있는 큰 성취감과 기쁨의 기억을 함께 갖게 됩니다. 부정적인 기억을 긍정적인 기억으로 덮어주면 아이는 강한 성취감, 자신감, 자존감을 길러나가게 됩니다.

그게 저의 원칙이었습니다. "이미 벌어진 부정적인 기억은 의연하게 대처해서 결국은 해냈다는 긍정적인 기억으로 바꿔주자. 아이가 울면 오히려 성공할 때까지 끝까지 의연하게 가자. 멈췄던 기억이 아니라, 하면 된다는 기억을 갖게 해주자." 이렇게 엄마의 마음을 단호하게 먹고 아이에게 끝없는 믿음을 보여주는 것이 결국 아이에게 자아탄력성을 갖게 해준 거라 믿고 있습니다. 단기적으로는 엄마의 칭찬이 아이의 자존감을 키워줄 수 있지만, 장기적으로는 아이에게도 '난 계속하면 잘하게 되고 끝까지 할 수 있다' 하는 경험을 길러주어 아이가 직접 느끼는 게 더 중요합니다.

아이를 혼자 몰아붙이는 엄마는 실패할 수 있지만, 아이 곁을 함께 지키면서 될 때까지 같이 노력하는 엄마는 실패하지 않습니다. 항상 좋은 엄마가 되어야 되고, 외국어 노출은 항상 즐거워야 된다는 생각에서 벗어나세요. 힘들어도 재미없어도 묵묵히 해나가는 진정한 습관을 길러주기 위해서는 항상 의연하게 멈추지 않고 곁을 지키는 엄마가 되어주세요.

엄마 공부 | Q&A

Q. 지치지 않고 계속 엄마 공부를 해나갈 수 있는 원동력이 궁금해요

A. 저는 아이가 아직 3~4살일 때, 즉 엄마의 말이 절대적일 시기에 아이와 함께 외국어를 공부했기 때문에 아이와 서로 시너지 효과를 낼 수 있었어요. 처음에 외국어를 시작했을 때는 당연히 아이의 침묵기를 견뎌야 했어요. 게다가 엄마가 몇 마디 건넨다고 그 말을 다 알아듣는지 확신도 없었고요. 그때를 묵묵히 견뎌내는 것이 가장 힘들었던 것 같아요. 그 이후 화장실, 식탁 등 항상 같은 말을 반복해줄 수 있는 곳에서 영어로 말을 걸 때, 그 표현들을 조금씩 알아듣는 느낌이 들기 시작했고, 책에서 보는 말보다는 엄마가 말해줬던 문장들을 훨씬 더 빨리 알아듣는 그 모습 자체가 에너지가 되었지요. 그래도 슬럼프도 많았어요. 혼자서는 꾸준히 하기 어렵다는 생각이 들 때는 공부 카페에서 만나게 된 분들과 함께했습니다. 오늘 공부한 문장을 '음성 메시지'로 보내는 '카톡 스터디', 오늘 외우고 싶은 패턴을 네이버 밴드에 사진으로 찍어서 올리고 그 내용을 외워서 녹음 메시지를 남기는 '밴드 스터디', 아침마다 Skype를 통해서 전화를 하고 오늘 외우고 싶은 회화를 같이 따라하는 '스카이프 기상스터디', 오늘의 계획을 세우고 달성 내용을 사진으로 찍어서 포스팅하는 '네이버 카페 스터디'도 했어요. 처음에는 기록을 남기는 것 자체가 시간이 많이 걸리고 시간 낭비라고 생각한 적도 있었는데, 누군가가 보고 있다는 것이 긴 시간 동안 슬럼프에 빠지지 않고 지속할

수 있는 힘이 되어주었어요.

Q. 저는 정말 절대로 외워지지가 않던데 어떻게 해야 될까요?

A. 제가 여러 언어를 공부해보고 느낀 건, 내가 언어를 익숙하게 느끼는 정도에 따라 외워지는 속도도 다르다는 거였어요. 그래서 처음부터 외우는 것 자체가 목적이 되면 오히려 부담만 더 커져서 책도 잘 펴지 않게 되고 언어가 익숙해질 시간 자체를 충분히 가지지 못했던 것 같아요. 그래서 앞에 썼던 것처럼 필요한 문장을 팔뚝에 기록하는 일을 했어요.

화장실 등 매번 쓰는 말이 정해져 있는 곳에는 포스트잇에 표현을 적어서 붙여놓기도 했고, 잘 외워지지 않는 페이지는 스마트폰 사진으로 찍어 배경화면으로 만들어놓고 스마트폰을 손에 들 때마다 보기도 했어요. 결국 중요한 건 "이 자리에서 외우자!"가 아니라 "최대한 옆에 두고 자주 보자!" 하는 마음가짐인 것 같아요. 그리고 책에서 보고 혼자서 책상 앞에 앉아서 중얼거린 말보다 누군가에게 직접 사용해본 말이 훨씬 더 기억에 강하게 남고, 문장도 오래가기 때문에 아이 앞에서 최대한 많이 내가 아는 문장들을 사용해보는 것이 도움이 됩니다. 처음 말할 때는 이렇게 더듬거리면서 말하는 게 의미가 있을까 생각들 정도로 어색하더라도 계속 반복하다 보면 어느 새 적어놓은 것을 찾지 않아도 말하는 내 모습을 발견하게 될 거예요.

Q. 엄마 공부는 대체 어디까지 해야 할까요?

A. 엄마의 공부가 정말 아이만을 위한 것이라면 아이가 그 언어로 말을 하기 시작하고

책과 DVD를 듣고 이해할 수 있게 되면 이끌어주는 역할은 끝나는 것 같아요. 행여 아이의 수준이 엄마의 수준 밑에서 계속 정체되면 어쩌나 걱정하는 엄마가 많을 텐데, 그런 걱정은 접어두어도 됩니다. 아이가 당연히 엄마보다 잘하게 될 거예요. 엄마가 항상 아이보다 잘한다면 그 또한 비극이잖아요. 아이가 혼자 책을 읽고 외국어로 된 영상을 즐겨 보면, 같은 시간에 책을 읽고 영상을 보는 것이 엄마랑 몇 마디 억지로 이야기하는 것보다 더 도움이 되는 시기가 옵니다. 그때는 엄마의 외국어 실력에 아이의 외국어 실력이 비례하는 것이 아니라, 정말 양질의 노출 시간에 아이의 외국어 실력이 비례하는 시기가 와요. 그땐 엄마가 미리 한 발 앞서서 이끌어가는 역할이 아니라, 다양한 컨텐츠를 찾아주고 옆을 지켜주며 관심을 갖고 지켜 봐주는 역할로 전환됩니다. 그래서 처음에 외국어를 전혀 알아듣지 못하고 외국어 책을 읽어도 이해하기 어려운 그 과도기를 채워줄 수 있는 수준의 언어 공부가 우선 필요한 것이랍니다.

아이가 자라면 엄마의 외국어 실력과 상관없이 아이가 엄마와는 주제를 파고드는 심오한 이야기는 하지 않으려고 하지요. 그러니 엄마와 대화하는 건 그저 평소에 까먹지 않을 정도로 유지하는 역할은 되어도 외국어가 느는 것에는 도움이 안 되는 것을 깨닫는 날이 올 거예요. 즉 "양치질 해", "밥 먹었니?"의 대화는 엄마랑 해도, "만약 내일 네가 대통령이 된다면 어떤 대통령이 되고 싶니?" 같은 질문에는 '왜 엄마가 갑자기 나한테 이런 걸 물어보지?'라는 표정으로 쳐다보고 있거나, "나도 몰라요!" 같은 짧은 대답만 할 뿐 진지하게 생각해보려고 하지 않는 걸 느끼는 순간이요.

그런 순간을 느끼고 나서는 아이가 새로운 레벨의 책을 읽게 되었을 때 혼자 듣게 하지 않고, 그 옆에 같이 앉아 있어주는 역할로 엄마의 공부 방법이 바뀌게 되었어요. 그 남는 시간은 오히려 새로운 영어 컨텐츠나 영상을 검색해서 찾고, 새로운 언어의 기초를 미리 공부하는 시간으로 전환했어요. "엄마가 공부해서 알려주는 게 한계가 있을 텐데,

지금은 아주 쉬운 기초라서 어떻게 해보지만, 앞으로는 대체 어떡해야 하지?"라는 걱정을 미리 하지 마세요. 엄마의 언어 수준이 아이의 수준에 훨씬 못 미치는 것 같다고 고민하는 건 정말 행복한 고민이잖아요. 그 정도 기초가 있는 아이는 '화상 영어' 등 다양한 방법을 활용하여 계속 도움을 줄 수 있답니다.

Q. 엄마가 영어를 진짜 못해도 엄마표가 가능할까요?

A. 중요한 것은 영어를 잘하는지 못하는지의 실력이 아닌 것 같아요. 정말 중요한 건, 엄마가 영어를 공부하고자 하는 의지가 있는지 아닌지의 문제이지요. 엄마가 아무리 대단한 실력의 영어 강사라고 할 지라도, 계속 일 때문에 영어를 보고 있는 것이 지겨워서 집에서 영어 환경을 조성해주려는 노력을 전혀 하지 않는다면 당연히 전혀 도움이 되지 않겠지요.

엄마가 영어를 가르치는 방법 쪽의 지식은 전혀 없는 상태에서, 영어만 잘할 경우에는 오히려 아이가 알아듣기 어려운 속도로 영어를 사용할지도 몰라요. 난이도에 감이 없어서 너무 어려운 책 위주로 읽어줄지도 모르고요. 오히려 그런 가정 아이의 언어 발달은 더 느린 경우도 많이 봤어요.

저는 동기부여를 위한 '의지'와 '방법 제시'의 책을 쓰고 있는 것이지, 엄마가 힐링용으로 읽는 책을 쓰고 있는 게 아니기 때문에, 듣기 좋은 달콤한 말들을 하진 않으렵니다.

A 와 B가 똑같이 아이에게 영어를 노출시키고자 하는 의지가 있다고 해볼게요. A보다 B가 더 영어가 능숙하다면 당연히 B가 더 장기적으로 편안하게 영어를 노출시킬 확률이 높다고 생각해요. 그래서 엄마가 영어를 공부해보고자 하는 노력을 했으면 좋겠어요. 대부분 따로 시간을 들여서 어른용 공부를 해야 된다고 생각할텐데, 어디서부터 공

부를 시작해야 되는지의 가이드라인을 이 책을 통해서 찾았으면 좋겠어요. 그리고 당장 필요한 말부터 오늘 공부를 시작했으면 좋겠어요.

Q. 엄마가 발음이 나빠도 책을 읽어줘도 될까요?

A. 저는 분석적으로 언어의 뼈대를 잡고 공부하는 스타일로 언어를 공부했어요. 또 귀가 예민해서 들으면 따라할 수 있고 말을 할 수 있는 청각형이 아니기 때문에, 구사할 수 있는 모든 언어의 발음이 좋지는 않아요. 하지만 책을 읽어주는 것의 가장 중요한 의미는 즐거운 기억 및 정서적 유대감을 느끼는 것에 있다고 생각하기 때문에 모든 언어의 책을 엄마가 가능한 읽어주려고 했지요. 또 책을 온전히 느끼는 것이 중요하다고 생각해서 암기를 위한 아주 쉬운 패턴 전집을 제외하고는 전자 펜으로 한 문장씩 찍어서 들려주는 건 하지 않았어요.

엄마가 발음이 안 되는 것이 있어도, 아이는 훨씬 귀가 예민하기 때문에 금방 엄마가 제대로 발음하지 못하는 단어를 지적할 정도로(ex. W 발음이 달랐던 저는 wand, wolf 등의 발음을 많이 지적 받았어요) 발음이 좋아졌어요. 그래도 이왕이면 엄마가 어떻게 발음하는 게 맞는 건지는 아는 게 좋다고 생각해서 나중에는 발음 공부도 했어요. 즉 나는 그렇게 발음이 안되더라도, 적어도 내가 지금 하고 있는 발음이 틀리다는 걸 알고 제대로 발음하려고 노력을 하면 그 모습 만으로도 아이가 더 주의를 기울여 그 발음을 듣게 된다는 것을 알게 되었거든요. 엄마가 잘 못하는 걸 나는 더 잘할 수 있으니, 보여주고 싶다는 서연이의 성향의 영향이었던 것 같아요. 제일 많이 도움을 받았던 책은 《특허받은 영어 발음 & 리스닝, 케빈 강》 이었어요. 자음편과 모음편 세트로 되어 있는데, 인터넷 강의도 들으면서 공부를 했어요.

물론 공부를 하고 나서도 발음이 획기적으로 좋아지진 않았지만, 내가 잘 안되는 발음이 뭔지는 알게 되었어요. 그런 발음을 할 때는 의도적으로 오버해서 발음을 해서 아이가 엄마가 과장하는 게 너무 웃겨서 제대로 된 발음에 더 귀를 기울일 수 있는 효과는 있었던 것 같아요.

가득가득
채워가기

다양한 컨텐츠와 모임으로 홀로서기 준비!

엄마가 계획을 세우고, 엄마가 아이를 이끌어가는 것에 대해 죄책감을 느끼지 마세요. 아무리 훌륭한 운동선수라고 할지라도 계속되는 고된 훈련이 매일 즐거울 수는 없습니다. 결국 내적 동기를 길러주고 홀로서기를 준비한다는 것은 하루하루의 즐거움만 채워주고 '눈 가리고 아웅'하는 것이 아니라 아이 본인에게 외국어를 잘한다는 자존감을 길러주고 외국어를 익히는 즐거움을 알려주는 것을 의미합니다.

또한 외국어를 할 수 있기에 남들보다 더 큰 경험과 즐거움을 누릴 수 있다는 것을 느끼게 해줘야 합니다.

세계에 관심을 갖게 해주기

아이에게 다양한 외국 문화를 접할 수 있는 기회를 주세요! 직접 여행을 떠나거나 책과 그림, 동영상을 이용한 지구촌 간접 여행까지! 아이의 관심사가 넓어질수록 외국어에 날개를 달아줄 수 있답니다. 다양한 나라의 외국인들과 대화를 할 수 있는 기회를 만들어주세요. 외국인을 직접 만날 수 있는 기회도 많이 만들어 주세요. 아이의 세상이 좁은 한국보다 훨씬 더 넓어질 수 있도록 도와주세요.

다양한 컨텐츠 채워주기

영자 신문 및 어린이 영어 잡지를 통해서 영어로 접할 수 있는 컨텐츠를 늘려주세요. 아이가 좋아하는 컨텐츠를 영어로 접할 수 있도록 해주세요. 아이가 요리를 좋아하면, 영어로 요리를 하는 영상을 찾아서 보여주세요. 종이 접기를 하고 싶어할 땐, 아이가 보고 따라 할 수 있는 종이 접기 영상을 찾아서 보여주세요. 아이의 관심사를 항상 구글과 유튜브를 통해 검색해보세요.

동고동락하는 친구 만들어주기

아이에게 외국인보다 더 자극을 주는 건 함께 외국어로 교류할 수 있는 친구를 만들어주는 것! 외국어에 관심이 많은 엄마들이 모이는 온라인 모임에서 아이와 함께할 수 있는 친구를 만들어 주세요. 그리고 친구들이 함께할 수 있는 파티를 열어주세요. 아이에게 잊지 못할 경험을 선사하는 거지요. 아이는 추억과 함께 자라납니다. 컨텐츠와 친구로 건강하게 채워가는 아이의 외국어 자존감, 함께 경험해보세요

단단한 외벽 세우기, 아이의 내적 동기화

외국어를 잘하는 것도 중요하지만 외국어가 아이의 특기가 되려면, 그 외국어를 적재적소에 활용할 수 있는 성격을 동시에 길러주는 것이 중요합니다. 또한 그 언어로 전달하고자 하는 것을 명확하게 전달할 수 있는 '표현력'과 '컨텐츠'도 당연히 중요하다고 생각해요. 즉 누가 어떤 질문을 해도 대답을 하고자 하는 의지가 없고 적극적으로 자신의 의견을 표현하고자 하는 욕구가 없으면 외국어를 할 수 있어도 그 실력을 발휘할 수 있는 기회가 주어지지 않으니까요.

처음에는 외국어를 제대로 배울 수 있는 틀을 제공해주고 계획을 세워 조금씩 학습의 틀을 잡아가는 것이 중요하다고 생각했어요. 하지만 시간이

지날수록 정말 단단하게 아이의 외국어 흥미를 지켜주려면 아이가 스스로 하고 싶다고 느끼는 '내적 동기화'가 더 중요하다는 생각을 하게 되었어요. 바로 효과가 보이는 영역이 아니고 중요하지만 급하지 않은 일이기 때문에, 머릿속에 어떻게 아이가 언어와 연계된 다양한 경험을 갖게 할 것인지에 관한 로드맵이 없으면 우선 순위에서 밀려 버려요. 때문에 어떤 영역에 중심을 둘 것인지 엄마가 머릿속에 그리고 있는 것이 중요하답니다. 내적 동기화를 위해서 저는 서연이와 이런 활동을 진행했어요.

1. 적극적인 표현력 ⇨ 연극과 뮤지컬을 매주 보여주자

책만 많이 읽는다고 표현력이 좋아지는 것은 아니기 때문에, 몰입해서 상호 작용을 하면서 볼 수 있는 뮤지컬을 만 세 돌 이후부터는 일주일에 한 번은 보여주려고 노력했어요. 3년 정도 퀄리티를 따지지 않고 최소 일주일에 한 번은 보여주려고 했지요(일년에 40편 이상은 평균적으로 뮤지컬을 보여줬습니다).

뮤지컬을 보고 나서는 장난감 스탠드 마이크 안에서 가장 좋아하는 장면을 하나라도 같이 따라 해보려고 하고, 보고 나서 내용에 대해서 대화도 많이 나누면서 표현하는 기회를 많이 가졌답니다.

2. 세계 문화에 대한 관심 ⇨ 책 & 영상 & 사진으로 가상 여행을 떠나자

세계 여러 나라의 사람들은 어떻게 생활하고 어떤 축제를 즐기고 어떤 언어를 사용할까? 다양한 나라에 관심이 생기고 가보고 싶은 나라가 생기면 언어의 흥미를 유지하는 데도 더 큰 도움이 될 거라고 생각했어요. 물론 정말 해외 여행을 많이 다니는 것이 가장 좋은 경험이겠지만 주어진 환경 안에서 최대한 경험을 해볼 수 있도록 아이와 일주일에 한 곳의 나라를 선정하고, 같이 그 나라에 대한 책을 읽고 스크랩북을 만들면서 가상 여행을 떠났답니다. 세계 문화에 대한 관심이 커지면서 외국어를 배우고 싶다는 생각을 유지할 수 있었어요.

3. 외국어를 실제 사용해보는 경험 ⇨ 외국인을 만나게 하자

언제쯤 외국인을 화상이나 과외 등을 통해서 만나야 효과가 있을까 질문을 하는 엄마들이 많아요. 제 생각은 그래요. 외국어를 체계적으로 공부하기 위한 것이 아니라 외국어를 실제로 사용해보는 경험을 위한 것이라면, 외국어로 제대로 소통이 안 될 때도 괜찮다고 생각해요. 그리고 꼭 대화를 하지 않아도 외국인을 자주 보는 것만 해도 아이에게 자극이 된다고 생각해요. 내가 전혀 모르는 언어를 사용하는 외국인을 만나더라도 외국어에 대한 호기심은 기를 수 있어요. 그래서 화상 수업, 영어 마을, 외국인이 자주 오는 지역 나들이를 통해서 가끔이라도 외국인을 직접 만나는 경험을 제공하려고 애썼답니다.

4. '나'만 혼자 하는 게 아니라는 느낌 ⇨ 한 달에 한 번, 파티를 열자

함께 외국어를 접하는 친구가 있다는 것은 아이의 장기적인 동기부여를 위해서 정말 가장 큰 요소로 작용했던 것 같아요. 외국어를 잘해서 아이들끼리 외국어로 소통을 해야 이런 모임이 의미가 있지 않을까 생각하는 엄마도 있을 거고, 외국어를 잘하는 사람과 만날 수 있는 기회를 마련해야 좋을 것 같다고 생각하는 엄마도 있을 거예요. 그런데 실제로 나와 비슷한 나이대의 비슷한 컨텐츠로 외국어 노출을 하고 있는 친구들을 만나는 게 훨씬 더 좋은 경험이 된 것 같아요. 맨날 집에서 엄마랑 듣던 동요를 친구들과 함께 부르고, 영상을 함께 보는 것만 해도 이후 동일한 컨텐츠를 접할 때 아이의 관심도가 달라진 것을 확연히 느낄 수 있었어요. 아이가 친구들과의 직접적인 상호작용이 안 되었던 어린 나이부터 한 달에 한 번 같이 외국어를 접할 수 있는 파티를 열었습니다. 친구와 함께하는 일이라는 생각이 아이가 지치지 않게 잡아주는 데 큰 힘이 된 것 같아요.

5. 내가 아는 것을 설명해보자 ⇨ 플립 러닝! 나만의 발표회를 하자

아이의 발표력을 길러주기 위해서 아이가 경험했던 일에 대해서 발표를 할 수 있는 가족 발표회 기회를 최대한 자주 마련했습니다. 발표회를 위한 발표회를 하면 준비하는 데 너무 많은 에너지가 소모 되기 때문에, 정말로 아이가 유치원이나 학교에서 만든 것이나 새롭게 경험한 것을 다른 가족들에게 소개해줄 수 있는 시간을 마련했어요. 물론 아이가 즐겨보는 영상으로 배운 내용도 가족들에게 종이에 그림을 그려서 발표해보기도 하고, 아무리 간단한 곡 하나라고 하더라도 피아노 학원에서 배운 곡을 직접 가족들 앞에서 연주해보는 시간을 갖기도 했어요. '플립 러닝Flip learning', 즉 학생과 선생님이 위치를 바꾸어 내가 설명을 해보는 방식으로 배우는 적극적인 학습 방식을 발표회라는 이름으로 실천하고 있었던 거랍니다. 아무리 간단한 거라고 해도 직접 누군가에게 이야기를 해보는 경험을 제공하게 되면, 훨씬 오랜 기간 기억할 수 있고 잦은 격려와 칭찬을 통해 아이의 자존감도 높일 수 있답니다.

한국에서 외국인을 만날 수 있는 기회 찾기

화상 수업으로 다양한 나라의 외국인을 만나자

상투적인 표현이지만 인터넷의 발전으로 세계가 좁아졌다는 느낌을, 아이와 외국어를 접하면서 많이 느꼈던 것 같아요. 화상 수업을 외국어를 체계적으로 배우기 위한 수단으로 사용하지 말고 그냥 외국인을 만날 수 있는 경험을 하는 기회로 삼아보세요. 화상을 어린 나이에 시작할 때는 엄마와 함께하면서 주된 수업은 엄마가 받고, 아이는 외국인과 인사말을 나누고요. 화상 수업에서 사용하는 비디오를 통해서 아이가 평소에 가지고 노는 물건들의 외국어 이름을 물어보고, 아이가 엄마랑 연습한 노래나 동화책의 문장을 얘기해보는 등 대화나 소통을 위한 용도가 아니고 '장기자랑'을 하고 '칭찬'을 받고 '외국인 만나는' 경험으로 사용했어요. 그렇게 화상에 대한 두려움이 없어지고, 외국인을 만나는 시간을 즐거워하기 시작하면서, 저렴한 비용으로 외국인을 만날 수 있는 기회를 제공할 수 있었습니다.

언어별 서연이가 사용한 화상 사이트
엔구 http://www.engoo.com | 영어 & 스페인어
채널씨엔 http://www.wooajung.com/ | 중국어

내가 선택한 외국인과 1:1 수업 연결 사이트
https://www.italki.com/home | 모든 언어

일일 체험 프로그램을 운영하는 영어 마을

지속적인 원어민 수업을 받는 것은 비용도 만만치 않고 그 효과도 단기간에 보기 어렵기에 고민이 많이 되지만, 일일 체험 프로그램을 운영하는 영어 마을을 통해 외국인을 만나고 주제에 맞는 체험 수업을 진행하는 것은 쉽게 시도할 수 있답니다. 요즘 영어 마을이 비용의 문제로 문을 닫는 곳도 생기고 있지만, 그래도 아직 일일 체험 프로그램을 제공하는 영어 마을이 있답니다. 지역 카페 등에서도 영어 마을 체험 수업에 함께 갈 어린이를 모으는 글도 종종 눈에 띄고요. 주변에 영어 마을이 없다면 백화점이나 마트의 문화센터의 '영어 놀이' 수업을 통해서도 외국어를 접하는 기회를 만들어 줄 수 있습니다. 내 주변의 영어 마을을 검색해보고, 가까운 지역으로 여행을 갈 일이 있으면 영어 마을 체험도 일정 안에 포함하여 아이가 외국인을 만날 수 있는 기회를 제공해보세요.

체인지업캠퍼스(구 파주 영어마을)
http://www.english-village.or.kr/
부천대학교 어린이연구센터 kidstown
http://cafe.naver.com/bckidstown
서울 영어마을 수유캠퍼스 http://suyu.sev.go.kr/

외국인을 만날 수 있는 지역을 돌아다니자

반드시 대화를 나누고 소통을 해야만 외국인을 만나는 것이 의미가 있는 것은 아니랍니다. 외국인이 자주 다니는 주요 관광지를 돌아다니면서 외국인을 만나는 경험을 해보세요. 때로는 외국인 단체 여행을 따라다니면서 어떤 설명을 하는지 들어보기도 해봐요. 한국을 외국인의 시선으로 느끼면서 유명 관광지를 돌아다니는 것도 아이에게 색다른 추억을 선사할 거예요.

박물관·미술관 외국어 음성 안내를 사용하자

아이와 체험활동을 위해 박물관·미술관 등 전시를 관람할 때 음성 안내기를 빌려서 사용하나요? 자유롭게 관람하는 것도 물론 좋지만, 아는 만큼 더 특별해 보이는 경우도 있는 것 같아요. 그래서 전시를 관람할 때 도슨트 설명을 듣거나 또는 음성 안내기를 대여해서 사용할 때가 많이 있는데, 같은 장소를 여러 번 방문하게 되면 외국어로 음성 안내를 사용해보면 어떨까요? 당연히 알아들을 수 없는 부분도 많이 있지만, '외국어로 접할 수 있는 것이 모국어만큼 다양하구나'라는 것을 아이가 느끼는 계기가 될 수 있습니다.

내 아이와 떠나는 가상의 여행

일주일에 한 나라씩 가상의 여행을 떠나보세요. 우선 세계 문화를 다루는 유아용 전집을 구입하고 리스트를 보면서 어떤 나라를 여행하고 싶은지 아이와 여행하고 싶은 나라를 선정하세요! 그리고 그 나라와 관련된 책을 많이 읽고, 인터넷으로 사진을 검색하여 '스크랩북'을 만들면서 가상의 여행을 떠납니다. 나라의 국기, 위치, 지도, 문자, 화폐 등을 기본 정보로 추가하고 나서 아이의 흥미를 더할 수 있는 다양한 사진을 추가해나갑니다. 그리고 유명한 나라는 그 나라의 음식을 먹을 수 있는 레스토랑이나 문화원 등을 통해 '체험 활동'까지도 추가할 수 있습니다.

스크랩북을 만들기 위한 팁

- 기본 | 국기, 지도, 문자, 수도, 화폐, 대륙
- 이미지 스크랩북 만들기 | Google의 Image 검색에서 다음 검색어를 입력해보세요

(나라 이름) travel, (나라 이름) food, (나라 이름) clothes
(나라 이름) festival, (나라 이름) famous things

(나라 이름) Fun facts, (나라 이름) map

아이와 함께 읽었던 책에 나왔던 내용의 키워드를 실제 사진으로 찾아서 보여주면 책 읽기의 흥미도 더할 수 있습니다.

밖으로

레스토랑 | 문화원 | 박물관

은평 다문화박물관에선 매주 다양한 나라의 문화를 체험하는 행사를 제공하고 있습니다. 체험 스케줄에 맞춰서 책을 선정하고 스크랩북을 만들 수도 있어요

스크랩북 예시

엄마는 파티 플래너, 친구와 함께하기

어느 정도 외국어 노출을 하고 나서는 놀이와 문화를 통해서 경험하는 것이 필요하다는 생각이 들었어요. 점점 엄마의 역할보다는 또래의 상호작용이 중요할 거라고 생각하여 월 1회 오프라인 파티를 시작했지요. 언어를 조기부터 노출하다 보면 아이가 외국어의 필요성을 머리로 이해하고 자연스럽게 동기를 부여받기 전에, '내가 왜 외국어로 이걸 봐야 하지? 어린이집이나 유치원에 가면 친구들은 외국어를 사용하지 않는데 왜 집에서는 외국어 책을 봐야 하지?'라는 생각이 들기 시작해요. 이런 사회적인 이유로 시작되는 언어 거부기는 또래와의 만남을 통해서 극복해야 할 거라고 생각해서 파티를 준비하게 되었습니다.

사실 아무 계획 없이 친구들을 만나서 그냥 놀 수도 있지만 오히려 '공통의 관심사'와 '테마'가 없으면 오프라인에서 만나는 엄마들끼리도 서먹서먹하고 대화도 끊기지요. 그러다 보면 모임이 일회성으로 끝나게 되는 경우가 많으니 큰 주제는 정해놓고 친구들을 초대하는 게 좋을 것 같다고 생각했어요.

큰 틀은 파티를 장기 자랑의 기회로 만들어주는 것이었어요. 집에서 엄마표로 외국어 노출을 하고 있는 아이들이 한 달 동안 익힌 동요나 재미있게 읽었던 책을 발표하는 자리를 마련하여 외국어 자존감을 높일 수 있는 기회를 만들어주었습니다. 여기에 특별한 추억이라는 양념을 가미하기 위해서 영어 마을에서 매달 테마 수업을 하는 주제를 참고하여 매월 파티의 주제를 선정하고, 비슷한 옷을 입고 모여서 예쁘게 장식이 된 공간에서 사진을 찍는 경험도 할 수 있게 했어요. 파티의 주제는 구글이나 유튜브에 검색하면 아이디어를 많이 얻을 수 있어요. 그 중에서 쉬워 보이는 만들기나 그림 그리기는 그대로 따라 하면서 함께 영어로 활동을 할 수 있는 기초를 만들었습니다.

반드시 모든 활동을 외국어로만 진행해야 하는 것도 아니고, 아이들끼리 외국어로만 소통을 해야 하는 것도 아닙니다. 처음 파티를 기획했을 때는 아이가 4살이라서 모국어로도 친구들끼리 상호작용이 잘 되지 않는 나이였기 때문에, 외국어로만 100프로 이야기 한다는 것이 불가능한 상태였어요. 파티의 주제와 관련된 영상이나 노래를 찾아서 보여줄 때도 당연히 알아듣지 못하는 경우가 더 많았답니다. 그렇지만 적어도 그렇게 파티를 한 번 하고 나면 아이가 집에서 외국어를 할 때, 친구가 불렀던 노래나 친구랑 같이 봤던 영상, 친구랑 같이 만들었던 것, 같이 놀았던 기억을 떠올리면서 외국어에 대한 장벽을 허물 수 있었어요.

행여 완벽하게 외국어로 활동을 진행해야 하고, 엄청난 준비를 해야 하는 것 아닌가 해서 부담감에 모임 자체를 시도도 못하는 엄마들에게 다시 한 번 강조하고 싶어요. ==또래 친구들을 만나는 것 자체가 큰 자극이 되고, 길게 아이를 잡아줄 수 있는 중요한 기둥이 되어줄 거예요.==

그리고 꼭 우리 아이보다 외국어를 잘하는 아이를 만나고 외국인을 만나는 게 도움이 되는 건 아니에요. 오히려 비슷한 실력의 친구들이나 아직은 외국어를 잘 못하는 친구 사이에는 함께한다는 것만으로 도움이 되거든요. 잘하는 아이를 보고 '와! 저 아이들은 다 잘하는구나'라는 생각이 들면 오히려 주눅 들고 외국어가 겁이 날 수도 있어요. 즐겁고 행복한 기억을 선사한다는 생각으로 엄마가 파티 플래너가 되어보세요. 아이에게 그 어떤 선물보다 더 값진 기억을 선물해줄 수 있을 거예요. 그리고 그 어떤 보상보다 더 오래가는 긍정적인 자극을 줄 수 있을 거예요. 한 달에 한 번, "우리 엄마가 준비했어"라고 아이가 친구들에게 자랑할 수 있는 멋진 엄마가 되어보는 것은 어떨까요?

특별한 날을 파티로 경험하라!

매달 큰 테마를 잡아서 파티를 준비해보세요. 그리고 아이와 함께 집을 풍선으로 예쁘게 장식해보세요. 아이와 할 수 있는 매월 파티 플랜의 큰 주제를 제안합니다.

1월 | 새해 파티 New year's day party

2월 | 설날 파티 Lunar New year's day party

3월 | 성 패트릭데이 파티 St. Patrick's day party

4월 | 부활절 파티 Easter day party

5월 | 어버이날 파티 Mother's day Party

6월 | 세계 국기 파티 International day party – Flag day

7월 | 디즈니 캐릭터 파티 Disney Character party

8월 | 스포츠 데이 파티 Summer fun festival party

9월 | 추석 파티 Full moon day party

10월 | 할로윈 파티 Halloween costume party

11월 | 추수감사절 파티 Thanksgiving day party

12월 | 크리스마스 파티 Christmas party

국제 감각을 기를 수 있는 파티

만약 글로벌 마인드를 기를 수 있는 문화 체험의 일환으로 전 세계의 유명한 축제를 바탕으로 파티를 준비하고 싶다면, 세계적으로 유명한 축제를 테마로 잡아보는 것은 어떨까요? 그 나라의 국기로 벽을 장식하고 국기에 있는 색 풍선까지 준비하면 '멋진 파티'를 준비할 수 있습니다. 각자 그 나라의 스크랩북을 준비해서 발표하는 시간을 가져도 좋겠지요?

캐나다 | 단풍 축제 Maple Festival

스웨덴 | 미드썸머 축제 Mid-summer Festival

스페인 | 토마토 축제 La tomatina Festival

이탈리아 | 베네치아 카니발 페스티벌 Carnevale di Venezia

일본 | 히나마츠리 축제(雛祭り)

중국 | 춘절(春节), 원소절(元宵节), 단오절(端午节),
      청명절(清明节), 칠석(七夕)

브라질 | 리우 카니발 Rio Carnival

태국 | 송크란 페스티벌 Songkran Festival

테마로 묶어서 놀며 공부하는 파티

지구의 날, 선거의 날, 계절의 변화 등 테마를 잡고 주제에 맞는 활동을 같이 하는 파티는 어떨까요? 추천 테마뿐만 아니라, 세계 물 절약의 날 등 신문이나 포털 서비스에서 소개되는 날의 의미를 같이 알아보고 이야기할 수 있는 시간을 가지면 좋겠죠?

지구의 날 파티 Earth day party

선거의 날 파티 Election day party

계절 파티 | 봄 Spring Festival, 여름 Summer Festival,

　　　　　가을 Fall Festival, 겨울 Winter Festival

엄마는 검색왕,
구글 & 유튜브로 출근하기

옷장 속에 옷이 가득 있어도 막상 입을 옷은 찾을 수 없는 것처럼, 분명히 좋다는 자료를 많이 검색해서 모아두고 있는 것 같은데 막상 필요할 때는 찾을 수 없는 일이 많아요. 심지어 그런 자료가 있었다는 사실조차도 잊어버리고요. 분명 온라인 지역 카페 등을 돌아다니면서 누가 자료를 첨부해서 올려놓으면, "감사합니다" 인사를 하면서 다운로드 받아서 모아놓고 나름 정리를 잘해놨다고 해도, 막상 그 자료가 필요한 순간이 되면 결국 또 돈을 주고 비슷한 자료가 있는 책을 다시 구입하게 되는 경우도 많았어요. 심지어 책을 구매했다는 사실을 잊어버리고 다시 구매해서 집에 같은 책이 두 권인 경우도 생겼답니다. 그래서 미리 저장해두고 모아두는 것에 대해서 회의감을 느끼게 되었어요.

자료라는 것은 '수집'하는 게 아니고, 필요할 때 찾아서 '활용'해야 되는 거라는 것을 깨닫게 된 후에, 어떤 매체를 활용할 것인가에 대해서 고민을 많이 했었어요. 처음에는 당연히 국내 유명 포털 사이트인 네이버를 이용하여 자료를 찾으려고 했었는데, 영어로 된 자료는 쉽게 찾을 수 없어서 외국 포털 사이트인 구글과 외국 동영상 허브인 유튜브를 적극적으로 활용하게 되었지요.

사실 직접 해보면 쉬운데 시작하기 전의 두려움으로 첫 발도 내딛지 못하는 경우가 많은 것 같아요. 저도 처음에는 구글과 유튜브에서 검색해서 원하는 자료를 찾는 것에 '외국어로 검색을 하고 내용을 다 읽어야 하지 않을까?' 하는 두려움이 있었지만, 키워드가 되는 검색어를 알고 나서는 큰 시간을 들이지 않고 자료를 찾을 수 있었어요. 그래서 원어를 이용해서 원하는 자료를 찾을 수 있는 주요 검색어를 정리했습니다. 잊지 말아야 할 것은, 구글에서 검색할 때는 '이미지 탭'을 이용해야 검색해서 나오는 것들 중에서 내 아이에게 맞는 자료를 빨리 찾을 수 있다는 거예요.

검색해서 사용하는 자료는 지루하지 않게 반복하기 위해서 아이의 흥미를 유도하는 보조 자료일 뿐이니, 미리 검색해서 저장하고 모아둔다고 생각하지 말고, 필요할 때마다 검색해서 바로 사용하고 버린다는 생각으로 이용해야 불필요하게 시간을 낭비하는 일을 막을 수 있답니다.

내가 가지고 있는 책을 멀티미디어 자료와 함께 풍부하게 노출하고 싶을 때는 '유튜브'를 이용해보세요. 아이가 좋아하는 DVD를 찾느라 많은 돈을 쓸 필요가 이젠 없답니다. 그리고 누군가가 추천해주는 유튜브 채널을 찾아 헤매지 말고, 엄마가 직접 적극적인 사용자가 되어 유튜브에 검색어를 넣어보세요. 영어 검색어를 적절하게 넣으면 필요한 영상을 정말 손쉽게 찾을 수 있습니다. 유튜브를 제대로 활용하면 아이가 관심을 보일 때, 바로 원하는 영상을 찾아서 노출할 수 있고 같은 책을 읽어주더라도 주제에 맞는 노래나 영상을 다르게 보여줄 수 있기 때문에 많은 시간과 돈을 절약할 수 있어요!

여기서 주제는 내가 아이에게 외국어를 노출하고 있는 토픽을 의미합니다. 예를 들면 내가 오늘 아이와 '계절'에 대해서 이야기를 하고 있다면, '계절'을 먼저 영어 사전에서 검색해서 'season'이라는 단어를 찾은 후, 그 주제를 각각의 키워드에 넣어서 검색하면 필요한 자료 및 동영상을 찾을 수 있습니다.

처음에는 어떤 주제로 검색을 할지 아이디어가 쉽게 떠오르지 않을 때도 있어요. 그럴 때 즐겨 찾기에 추가해놓고 필요한 자료를 찾고 싶다면, 다음 페이지의 추천 사이트들을 참고해보세요. 제가 가장 즐겨 사용한 추가 활동은 종이접기, 미술, 요리, 과학 실험, 요가처럼 완벽하게 언어를 이해하지 못하더라도 따라할 수 있고 상호작용의 경험을 가질 수 있는 활동이었습니다. 영상이나 워크시트의 가이드라인을 그림으로 보면, 쉽게 따라할 수 있기 때문에 외국어 거부 시기를 극복할 때도 아주 유용하게 사용했답니다.

구글&유튜브 검색 요령

Google

주제에 맞는 워크시트 검색하기

ㅣ주제 + worksheets for kids

주제에 맞는 만들기 아이디어 검색학기

ㅣ주제 + crafts for kids

주제에 맞는 놀이 아이디어 검색하기

ㅣ주제 + activities for kids (preschoolers)

주제에 맞는 색칠놀이 검색하기

ㅣ주제 + coloring for kids

주제에 맞는 미술 놀이 아이디어 검색하기

ㅣ주제 + art projects for kids

주제에 맞는 흥미로운 사실 검색하기

ㅣ주제 + fun facts for kids

주제에 맞는 요리 아이디어 검색하기

ㅣ주제 + cooking recipe for kids

YouTube

주제에 맞는 영상 검색하기

| 주제 + for kids

주제에 맞는 확장 단어카드 영상 검색하기

| 주제 + vocabulary for kids

주제에 맞는 동요 검색하기

| 주제 + songs for kids

주제에 맞는 어린이 이야기 검색하기

| 주제 + children stories

주제에 맞는 춤추기 가이드가 있는 영상 검색하기

| 주제 + dance songs for kids

주제에 맞는 흥미로운 사실 설명해주는 영상 검색하기

| 주제 + fun facts for kids

내가 가지고 있는 책을 누군가가 읽어주는 영상 검색하기

| 책 이름 + Read along for kids

적극적인 구글과 유튜브 활용을 위한 가이드라인

Add it | 책을 중심으로 더해가는 방식으로 활용하자!
영상과 워크시트, 그리고 내가 준비한 다른 활동들은 항상 보조 자료로 활용 해야지요! 궁극적인 목표는 외국어를 노출하는 것이기 때문에 항상 텍

스트가 있는 자료를 중심으로 더해가는 방식으로 활용해야 단순 놀이에서 끝나는 것이 아니라, 외국어를 노출하는 효과를 얻을 수 있습니다.

Search it | 핵심 키워드를 원어로 검색하자!

영어 자료를 검색할 때는 영어로 검색을 해야 현지 아이들이 보는 자료를 검색할 수 있어요. '날씨 영어'라고 검색했을 때와 'weather for kids'라고 검색했을 때 나오는 영상을 한 번 비교해보면 왜 영어로 검색해야 하는지 알 수 있을 거예요.

Make it easy | 이미지 검색을 적극적으로 이용하자!

사이트 검색을 이용하면 어떤 자료가 유용한지 찾는 것이 힘들지만, 이미지 검색을 하면 필요한 자료를 더 쉽게 찾을 수 있습니다. 유튜브에서도 썸네일의 그림을 보면서 아이가 좋아할 만한 영상을 찾으면 더 쉽게 영상을 찾을 수 있어요.

기타 사이트

워크시트(유료)

| 카테고리별 워크시트 http://www.education.com

| 영어권 선생님들 워크시트 http://teacherspayteachers.com

| 주제별 활동지&워크시트 http://www.kidssoup.com

액티비티

| 쉬운 종이접기 http://en.origami-club.com/easy/

| 쉬운 미술 동영상 https://www.youtube.com/user/ArtforKidsHub

| 쉬운 요리 https://www.youtube.com/user/TelmoandTula

| 쉬운 과학 실험 https://www.youtube.com/user/hooplakidzlab

| 쉬운 요가 https://www.youtube.com/user/CosmicKidsYoga

책 싫어하는 아이에게
더 중요한 영자 신문 읽기

책을 좋아하지 않는 아이라고 해도 일상 회화는 '캐릭터를 중심으로 한 영상 노출'과 '회화체 뼈대 잡기'로 충분히 극복할 수 있어요. 하지만 논픽션을 통해 영어로 지식 컨텐츠를 채워가는 과정은 영상만으로는 한계가 있습니다. 게다가 논픽션에서 사용되는 영어 단어의 수준은 일상 회화에서 사용하는 언어와 차이가 크기 때문에 새로운 단어를 계속 배우기 위해서도 논픽션을 읽는 것이 중요해요.

    아이가 책을 크게 좋아하지 않는다는 사실을 알았을 때, 책을 대체할 수 있는 부분을 항상 고민하고 영상을 효율적으로 노출할 수 있는 방법이 없을까 계속 고민했어요. 하지만 텍스트를 통해 배워야만 하는 부분이 있기 때문에 새로운 지식을 영어로 계속 접할 수 있는 환경을 만드는 것이 중요하다는 것을 알게 되었어요.

계속 즐겁게 영어를 노출해도 어느 순간 유아기 수준의 언어에서 벗어나지 못하고 제대로 된 독해를 공부할 필요성이 생긴다면, 다시 처음부터 공부를 시작해야 할지도 모르니까요. 이런 일을 미리 방지하기 위해서는 논픽션을 지속적으로 읽는 습관을 기르는 것이 너무도 중요합니다. 그래서 영자 신문 구독을 시작했습니다. 처음부터 100프로 아이가 이해할 것을 기대하고 영자 신문 구독을 시작한 것은 아니었습니다. 매주 신문이 우편함으로 온다는 사실을 알게 되고, 신문을 엄마와 함께 읽는 습관을 잡아놔야 나중에 아이가 신문을 정말 이해하고 읽을 수 있을 때도 몸에 베인 습관으로 매주 신문을 읽을 수 있을 것이라고 생각했어요.

처음부터 신문의 모든 페이지를 읽으려고 할 필요도 없습니다. 신문에 나오는 색칠하기, 선 긋기, 숨은 그림 찾기 같은 재미있는 부분만 골라서 해도 괜찮습니다. 중요한 것은 매주 신문이 오면 뜯어서 바로 함께 읽는 습관을 들이는 것입니다.

영자 신문을 꾸준히 읽는 습관이 좋을 것 같다는 생각을 하면서도 쉽게 시작하지 못하는 이유는 아마 막연한 두려움 때문일 것입니다. '너무 어렵지는 않을까?', '괜히 구독 신청만 해놓고 계속 밀리면 어떡하지?', '매주 받기만 하면서 제대로 활용을 해주지 못하면 어떡하지?' 항상 새로운 것을 시작하기 전에는 마인드 세팅을 해야 합니다. 꾸준한 실천을 위한 마인드를 단단히 다지고 나서, 시작할 수 있는 영자 신문 중에서 적당한 것을 고르고 단계별로 실천해보세요.

1. 영자 신문을 구독하는 이유

<mark>첫째, 배경 지식과 연관 지식을 늘릴 수 있어요.</mark> 일상적인 회화를 넘어선 배경 지식을 탄탄하게 쌓을 수 있어요. 유아 수준의 영어 회화에 머무르고 있다가 아카데믹한 단어는 따로 외우고 공부해야 되는 일을 막기 위해서, 논픽션에 꾸준히 노출되는 것이 중요하다고 생각했어요.

<mark>둘째, 시사 상식이 늘어서 세상을 보는 관점이 넓어져요.</mark> 아이에게 국내외에서 벌어지는 주요 이벤트를 얘기해줄 수 있고, 내 주변에서 일어나는 일에 대해서 관심을 갖게 해주면서 아이가 듣고 접하는 세계를 넓혀줄 수 있어요. 영자 신문은 책에 비해서 길이가 짧기 때문에 엄마도 금방 읽을 수 있고, 아이와 신문에 있는 내용에 대해서 대화를 나눌 수 있어요. 영어로 기사를 읽고, 모국어로 아이와 충분한 대화를 나누면서 조금씩 관점을 넓혀줄 수 있습니다.

<mark>셋째, 간단한 회화체를 주고받는 대화에서 벗어나, 혼자서 한 가지 주제에 대해서 말할 수 있는 스피치 능력을 키워줄 수 있어요.</mark> 영어 기사를 리포터처럼 따라 말해보고 외워서 말해보는 과정을 통해 스피치 연습을 할 수 있습니다. 특히 입문용 영자 신문의 음성 길이는 45초 정도이기 때문에 처음 스피치를 연습하는데 적당한 길이에요.

<mark>넷째, 논픽션 리딩의 습관을 잡아줄 수 있어요.</mark> 소설은 단계별 정리도 되어 있는 자료가 많고 시리즈로 된 책도 많아서 꾸준히 읽어주는 습관을 잡기가 편하지만, 논픽션은 연속해서 책을 구해서 읽어주는 것이 어렵기 때문에 매주 하나씩 신문을 읽으면 논픽션을 읽는 습관을 잡을 수 있어요.

2. 실천으로 이어지는 방법

첫째, 나만의 목표를 정하세요. 처음부터 완벽하게 이해하면서 신문을 배울 수 있는 아이는 없습니다. 신문을 구독하는 나만의 목표를 정하고 실천하세요. 신문의 제목만 읽고 넘어가는 것이 목표가 될 수도 있고, 일주일에 하나의 신문만 읽어보는 것이 목표가 될 수도 있고, 신문에서 내가 읽을 수 있는 영어 단어를 동그라미 쳐보는 것이 목표가 될 수도 있습니다. 신문에 있는 그림을 스케치북에 붙여서 스크랩해보고 그림에서 보이는 단어를 오려서 붙여보는 것은 어떨까요? 나만의 작은 목표를 만들어서 실천해야 지치지 않을 수 있습니다.

둘째, 신문 배달일은 신문 활용일입니다. 신문 배달이 오는 날에 반드시 신문을 읽어야 한다는 원칙을 정해보세요. 신문이 밀리는 이유는 제대로 시간을 내서 읽어야 한다고 생각을 해서 시간을 일부러 만들려고 하기 때문입니다. 신문은 매주 새로운 내용이 배달오는 것이기 때문에, 무조건 신문이 배달 오는 날 뜯어서 읽어야 합니다. 그리고 설사 그 주에 신문을 다 읽지 못했다고 하더라도 지난 내용에 미련을 두지 말고, 다음 주 신문이 배달 오면 바로 다음 주 신문을 시작해야 합니다. 반드시 신문이 배달 오는 날 시간이 되는 만큼만 활용한다고 가볍게 시작해보세요.

셋째, 눈에 띄는 곳에 붙여보세요. 신문 중에서 아이가 가장 좋아했던 기사가 있는 페이지를 오려서 눈에 자주 보이는 곳에 붙여놓아요. 신발장, 화장실 거울 옆, 옷을 갈아입는 붙박이장 앞, 머리를 묶는 화장대 앞 등 시간을 머무르는 곳에 붙여놓고 눈에 띌 때마다 기사를 한 번 읽어볼 수 있는 시간을 마련하면 같은 기사를 반복하여 노출할 수 있습니다.

　그럼 처음으로 시작할 수 있는 영자 신문은 어떤 것이 있을까요? 유아나 어린이들이 읽을 수 있는 영자 신문이 있다는 것을 모르는 사람도 많지요. 인터넷에서 무료로 찾을 수 있는 영어 신문 기사도 있지만, 직접 어린이용 영자 신문을 구독하면 그림·음원·각종 멀티미디어 자료 및 워크북의 도움을 받아서 더 효율적으로 영자 신문 구독을 시작할 수 있습니다. 영자 신문을 읽는 습관이 제대로 잡힐 때까지는 꼭 집으로 배달 오는 종이 신문을 활용해야 합니다.

　영자 신문은 무조건 어렵다는 생각을 내려놓고, 구독을 시작해보세요. 아이들이 아직 글을 읽지 못할 때에도 쉬운 유아 리더스를 엄마가 읽어주는 것처럼 영자 신문도 음원과 영상 자료를 활용하여 리딩이 완성되기 전부터 듣고 익혀나갈 수 있습니다. 영자 신문을 제공하는 사이트에서 '무료 신문 체험'을 제공하고 있으니, 신문 구독을 하기 전에 샘플을 받아보고 아이에게 맞는 신문을 선택하세요.

영자 신문 추천

http://www.kindertimes.co.kr/

미취학·초등학교 저학년을 위한 가장 쉬운 난이도의 신문

| 그림이 많고 가장 쉬운 난이도

| 그리기, 색칠하기, 따라 쓰기, 만들기 자료 제공

| 음성을 들을 수 있는 전자펜 제공

http://www.netimes.co.kr/

초등학교 저학년을 위한 중간 난이도의 신문

| 영어 독해집 느낌의 워크북 제공

| QR코드로 관련 음성, 영상을 볼 수 있음

| 시사적 내용보다는 영어 자체를 익히는 데 집중되어 있음

http://www.kidstimes.net/

초등학생을 위한 시사적인 내용이 많은 신문

| 시사적인 내용과 뉴스가 많이 담겨 있음

| 과학, 인물, 세계 시사에 대한 내용이 특히 유용함

| 학습을 위한 동영상 강좌 홈페이지를 통해 제공

영자 신문을 처음 받아보고 나면 한 페이지에 텍스트가 연속으로 나와 있는 형태라 읽어주기 어렵다고 생각하기 쉽습니다. '영어로 된 그림책을 읽어주는 것과 비슷한 방식으로 반복해서 많이 들려주는 것만으로도 정말 아이가 내용을 이해할 수 있을까?'라는 고민이 생기지요. 결국 논픽션 장르의 신문을 읽어주는 방법에 대해서 감을 잡기가 어렵기 때문에 생기는 고민인 것 같아요. 신문 기사는 정확한 내용 전달을 위해 쓰여진 것이기 때문에, 내용을 정확하게 알려주는 것이 중요합니다. 그림책을 읽어주는 것과 다른 방식으로 내용을 정확하게 알려주는 것이 중요해요.

논픽션은 이야기와는 접근 방식이 다릅니다. 한국어로 된 신문을 읽어준다고 생각하고, 엄마인 내가 이 신문을 어떤 방식으로 노출할 것인지를 한번 생각해봅시다. 영어로 그림책을 읽어줄 때 아이가 언어를 그대로 받아들일 수 있게 해석을 해주지 않는 것이 더 좋다고 이야기를 많이 들어왔기 때문에, 영자 신문도 해석을 해주지 않는 것이 더 좋다고 생각할 수도 있습니다. 그런데 뜻을 설명해주지 않으면 과연 이해할 수 있을까요?

번식기 때만 암수가 구별된다고?

평상시에는 암수가 눈으로는 구별되지 않다가 번식기가 되면 뚜렷하게 구분되는 동물도 있어요. 피라미, 큰가시고기 같은 어류가 대표적이지요.

예를 들어 위와 같은 어린이 과학 신문 기사가 있다고 했을 때, 아무리 천천히 반복해서 문장을 읽어준다고 해도 아이가 모르는 단어를 저절로 이해하게 될 수 있는 방법은 없습니다. 암수, 번식기, 어류 등의 단어를 알아야 이 신문 기사의 내용을 이해할 수 있기 때문에, 그 내용을 엄마가 모국어로 설명해주는 것이 좋습니다.

저는 신문을 제대로 이해하는 단계에서는 기사 해석을 먼저 읽어주고 나서 영어로 기사를 읽게 했어요. 아이가 모르는 사건이나 사람이 기사에 나왔을 경우에는 먼저 모국어로 관련 내용을 충분히 설명해주고 나서 영어 기사를 접할 수 있도록 도와주었습니다. 신문 기사를 읽는 목적이 시사 상식 및 지식 확장이라면, 내용을 전혀 이해할 수 없으면 그 목적을 절대 달성할 수 없기 때문이지요.

설사 영어로 기억을 못하더라도 적어도 신문의 내용을 한국어로는 이해하고 기억할 수 있도록 해야 절반이라도 목적을 달성할 수 있다고 생각했어요. 한국어로 충분한 배경지식을 넣어주는 것이 먼저 선행이 되어야 영어로도 같은 지식이 쌓일 수 있다고 생각해요.

기사 해석을 먼저 읽어주세요! 아이가 익숙하지 않은 주제의 기사라면, 연관되는 모국어 책을 읽어주세요! 모르는 단어는 적극적으로 설명해주세요!

그리고 나서 기사를 다른 사람에게 리포터처럼 전달하며 읽을 수 있을 정도로 반복하면, 영어로도 표현과 어휘 및 지식이 쌓이게 됩니다. 모국어로 먼저 설명을 하면 영어로는 기억하지 못할까 고민이 된다면 영어를 훨씬 더 많이 반복해주면 됩니다.

신문으로 말하기 훈련이 가능할까?
Read & Speak, Now!

습관 & 재미		활용 & 확장	
• 듣기와 재미있는 활동 위주 • 그림에 있는 단어, 헤드라인 문장에만 집중 • 기사 이해와 말하기에 집중		• 기사 전체 내용을 읽고 전달하기에 집중 • 하나의 기사를 정해서 스피치 연습을 하듯 암기하여 전달하는 연습 시작	
시작	집중	이해	전달
Picture reading! 그림 단어 기사 듣기	Headline Reading! 문장 기사 듣기	Understand the text! 모국어 독서 기사 해석 읽기 크로스리딩 단어 확장 북메이킹 (한 줄 리더스)	Read and tell! 크게 읽기 전달 리딩 암기

 당연히 익숙한 언어로 먼저 기억을 하게 되기 때문에, 한국어와 영어의 비중을 1:5 정도로 해주세요. 예를 들어 모국어로 설명을 하면서 기사

를 한 번 읽어줬다면, 영어로는 매일 한 번씩 일주일동안 반복해서 듣고 읽고 따라 했을 때 관련 내용을 기억할 수 있어요. 영어 기사를 거의 외워서 전달할 수 있을 정도로 반복한다는 생각으로 진행하면 훨씬 빨리 효과를 볼 수 있습니다.

신문을 최대한 활용을 하기 위해서 선택한 방법은 바로 4단계의 큰 틀을 가지고 천천히 내용을 이해하는 것부터 시작해서 스피치 연습까지 단계를 밟아가는 것이었답니다.

처음 [시작] 단계에서는 신문에 나와 있는 사진을 이해하는 데 집중하고, [집중] 단계에서는 헤드라인과 주요 문장만 말하는 것을 연습했어요. 그리고, [이해] 단계에서는 확장 독서를 통해서 신문 내용을 제대로 이해하는 것에 집중했고, [전달] 단계에서는 신문을 리포터처럼 외워서 전달하는 것에 집중했습니다.

이렇게 단계별로 소목표를 세우고 신문 읽기에 도전하면 아이가 조금씩 실력이 늘어가는 것도 쉽게 체크할 수 있고, 무리하지 않는 선에서 시작할 수 있기 때문에 질리지 않고 꾸준히 진행할 수 있게 된답니다.

가장 쉬운 〈킨더타임즈〉 신문으로 이렇게 조금씩 신문을 읽고 외우고 전달하는 습관을 계속해서 잡아나가고 있어요. 현재는 〈킨더타임즈〉, 〈키즈타임즈〉, 〈NE타임즈〉, 〈주니어타임즈〉까지 4개의 신문을 꾸준히 구독하고 있습니다.

신문을 읽어나갈 때 만들어놓은 방법과 틀을 그래도 사용하여 〈네셔널 지오그래픽 키즈〉 및 〈타임포키즈〉 영어 잡지도 추가를 해서 영어로도 다양한 컨텐츠를 채워나가는 습관을 계속 유지하고 있어요. 이후에도 〈CNN

Student news〉라든지 단계별 영자신문https://www.newsinlevels.com을 아이의 수준에 맞게 조금씩 추가하면서 계속 영어로 정보의 수용 및 전달이 가능할 수 있는 습관을 잡아주려고 합니다.

영자 신문 4단계 따라하기

시작 ⇨ 집중 ⇨ 이해 ⇨ 전달

영자 신문 중에서 가장 쉽고 활용하기 좋은 〈킨더타임즈〉 기사를 예시로, 영자 신문을 활용하는 4단계를 이해하기 쉽게 설명하겠습니다.

Playing The Flute

The flute is a wind instrument. Sound is made by blowing air into the flute. I am learning how to play it. There are so many things to remember! I have to make sure that my posture is correct, my hands are in position, and my fingers are pressing the right keys. Proper breathing is also important!

Janine Pineda
Staff Reporter
(ttt@timescore.co.kr)

1단계 | 시작 Picture reading : 그림에 있는 단어에 집중하라

맨 처음 신문과 친해지는 단계는 신문에 있는 그림에 집중하는 단계입니다.

각 신문 기사마다 신문 기사를 가장 잘 나타내는 그림이 나와있고, 그림을 설명할 수 있는 단어를 신문 기사에서 찾아보며 문답을 해볼 수 있어요.

- 엄마가 해볼 수 있는 질문

  What is it? / What do you see in the picture?
- 아이와 그림에서 찾아볼 수 있는 단어

  Flute, Keys, Fingers
- 주제어와 테마 확장

  주제어인 flute를 구글 및 유튜브에 검색해 확장하기

  예시) flute coloring for kids, Flute drawing for kids, Wind instrument vocabulary for kids

2단계 | 집중 Headline reading : 헤드라인 암기부터 그림표현 문장까지

신문 기사의 헤드라인과 그림을 제일 잘 설명할 수 있는 문장만 신문에서 찾아서 따라 말하는 단계입니다. 이해하고 말할 수 있는 문장을 조금씩 늘려갑니다.

- 헤드라인 암기하기 Playing the flute
- 기사 전체 음원 듣기
- 그림을 보면서 기사 전체의 음원을 듣기

- 그림을 표현할 수 있는 문장을 신문 기사에서 찾아서 색칠하기

  I am learning how to play the flute

  My fingers are pressing the right keys

- 단어 찾기 게임(파닉스 게임)

  아직 영어 리딩이 초보인 아이가 신문 기사를 눈으로 따라가면서 집중해서 듣게 만들기 위해 미리 단어를 5개 제시하고 신문 기사를 집중해서 들으면서 제시된 단어를 찾는 게임을 하면, 기사를 반복해서 집중해서 들을 수 있습니다.

  예시) flute, wind, play, hands, fingers

3단계 | 이해 Understand the text : 한국어 설명과 북메이킹으로 기사 이해

- 모국어 독서

  전집, 백과사전, 어린이 지식백과 등을 활용하여 목관악기와 연관 있는 책을 읽어주어서, 아이가 기사에 관심을 가질 수 있도록 합니다. 예를 들면, 이 기사를 위해서 저는 《벨릴리 고양이의 목관악기 가게》라는 책을 읽어주었어요

- 기사 해석 읽기

  영자 신문 홈페이지에서 기사 내용이 모국어로 해석이 되어있는 부분을 읽어주어 기사의 내용을 파악할 수 있도록 합니다.

- 크로스 리딩

의미 단위로 기사를 끊어서 엄마와 번갈아 가면서 기사를 말해봅니다.

(엄마) The flute is (아이) a wind instrument

(엄마) Sound is made by (아이) blowing air into the flute

(엄마) I am learning (아이) how to play it

(엄마) There are so many things (아이) to remember

(엄마) I have to make sure (아이) that my posture is correct

(엄마) My hands are (아이) in position

(엄마) and my fingers are (아이) pressing the right keys

(엄마) Proper breathing is (아이) also important

- 단어 확장

아이가 모르는 단어 중 신문에 있는 그림으로도 설명할 수 없는 단어를 알려줍니다. 그림, 사진으로 설명할 수 있는 단어는 구글 이미지 검색으로 단어의 그림을 보여주고, 더 쉬운 단어로 바꿔줄 수 있는 경우에는 더 쉬운 영어 단어로 뜻을 알려주거나, 마지막 수단으로 기사 해석과 비교하면서 모국어로 단어를 알려주어도 됩니다.

- 북메이킹(한 줄 리더스)

A4 용지를 1/4 크기로 접어서 한 조각에 한 문장씩 문장을 적은 후에 문장을 잘 표현할 수 있는 이미지를 검색해서 넣거나, 아이가 직접 그림을 그리는 것을 통해서 함께 리더스 미니북을 만들면 훨씬 쉽게 기사

를 반복해서 읽을 수 있습니다. 분명히, 같은 문장인데 한 페이지에 한 문장씩만 적혀 있으면 아이도 훨씬 쉽다고 생각하게 되고, 책을 만드는 과정에서 문장도 반복해서 노출할 수 있어서 뜻을 시각적으로 이해하는 데 효과적인 방법입니다.

4단계 | 전달 Read and Tell : 신문 기사로 스피치 연습

- 크게 읽기

  신문 기사를 한 문장씩 끊어 들으면서 큰 목소리로 따라 읽습니다. 신문 기사를 제공하는 신문사 홈페이지의 학습툴에서 단문 스터디를 이용하면, 문장이 익숙해질 때까지 반복해서 듣고 따라할 수 있습니다.

- 전달 리딩

  기사를 리포터가 된 것처럼 다른 사람에게 전달하는 형식으로 읽어 봅니다. 우리가 흔히 스피치라고 부르는 것은 프리토킹이 아니고 글을 제대로 읽고 때로는 흥미롭게, 때로는 감동적으로 때로는 진지하게 내용을 정확하게 표현해내는 것입니다. 즉, 그냥 무미건조하게 리딩을 위한 리딩을 하는 것이 아니라, 아나운서가 내레이션을 하듯 신문 기사를 읽는 연습을 하면 자연스럽게 말하기 연습이 됩니다. 아나운서가 '프롬프터'를 읽어나가는 것처럼 연습할 수 있도록 카메라 옆에 신문 기사를 붙여놓고, 시선을 최대한 카메라에 두고 다른 사람에게 내용을 전달하듯 정확하게 읽어내는 연습을 하면 자연스럽게 스피치 능력을 향상시킬 수 있습니다. 신문 기사를 바닥에 놓고 읽으면 시선이 바닥으로 가게 되고, 그냥 영어를 생각 없이 읽어내는 것에 그칠 수 있으니, 신문 기사를 벽에 붙여놓고 고개를 들고 두 손을 자유롭게 하여 손동작까지 하면서 신문을 자연스럽게 읽어나갈 수 있을 때까지 연습합니다.

- 암기

신문을 전달 리딩 할 수 있을 정도로 반복하여 연습을 하게 되면, 문장이 연결되는 순서를 제외하고 한 문장 단위로는 조금씩 외워서도 말할 수 있을 정도로 암기가 됩니다. 일주일에 하나의 기사를 정하여 기사를 암기하여 자연스럽게 전달하는 훈련을 합니다. 유아 및 초등학교 저학년 영어 말하기 대회의 길이는 1분 30초 정도로, 쉬운 신문기사 2개 정도의 길이를 반복 연습하여 쉽게 외울 수 있을 정도로 산문체 암기에 익숙해지면 스피치 대회도 손쉽게 도전해볼 수 있습니다. 문장이 연결되는 부분은 까먹을 수 있어도, 각각의 문장은 자연스럽게 말할 수 있도록 도전해보세요.

유명 영어권 방송인이나 정치인이 영어로 멋지게 연설을 하는 것을 보면 긴 시간 사람들의 시선을 잡으면서 자신의 의견을 전달한다는 것이 언어 능력과 관계없이 얼마나 어렵고 연습이 많이 필요한 것인지를 깨달을 수 있어요.

사실 한국어로 하라고 해도 누구나 할 수 있는 일은 아니니까요. 아무리 영어를 어렸을 때부터 듣고 접한다고 해도, 영미권 아이들처럼 자연스럽게 쓸 수는 없잖아요. 그들의 문화와 가치관도 들어가 있는 은어slang과 관용어idiom까지 제대로 구사하면서 영어로 대화한다는 것은 오래 외국에서 산 경험이 없이는 어려울 것이라고 생각해요.

그리고 우리 아이들이 영어를 공용어로 사용하며 빛을 발하려면, 자신의 전문 지식과 자신 있는 분야를 영어로 얼마나 '전달'할 수 있는지의 스피치 능력이, 영어 발음이나 실력보다도 더 중요할 것이라고 생각합니다.

그렇기 때문에 저는 서연이가 책을 좋아하지 않더라도 영자 신문을 꾸준히 읽고 텍스트를 전달하는 것처럼 읽는 연습을 하는 것은 절대로 양보할 수 없는 영역이라고 생각했어요. 내 아이가 자라서 소설이나 시를 쓰는 일은 작가가 되지 않는 한 없겠지만, 비문학의 산문 글을 영어로 쓰고 발표하는 것은 어떤 분야의 전문가라도 갖춰야 하는 능력이 될 테니까요. 자연스럽게 독해력이 길러진다는 것 외에도, 비문학에서 자주 쓰는 어휘를 늘려가면서 독해 위주의 우리나라 영어 교육도 따라갈 수 있게 병행할 수 있다는 장점도 물론 있고요.

단순한 대화가 가능한 수준에서 영어를 끝내고 싶지 않다면, 영자 신문 읽기를 시작해보세요! 아이가 다른 공부가 바빠지는 고학년에도 영어를 놓지 않고 가져갈 수 있는 가장 든든한 습관이 되어줄 것입니다.

외국어에 관심 있는 엄마들이 모이는 커뮤니티

아이가 어릴수록 주변에 외국어에 관심 있는 엄마를 찾는 것이 더 힘들죠? 아이가 속해 있는 어린이집, 유치원이나 학교 같은 기관에서는 벌써부터 외국어를 하는 건 너무나도 극성스럽다고 색안경을 끼고 보는 경우가 많기 때문에 쉽게 외국어를 집에서 노출하고 있다고 이야기하기 힘들 때도 많아요!

"빨리 가고 싶으면 혼자 가고, 멀리 가고 싶으면 함께 가라"라는 말이 있듯이, 분명 장기적으로 아이의 외국어 흥미를 유지하기 위해서는 함께 공부해나가는 친구들을 만드는 것이 중요하지요. 그건 알고 있는데, 대체 그런 엄마는 어디서 찾을 수 있을까요? 영·유아를 중심으로 한 온라인 외국어 커뮤니티에서 외국어에 관련된 정보도 많이 얻고, 온라인으로 함께 공부하는 모임에 참여해보세요! 그렇게 조금씩 온라인에서 친해지고 연락을 하는 엄마들이 생기면, 오프라인 모임까지 해볼 수 있어요. 아래에 소개한 네이버 카페를 통해 함께 스터디를 진행하는 경험을 해보세요!

수퍼맘 스토리

관심 외국어 | 영어, 중국어, 일본어, 스페인어, 프랑스어, 독일어, 러시아, 아랍어 등

#조기외국어 #다개국어 #팔봉이 #박현영

- 조기 다개국어에 관심 있는 엄마들이 모여 공구와 공구교재에 대한 스터디를 진행

심봉사 공구 카페

관심 외국어 | 영어, 중국어

#심봉사 #나나샘 #외국어공구 #엄마표회화

- 엄마표 외국어 교재를 구입하고 중국어를 제대로 시작하고 싶은 엄마를 위한 카페
- 유아 중국어 전문 나나샘이 스터디 진행

애프터스쿨 스터디카페

관심 외국어 | 영어, 일본어, 중국어, 한자

#애프터스쿨스터디 #짱구한자 #회화 코스북 #영어중국어논술 #서연맘 #통암기

- 영어와 중국어 말하기에 집중하고 싶은 엄마, 기초전집 이후 계속 영어 중국어 실력을 업그레이드 하고 싶은 엄마를 위한 카페
- 회화 코스북 통암기 및 중국어 노출을 체계적으로 진행할 수 있는 스터디 가이드 제공
- 서연맘이 직접 교육과정을 운영하는 카페

아름답게
조경 가꾸기

다개국어를 시작해볼까?

다개국어 구사자 Multilingual! 한국어와 영어 외에도 제2외국어를 유창하게 구사하는 꿈! 특별한 사람들만의 이야기가 아닙니다. "아직 영어도 잘 못하는데 다개국어를 하는 게 맞을까?"라고 생각하는 사람들이 많지요? 그런데 영어에만 올인해서 영어 실력 하나만으로 경쟁력을 가지려면, 정말 네이티브 수준으로 유창해야 하거든요. 너무 어려운 일이지요. 그래서 경쟁력을 키우기 위해서 다개국어를 시작했어요. 쉬운 길은 아닙니다. 무조건 쉽다고 누구나 할 수 있다고 핑크빛 조언만을 할 수는 없습니다. 그렇지만 시작하지 않으면 가능성이 0 인 일이 발을 담그면 무한한 가능성으로 확장될 수 있기에, 한 번은 두드려보고 열어보고 싶은 길이랍니다.

시작하라

관심이 없다면 시작하지 않아도 됩니다. 하지만 관심은 있으나 언제 시작하는 게 좋은지 적기를 고민하고 있다면 지금 바로 시작하세요. 고민하고 있는 사이에 아이가 소리를 민감하게 받아들일 수 있는 시기를 놓칠 수 있어요! 큰 부담 없이 접해볼 기회를 놓칠 수 있어요!

동일한 비중은 금물!

여러 개의 언어를 노출한다고 해서 동일한 비중으로 노출하는 건 안 됩니다! 기본 언어(특히 영어)에 집중하는 가운데, 다른 언어는 서서히 비중을 늘려가면서 접근해야 합니다. 집중하는 언어를 하루에 1시간 한다면, 제2 언어 중 집중 언어를 30분, 기타 언어를 모두 합쳐서 2~30분 수준으로 차등을 두고 노출해야 해요!

유지기와 집중기를 반복하라!

언어 실력을 유지하기 위해서는 조금씩 매일 보는 것이 효과적이지만, 향상 시키기 위해서는 임계 시간 이상으로 집중을 해주는 것이 필요합니다. 운동을 할 때 매번 10분만 하고 멈추면 영원히 지방이 연소될 기회가 없는 것처럼 매일 똑같은 양만 해서는 발전이 없답니다. 집중 투자해서 실력을 올려두고 다른 언어에 집중하는 동안에는 그냥 하루에 영상 하나 정도로 잊어버리지 않을 만큼만 유지하다가, 너무 정체되어 있을 때 다시 집중해주는 일명 '문어발' 또는 '돌려 막기' 전략을 적절하게 구사해야 합니다.

01

다개국어,
겁 없이
무작정
시작하기

다개국어, 시작해볼까

요즘 '영어는 모국어처럼 기본, 중국어는 우리 어릴 때 영어가 중요했던 것처럼 필수적으로 기본 이상 구사, 그 외에도 하나의 언어를 하는 것은 아이의 특기'라는 생각을 가진 엄마 아빠가 점점 늘어나고 있는 것 같아요. 즉 영어는 이중언어처럼 자유롭게 구사하기를 바라고, 중국어를 기본으로 하면서 다른 언어를 하나만 더 하면 얼마나 내 아이가 경쟁력이 있을까를 생각해보는 것이지요.

글로벌 시대, 당연히 언어를 할 수 있는 것은 아이에게 큰 경쟁력이 될 것입니다. 그렇지만 그냥 시작만 한다고 누구나 다 성공할 수 있는 쉬운 길은 분명 아니랍니다. 그렇기 때문에 '다개국어를 시작해볼까?'를 고민할 때는 '내가 아이에게 외국어를 노출해주는 이유가 뭘까?'에 대한 확고한 자기 신념이 있어야 합니다.

저는 아이가 미래에 본인이 하고 싶은 일을 선택할 때, 언어 장벽이 그 걸림돌이 되지는 않았으면 좋겠다는 생각을 늘 마음 속에 지니고 있습니다. '언어를 구사할 수 있다고 하더라도 그저 외국인이기 때문에 굉장히 많은 걸림돌과 차별을 만나게 될 터인데, 언어까지도 장벽이라면 아이가 선택할 수 있는 세상이 얼마나 좁을까' 하는 마음에 다양한 언어를 일정 수준 이상으로 구사했으면 좋겠다고 생각했어요. 그리고 제가 다양한 언어를 노출한 이유는 역설적으로 하나의 외국어를 경쟁력이 될 만큼 잘하는 것이 너무 어려운 일이기 때문이에요.

영어만 봐도, 영어를 모국어로 하는 국가의 원어민, 유학생, 재외교포, 다문화 가정 등 문화적으로 영어를 모국어로 접한 사람들, 영어 유치원 및 국제 학교를 통해 영어를 꾸준히 생활 속에서 사용하고 학습한 사람들과 전공자들이 잔뜩 있기 때문에, 우물 안의 개구리처럼 집에서 공부한 정도로는 인정받기 어려울 것 같다고 생각했어요.

그래서 하나를 제대로 하기 어렵다면 대충이라도 뜻이 통할 수 있게 말할 수 있는 언어를 여러 개 만들어주자는 생각으로 다개국어를 선택하게 되었어요.

다개국어, 언어별로 목표를 다르게 설정하자!

다양한 언어를 어렸을 때부터 노출한다고 하더라도, 절대로 같은 수준으로 구사하게 될 수는 없습니다. 당연히 하나의 언어를 집중해서 노출하다 보면, 다른 언어를 잊어버리기도 하기 때문에 후퇴, 정체, 발전을 반복하면서 조금씩 언어가 자리를 잡아갑니다. 그렇기에 각 언어별로 어디까지가 나의 목표인지를 생각해보는 시간을 갖는 것이 중요합니다.

- 영어 | 모국어와 유사하게 구사하기
- 중국어 | 일상적인 대화가 가능하고, 읽기는 편하게 할 수 있을 정도로 구사하기(쓰기는 한문을 손으로 쓰지는 못하더라도 컴퓨터로 입력할 수 있을 정도로)
- 스페인어 | 여행 회화가 가능, 취미로 소설을 사전을 찾으며 읽을 수 있을 정도로 구사하기
- 일본어 | 어려움 없이 여행을 다니고, 일본 애니메이션을 접할 수 있는 수준으로 구사하기

다개국어,
소리 노출로 시작하세요!

"저도 다개국어를 시작해볼까요?"라는 질문을 하는 엄마들에게 이렇게 말하고 싶어요. "만약 지금 아이의 나이가 만 4세보다 어리다면, 추가로 노출해보고 싶은 언어의 소리 노출을 지금 당장 시작해보세요."

아이가 아직 만 4세보다 어리다면, 다개국어를 동시에 시작하는 것이 가능합니다. 동시에 여러 언어를 노출해도 정말 잃을 것이 없고 엄마만 부지런하다면 다양한 노출을 해주는 것이 가능하기 때문입니다.

다개국어가 욕심난다면 이렇게 시작하세요!

만4세 이전 | 동시다발적으로 다양한 언어의 소리 노출을 당장 시작하라!
만4세 이후 | 영어의 주제별 전집 노출 이후 순차적으로 하나씩 언어를 추가하라!

아이가 어리면 외국어를 노출할 때 '듣기' 위주로 시작하게 됩니다. '듣기' 하나의 영역만 신경 쓰면 되는 어린 나이라면 5개의 진행 언어를 시간대별로 생각날 때마다 틀어주면 되기 때문에, 5개 언어를 동시에 진행할 수 있는 시간적·정신적 여유가 있습니다. 만약 그 이후에 외국어를 시작한다면, 충분한 듣기 시간 확보가 어려운 데다가 동시에 말하기도 신경 쓰지 않을 수 없어요. 소리 노출하는 컨텐츠의 뜻도 궁금해하는 경우가 많아, '유효 노출'을 신경 쓰게 되니 동시에 여러 언어를 진행할 수 있는 시간적 여유가 없을 수 밖에 없습니다.

==다개국어의 가장 큰 적은 사실 환경적인 불리함이 아니라 '엄마의 조바심'입니다.== 언어를 노출한다고 그 결과가 빨리 나오는 것이 아니기 때문에 아무 욕심 없이 소리만 노출할 수 있는 시간이 필요합니다. 아이가 어릴수록 잃는 것 없이 소리 노출 할 수 있는 시간이 많기 때문에 동시다발적인 문어발 전략이 아직은 통용되는 시기입니다.

어떤 나이에 무엇을 시작한다면, 그 나이에만 할 수 있고 시간대비 효율이 가장 큰 영역에 집중하는 것이 유리하겠지요. 아이가 어렸을 때 성인보다 압도적으로 앞서 있는 능력은 바로 '예민한 귀'입니다. 어른들의 귀는 이미 둔감해져서 텍스트가 없이는 소리를 구별해서 듣는 것조차 힘들다고 느끼는데, 아이들의 귀는 모국어와 유사한 소리로 매칭해서 듣는 것이 아니라 소리가 나는 대로 그대로 듣는 것이 가능하답니다. 어렸을 때 다양한 언어를 들어본 아이는 각 언어의 소리에 훨씬 예민하고 그대로 소리를 모방하고자 하기 때문에 발음도 훨씬 좋아집니다.

아이는 당연히 새로 들려주는 언어를 거부할 수도 있습니다. 하지만 아이가 새롭게 추가된 언어를 거부하는 것이 오히려 아이에게 상대적으로 익숙한 언어를 노출할 수 있는 기회를 줄 수 있습니다. 예를 들면 이미 모국어가 익숙한 아이는 영어로 영상을 보거나 소리를 듣는 것을 거부할 수 있습니다. 그럴 때 중국어나 일본어 등 더 생소한 언어의 소리를 들어주면, 더 생소한 언어에 대한 거부가 오히려 조금이라도 익숙한 영어에 대한 거부감을 줄여줄 수 있습니다. 즉 아이가 새롭게 들려주기 시작한 중국어를 듣는 것을 거부한다면 인심 쓰듯 메인 언어인 영어 노출 시간을 늘리는 것이 가능해요. 그러니 당장 소리 노출을 시작한다고 해도 잃는 것이 없겠죠?

서연이도 지금은 5개의 언어를 구사하고 있지만, 더 어렸을 때 소리 노출로 들려줬던 언어는 10개가 넘습니다. 다양한 언어의 소리를 노출할 때는 뜻을 이해하는 것을 기대하면서 틀어주는 것이 아니라 마치 클래식을 틀어주는 것처럼 세상에 이런 언어도 있다는 것을 경험 삼아 들려준다는 마음가짐으로 시작해야 합니다. 그렇기 때문에 처음부터 어차피 당장 읽어주지도 못하고 활용도 못할 교재를 사들이지 않고도 겁 없이 시작할 수 있는 거지요. 예를 들어 프랑스어를 접해주고 싶으면 엄마도 즐겁게 들을 수 있는 프랑스어 샹송을 들려주면 됩니다. 이태리어를 접해주고 싶으면 이태리 가곡을 틀어줘도 되고, 일본어를 들려주고 싶을 때도 〈이웃집 토토로〉 등 친숙한 애니메이션의 주제곡을 틀어주면 됩니다.

서연맘과 서연이가 다개국어로 접해본 언어

현재 유지하고 있는 언어 | 한국어, 영어, 중국어, 스페인어, 일본어

향후 다시 시작할 생각이 있는 언어 | 독일어, 러시아어, 프랑스어

나중에 취미로 배우고 싶은 언어 | 이탈리아어

어렸을 때 소리는 접해봤으나 더 이상 진행 생각은 없는 언어 | 베트남어, 아랍어, 힌두어 등

요즘 유튜브에는 동일한 내용을 여러 나라 언어로 볼 수 있는 쌍둥이 채널이 많이 있어요. 같은 영상을 한국, 미국, 일본, 프랑스 등 여러 나라의 언어로 업로드하는 채널이지요. 처음 아이가 좋아하는 언어를 관찰하는 시기에는 유튜브 쌍둥이 채널을 이용해서 다개국어 노출을 시작하는 것이 가능합니다. 우선 돈이 들지 않는 무료 자료들을 충분히 활용해서 아이가 관심

이 있는 언어를 선별해내고, 아이에게 소리를 노출하는 동안 엄마가 기초를 조금이라도 공부해보고 꾸준히 노출해줄 자신이 있는 언어를 찾아내는 것이 중요합니다. 미리 경험해본 경험자로서 정말 간곡히 말리고 싶은 것이 바로 '책 사재기'입니다. 당연히 엄마가 아이를 위해서 무언가 해줄 수 있다면 아까운 게 어디 있겠습니까? 그렇지만 엄마의 불안함을 돈으로 해결하기 위해, 일단 좋아 보이는 교재나 책을 무조건 사재기하는 것은 외국어에 전혀 도움이 되지 않습니다. 오히려 엄마의 부담감과 기대치만 커지기 때문에, 득보다 실이 많은 행동을 계속 반복하며 아이와의 관계만 망치게 될 확률이 큽니다. 초반에 많은 책을 구입한다고 해도 당장 엄마가 활용해줄 수 있는 것은 아무것도 없습니다. 책을 사는 돈은 나중에 정말 아이가 책을 혼자 즐겨 읽을 수 있을 나이가 될 때까지는 저금해두는 것이 더 나아요. 새로운 책을 검색하는 데 보내는 시간으로 단어 하나라도 아이에게 직접 이야기 해주며 아이와 시간을 더 많이 쓰세요. 모두가 잠든 밤, 또 다른 책을 검색하고 구입하는 데 들이는 시간을 엄마가 공부하는 시간으로 채우는 게 더 유용하고요.

정말 세상이 좋아졌기 때문에 무료로 시작해볼 수 있는 컨텐츠도 시간이 부족해서 미처 다 보지 못할 정도로 많습니다. 지금 당장 시작할 수 있는 '즉시성'과 아이가 좋아하는 시기에 맞춰서 보여주는 '적시성'은 유튜브를 따라갈 수 있는 사이트는 없습니다. 우선 무작정 노출을 시작해보세요. 시작도 해보지 않은 사람이 무언가를 잘 할 수 있는 확률은 0이겠지요. 항상 시작이 반이라는 것을 잊지 마세요.

유튜브에서 쉽게 접할 수 있는 대표적인 다개국어 채널

포코요 Pocoyo

유튜브에서 'Pocoyo'를 검색해보세요.

포코요는 영유아에게 다양한 언어를 가르치는 채널입니다.

영어, 중국어, 일본어, 스페인어, 프랑스어, 러시아어, 독일어 등의 주요 언어뿐만 아니라, 인도네시아어, 포르투갈어 등의 특수 언어들도 가능하기 때문에, 영유아에게 다개국어를 가르치는 엄마들의 필수 채널입니다.

영상이 화려하지 않고, 흰 배경에서 포코요와 친구들이 테마에 맞게 단어들을 배워나가는 내용이라 자극적이지 않습니다.

핑크퐁 pinkfong

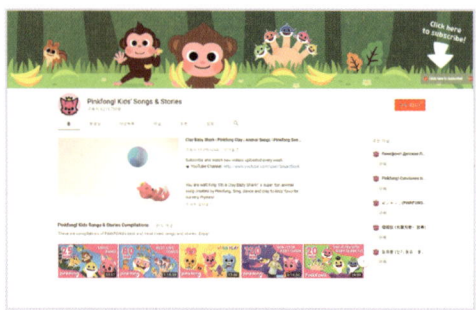

유튜브에서 'Pinkfong'을 검색해보세요.

핑크퐁은 우리나라에서 만든 사이트로 아이들이 좋아하는 단어, 동요, 스토리까지 다양한 컨텐츠를 한국어, 영어, 일본어, 중국어, 스페인어 5개국어로 접할 수 있습니다. 영유아의 다개국어 필수 채널!

수퍼심플송 Super Simple songs

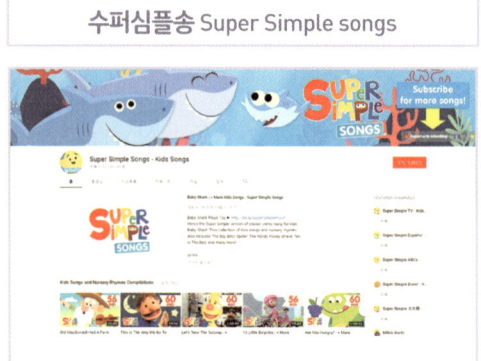

유튜브에서 'Super simple songs'을 검색해보세요.

아이가 동요나 노래로 언어를 배우는 것을 좋아한다면 'Super simple

songs' 사이트를 강력 추천합니다. 특히 영상이 노래 가사와 딱 맞도록 제작되어 있어서 영상을 보면서 노래를 들으면 계속해서 흥미를 유지할 수 있어요. 이 채널은 영어, 스페인어, 일본어로 볼 수 있습니다. 특히나 영어와 스페인어는 쌍둥이로 노래를 접하는 것만으로도 뜻을 대충은 유추할 수 있어서 스페인어 노래를 처음 접할 때 많이 사용했던 사이트예요.

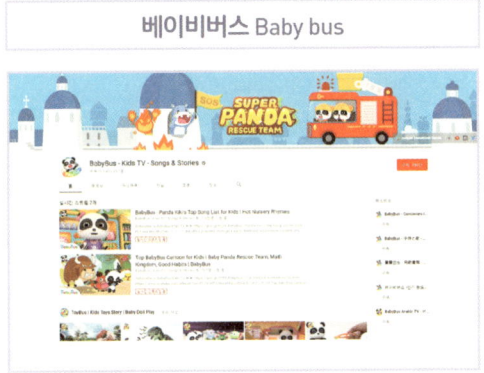

유튜브에서 'BabyBus'를 검색해보세요.

베이비버스는 핑크퐁과 유사하게 단어, 동요, 스토리를 한국어, 중국어, 스페인어, 일본어, 영어로 노출할 수 있는 사이트입니다. 캐릭터가 팬더라 귀엽고 영유아의 생활에 밀접한 생활 습관 노래 및 스토리가 많이 있기 때문에, 동화를 읽을 나이에 다개국어로 함께 노출하기 좋은 사이트예요.

북박스 Bookboxinc

유튜브에서 'Bookboxinc'를 검색해보세요.

만약 잔잔하게 책을 읽어주는 다개국어 사이트를 찾는다면, 북박스 사이트를 추천합니다. 북박스는 40개의 언어로 서비스를 제공하기 때문에, 일반적으로 생각할 수 있는 모든 언어로 서비스가 가능하다고 보면 됩니다. 36가지의 기본 스토리를 모두 다양한 언어로 제공하고 있으며 주요 언어는 자막을 제공하고 있으므로, 성인 공부용으로 보기에도 유용한 사이트입니다.

다개국어 기초 DVD

리틀핌 Little pim

온라인에서 무작위로 보여주는 것이 불안할 수도 있어요. 잘 정리된 DVD를 통하여 매주 같은 컨텐츠를 반복하며 체계적으로 노출하고 엄마도 함께 공부하고 싶다면, 유료 컨텐츠 중에서 리틀핌Little pim을 추천합니다.

리틀핌Little pim은 핌슬러 여사가 조기 외국어를 습득하고자 하는 6세 이하의 어린 아이들을 위해 만든 프로그램으로, 한국어, 영어, 스페인어, 일본어, 중국어, 독일어, 러시아어, 포르투갈어, 이탈리아어, 히브리어 등 다양한 언어의 언어 학습 프로그램을 제공합니다.

유튜브에서 'Little pim'을 검색하면, 각 언어별 샘플 영상은 볼 수 있으나, 모든 버전을 다 보기 위해서는 DVD를 구입하거나, 리틀핌 공식 홈페이지를 통해서 결제하고 다운받아야 합니다. https://www.littlepim.com/

뿐만 아니라 DVD 전체의 스크립트를 홈페이지를 통해서 무료로 다운 받아서 공부할 수 있기 때문에, 엄마도 내용을 함께 공부하며 아이에게 노출하기에 효과적입니다. 리틀핌은 영유아를 대상으로 한 DVD라서 5분 정도의 짧은 에피소드로 구성해 영상 노출의 부작용을 최소화했고, 백그라운드가 없는 상태에서 360개 정도의 기본 문장과 단어를 익힐 수 있도록 단순한 문장이 구성되어 있어 처음 시작할 때 도움이 많이 되는 프로그램입니다. 특히나 서양권 국가의 언어(스페인어, 프랑스어 등)를 학습하고자 하는 경우에는 더욱 더 추천합니다.

다개국어,
어떤 언어를 선택할 것인가

전 세계적으로 가장 많이 통용되는 3대 언어는 영어, 중국어, 스페인어 입니다. 한국에서 태어나 영어, 중국어, 스페인어, 일본어를 할 줄 알면 다양한 국가의 사람들과 큰 불편함없이 자유롭게 대화를 하는 것이 가능합니다. 당연히 가장 기본이 되어야 하는 언어는 영어라고 생각합니다. 그리고 한국인이 가장 배우기 쉽고 경쟁력이 있는 언어로 중국어를 뽑을 수 있어요. 여기에 더해서 세상을 넓히기 위해서는 '유럽 언어' 중 하나를 하는 것이 좋습니다.

가장 많은 국가에서 사용하는 언어는 스페인어입니다. 그렇지만 만약 아이가 미술에 흥미가 있거나 외교적으로 중요한 언어를 배우고 싶다면 스페인어 대신 프랑스어를 하는 것이 좋습니다. 스페인어보다 프랑스어가 외교적인 위상이 높으며 아프리카의 많은 국가에서 소통이 되기 때문에 미래의 경쟁력도 높은 언어라고 할 수 있습니다.

프랑스어와 스페인어는 언어 유사성이 높기 때문에 굳이 어렸을 때 2개를 다 배우지 않아도 좋습니다. 다양한 어족의 언어를 접해보는 것이 유리하기 때문입니다(어려서 악기를 접할 때, 피아노와 바이올린, 이렇게 다른 종류의 악기를 선택하기는 해도 굳이 바이올린과 비올라를 동시에 배울 이유는 없는 것과 비슷하지요!), 만약 이공계의 진로를 생각하고 있다면 독일어를 배우는 것이 좋습니다. 의료 통역을 생각하거나 사업을 생각한다면 아랍어도 좋지요. 러시아어는 외국어로 배우기에는 가장 어려운 언어로 꼽힙니다. 문법적으로도 동사 변형, 성수, 격의 변화 등 어려운 개념이 모두 들어 있으며, 발음으로 쳐도 전세계 모든 언어에 어렵다는 발음은 모두 들어가 있는 것 같아요. 러시아어를 제대로 이해할 수 있다면, 상대적으로 간단한(?) 다른 외국어는 훨씬 쉽게 학습할 수 있을 거라고 생각해요.

유럽에 있는 국가는 대학 학부까지 학비를 국가에서 지원하는 경우도 있어서(독일 등), 향후 유학을 가게 되더라도 경제적으로 유리한 조건을 점유할 수 있습니다. 편입 등의 길이 많아서 저도 한 때는 독일어과를 우선 간 후에, 독일에 있는 대학으로 아이가 편입할 수 있으면 얼마나 좋을까 하는 기분 좋은 상상을 해본 적도 많았습니다.

한국에서의 지정학적인 위치, 문화의 유사성, 여행의 편의성을 생각하면 일본어가 부담 없이 배우기에 좋습니다. 한국어와의 유사성으로 투자 시간 대비 훨씬 유창하게 말할 수 있다는 장점이 있습니다.

여러분은 어떤 언어를 선택하고 싶은가요?

02

다개국어를
엄마가 시작하면
무조건
유효 노출

- 엄마 공부 단계

엄마 공부를 시작하라

'다개국어'에 도전하고 싶은가요? 엄마도 기초 공부를 시작하세요.

엄마를 통해 언어를 배우는 것은 굉장히 자연스러운 과정입니다. 아이는 엄마의 표정과 행동을 관찰하며 엄마가 하고 있는 말의 뜻을 이해하기 위해서 노력하고, 엄마가 하는 말을 모방하기 위해서 애씁니다. 언어를 DVD, 책, 영상을 통해서 배우는 것은 오히려 부자연스러운 길이지요.

- 아이가 언어에 대한 재능을 타고 난 경우.

- 추론 능력이 뛰어나 모르는 말도 유추해서 이해하고자 하는 의지가 강하고, 새로운 언어에 대해 강한 호기심을 보이는 경우
- 아이가 스스로 학습이 가능한 나이가 되었을 때 외국어 학습을 하고 싶어하는 경우

위와 같은 경우에는 당연히 '재료'만 잘 검색해서 던져주면 아이가 스스로 알아서 외국어를 습득할 수 있을 수도 있겠지요. 하지만 아이가 언어에 대한 타고난 재능은 없고 모르는 언어가 들리면 우선 거부감을 표시하며 모국어 등 익숙한 언어만 선호하는 데다가 아직 나이가 어려서 외국어 학습방법을 모르는 경우 즉, 일반적인 경우에는 엄마가 조금의 기초도 없으면서 해당 외국어를 노출한다는 것은 매우 어려운 일입니다.

영어에 대해서는 "엄마가 영어를 할 수 있어야 하나요?"라는 질문에 대답이 다양하게 나올 수 있습니다. 왜냐하면 대부분의 엄마는 적어도 중고등학교에서 영어를 배운 적이 있으며 아주 간단한 영어 문장을 읽을 수 있고, 어느 정도의 단어를 알고 있기 때문입니다. 즉 "엄마가 영어를 못해도 영어를 노출하고 아이가 잘하게 될 수 있다"라고 말하는 '못해도'의 기준은 100프로 객관적인 기준이 아니라서(어느 누구도 공인 인증점수를 인용하여 엄마가 토익 700점이 넘어야 엄마표를 할 수 있다 등 객관적인 지표에 근거한 주장을 하고 있는 것은 아니기 때문에), 사람마다 영어를 '못한다'고 했을 때 떠올리는 기준이 다를 수 밖에 없어요.

다개국어를 시작할 때 제가 느꼈던 점은 엄마가 기초도 모르면 할 수 있

는 게 정말 없다는 점이랍니다. 엄마가 기본이라도 알면 훨씬 더 편하게 더 자주 노출을 해줄 수 있어요.

다개국어를 처음 시작할 때, 아이는 일단 소리 노출을 시작합니다. 처음에는 그냥 소리를 들려주고 거부감 없이 소리에 익숙해지는 데 시간이 걸립니다. 소리에 익숙해지는 데는 시기나 언어에 따라서 조금의 차이는 있지만 저는 4~6개월 가량의 시간이 걸렸습니다. 그 기간이 엄마가 아이의 향후 체계적인 학습을 도와주기 위해 엄마 공부에 집중할 수 있는 시간입니다.

엄마 공부의 우선 순위는 당연히 아이가 공부하는 컨텐츠가 되어야 합니다. 그렇지만 엄마는 이미 성인이기 때문에 전혀 기초가 없는 상태에서 그냥 따라하고 외운다는 것이 너무 힘들었어요. 특히나 텍스트가 없는 상태에서 소리에 의지해서 공부를 한다는 것이 성인에게는 너무 어려워요 최소한 내가 아이에게 노출하고 싶은 언어를 읽을 수 있을 정도는 공부를 먼저 해야 아이에게 노출하는 책을 같이 소리 내서 따라할 수 있다는 것을 알게 되었어요.

중국어	스페인어	일본어
병음 및 성조	스페인어 발음 및 강세	히라가나 및 가타카나
한자는 읽을 수 없어도, 중국어 발음 기호인 '병음'은 단기간 공부로 읽을 수 있습니다. 인터넷에 무료 병음 강좌가 많습니다. '병음과 성조'를 우선 학습하세요.	스페인어는 모음의 발음이 aeiou(아, 에, 이, 오, 우)로 고정되어 있어서, 강세만 익히면 발음에 예외가 없어요. 스페인어 글을 제대로 읽는 법은 일주일 정도면 배울 수 있어요.	일본어 역시 한자를 다 읽을 수는 없어도, 히라가나와 가타카나를 알면 일본어 교재를 제대로 읽을 수 있답니다. 특히 유아용 교재는 거의 히라가나로 병기가 되어 있어, 히라가나를 우선 학습하면 읽을 수 있어요.

다행히 제가 서연이랑 같이 공부할 목적으로 공부를 시작했던 언어는 모두 읽기에 정해진 규칙이 있거나 발음 기호가 있는 언어라서, 읽기 규칙만 우선 인터넷 무료 강좌를 찾아서 들으면서 학습했어요. 하다 못해 단어나 간단한 문장 하나라도 같이 소리를 들으면서 말해줄 수 있으려면, 자신감을 담아 또렷하게 말해주려면 문자를 컨닝해야 된다고 생각했기 때문이에요.

이렇게 엄마 읽기가 가능해지고 나면 이제 급한 불은 껐다고 생각하고, 가장 욕심이 가는 언어부터 하나씩 차근차근 기초 공부를 하기 시작했어요. 처음에는 그냥 무작정 아이가 공부하는 교재부터 소리 내서 읽는 것으로 시작했는데, 뭔가 모르는 답답한 기분이 계속 있어서 '기초는 따로 인강을 듣고 나서 아이 교재로 넘어가는 것이 더 효과적이겠구나'라고 생각하게 되었고, 진행한 모든 언어를 기초 인터넷 강의를 들었어요.

제가 추천하는 책은 모두 제가 처음 공부를 할 때 사용했던 교재고, 처음 언어를 접할 때 이 언어는 어떤 특징이 있으며 어떻게 공부하는 것이 효과적인지를 빠르게 살피기 위해서 사용했던 기초 성인 교재입니다. 혼자 공부할 수 있는 시간을 낼 수 있는 엄마는 다음 페이지의 교재들을 먼저 살피고 아이와 기초공사를 함께 시작하면 훨씬 편하게 진행할 수 있습니다.

기초 성인 교재

| 중국어 |

맛있는 중국어, 맛있는books(JRC북스)

중국어 교재를 어떤 것으로 선택할 것인지 고민을 하다가, 가장 디자인이 제 마음에 드는 것을 선택했어요. JRC중국어의 《맛있는 중국어》! 결국 기초 교재는 다 비슷해서 본인의 취향에 맞는 것을 선택하면 되는 것 같아요. 단 조언 하고 싶은 것은, 기초 단계 이상으로 계속 레벨을 올리면, 어느 순간 내용이 너무 성인 위주고 동떨어진 공부를 하는 것 같은 마음에 지칠 수 있으니 초급까지 공부하고 일단 빠져 나와서 기초 패턴과 단어에 시간을 더 많이 쓰는 거예요. 《맛있는 중국어 2단계 초급》까지 공부하면 병음 및 성조에 익숙해지고, 기초 문형까지는 이해할 수 있게 됩니다.

중국어 첫걸음 대박패턴 100, 로그인

기초 패턴과 단어를 채우기 위해서 《중국어 첫걸음 대박패턴 100》을 외우기 시작했어요. 한자 걱정 없이 쉬운 문형과 단어를 빨리 익히는 데 정말 좋은 책인 것 같아요. 100개의 주제라서 하루에 2~3개씩 진도를 나간다고 생각하면, 1~2개월 안에 끝낼 수 있는 책입니다. 중국어는 문자 때문에 위축되는 경우가 많은데, 한자를 외우려고 하지 말고 우선 문장을 그대로 외우는 것이 중요합니다. 기초 패턴을 외우며 꼭 필요한 기초 단어도 익힐 수 있어요.

중국어는 뻔한 패턴의 반복이다, 씨앤톡

《중국어 첫걸음 대박패턴 100》과 비슷한 형식으로 되어 있어요. 이 교재는 모바일 앱이 지원되기 때문에, 모바일 앱을 구입하면 자투리 시간을 써서 공부할 수 있습니다. 중국어는 어법이 단순하기 때문에 단어와 기본 문형을 학습하는 것만으로도 회화까지도 늘릴 수 있는 언어예요. 특히나 기초 교재는 여러 권을 학습하는 것보다는 기초 교재를 여러 번 보는 것이 훨씬 효과적이기 때문에 하나는 모바일 어플로 학습할 수 있는 재료를 가지고 있는 걸 추천해요!

| 스페인어 |

완전 레알 스페인어, 옥당(북커스베르겐)

스페인어는 유럽 언어라서 기본 문법이 중요한 언어입니다. 명사에 여성, 남성이 있어서 형용사가 성에 따라 변형이 일어나고, 동사도 주어와 시제에 따라서 다른 형태로 변하기 때문에 기본 문법을 모르면, 모르는 단어의 사전을 찾는 것도 쉽지 않다고 느낄 정도로 낯  설게 느껴질 겁니다. 읽고 이해하는 것은 쉽지만, 듣고 말하는 데는 시간이 필요한 언어예요. 한 번도 유럽 언어를 접한 적이 없는 사람은 이런 이유 때문에 스페인어라는 언어의 특성을 알려줄 수 있는 기초 강의를 듣는 것이 필요합니다. 제가 들었던 강의는《완전 레알 스페인어》! 책도 글자가 많은 것이 아니라 사진이 많은 잡지 형식으로 되어 있고, 강의도 스페인의 문화적인 배경도 잘 다루고 있기 때문에, 대학에서 교양 수업을 듣는 것 같은 힐링하는 마음으로 들을 수 있습니다. 이해하든 이해하지 못하든 일단은 끝까지 강의를 완강하여 스페인어라는 언어가 어떤 언어인지 제대로 한 번 만나는 것이 중요합니다.

- http://www.ebslang.co.kr/main.ebs에서 강의를 들을 수 있습니다.

스페인어 회화 핵심패턴 233, 길벗이지톡

스페인어 회화를 위한 핵심패턴 233개를 연습하는 책입니다. 기본 문형뿐만 아니라, 기본 문형을 사용한 예시 대화도 제시하고 있어 여러 번 공부하기 좋은 책입니다. 저는 e-book으로도 구입해서 스마트폰에 넣고 시간이 될 때마다 공부를 진행했습니다. 예를
들면 '~할 수 있다'처럼 조동사를 사용할 수 있는 구문 등 복잡한 문법을 몰라도 당장 익혀서 사용할 수 있는 쉬운 구문을 먼저 알려주기 때문에, 새로운 단어를 익히고 스페인어로 말을 떼보는 데 많이 도움이 됩니다.

| 일본어 |

일본어 무작정 따라하기, 길벗이지톡

일본어는 우리나라 말과 어순이 일치하기 때문에 한국어를 보면서 일본어 문장을 통으로 외우며 학습하는 것이 굉장히 효과적인 언어입니다. 그래서 문장 전체를 듣고 따라 말하면서 문장을 외워나가는 소리 패턴 학습법이 효과 있어요. 기본 히라가나를 익히고 나

면, 일본어 무작정 따라하기 책을 공부하면서 일본어의 반말과 존대말 등 기초 문형을 익히는 것이 좋습니다. 이 책을 제대로 공부하면 수동형, 사역형, 사역수동형, 자동사, 타동사 등 한국인에게 어려운 문법만 제외하고 일반적으로 말을 하는데 사용하는 기초 문장 패턴은 모두 익힐 수 있습니다.

버전업! 굿모닝 독학 일본어 첫걸음, 동양북스

여러 일본어 기초 교재 중에서 독학하기 편하게 구성되어 있는 책입니다. 게다가 동양북스 출판사 사이트에 들어가면 동영상 강의 파일도 무료로 제공하고 있어서, 혼자 공부하기 부담스러운 사람들은 강의를 들으면서 기초를 공부할 수 있어요. 특히 부록으로 일본어  주요 동사의 변형을 정리해두었기 때문에 복습할 때도 도움이 많이 되었답니다.

기초공사까지는 엄마가 함께

제가 처음 영어 이외의 언어를 도전해보기로 마음 먹고 시작했던 언어는 중국어와 일본어입니다. 두 개의 언어를 동시에 소리 노출했고 중국어와 일본어로 동영상을 보면서 놀이 시간에는 배경 음악처럼 일본어나 중국어 동요를 틀어놓았습니다. 엄마는 두 개의 언어를 동시에 공부할 수가 없어서 우선 중국어부터 공부를 시작했는데요, 엄마가 하나의 언어만 공부를 하다 보니 언어 노출에 엄마 공부가 어떤 영향을 주는지를 파악할 수 있었어요.

엄마가 언어를 공부하는 효과는 단순히 엄마가 아는 몇 문장이나 몇 단어를 아이에게 알려줄 수 있다는 것이 아닙니다. 우선 엄마가 답답하고 두려운 마음이 조금 줄어들면, 저절로 아이에게 노출해주는 빈도와 시간이 늘어나게 됩니다. 그리고 엄마가 공부하는 모습을 아이에게 보여주면 엄마가 그 언어를 중얼거리는 모습 자체가 아이를 자극하게 됩니다. 물론 '내가 엄마보다 잘해야지' 하고 의식해서 노력하는 자극이 아니고, 그냥 '어? 저거 엄마가 하던 거 아닌가?' 하고 무의식적으로 자극을 받아 관심을 조금이라도 더 기울이게 되는 것이지요.

또 하나 엄마가 공부하는 놀라운 효과는 아이가 엄마가 하는 말이 무슨 뜻인지 엄마의 표정이나 행동으로 알아챌 수 있다는 것입니다. 그래서 엄마가 낯선 외국어로 던지는 한 문장의 말이라고 할 지라도 아이는 그 문장의 뜻을 아는 상태에서 노출이 되니 엄마가 하는 모든 말은 아이에게 유효 노출이 됩니다. 예를 들면 엄마가 아이에게 밥을 수저로 떠먹여주면서 "Is it yummy?"라고 물어보는 엄마만의 표정이나 제스처가 있다면, 엄마가 동일한 행동을 하면서 중국어로 "好吃吗(하오츠마)?"라고 물어보았을 때, 엄마의 행동을 보고 단번에 뜻을 알아챌 수 있는 것이지요. 그리고 자기 전에 화장실 앞에서 "Brush your teeth"라고 얘기를 하나, 일본어로 "하미가키 시요"라고 말을 하나 엄마가 화장실 앞에서 불을 켜고 저런 표정으로 서 있으면 무슨 이야기를 할지 알기 때문에 그 말을 바로 이해할 수 있게 되는 것이랍니다.

일본어와 중국어를 동시에 시작했지만 엄마가 중국어 공부를 하다 보니 점점 중국어 노출 빈도가 상대적으로 더 많아지게 되었고, 아이의 흥미도 중국어 쪽으로 더 기울어지게 되었어요. 그 결과 중국어는 아이가 가장 잘하는 언어가 되었고, 일본어는 중단했다가 61개월에 다시 시작했어요. 이 차이는 엄마가 같이 공부를 병행을 했는지 아닌지에서 비롯된 것 같아요. 그렇다고 제가 아이에게 중국어를 직접 가르친 것은 아닙니다. 아이가 언어의 기초가 생기고 혼자 언어의 흥미를 가지고 계속 유지해나갈 때는 엄마는 방향을 잡아주고 제대로 코칭해줄 수 있으면 충분합니다.

그렇지만 아이가 언어를 조금이라도 더 편하게 받아들일 수 있도록 어린 나이부터 노출을 시작하는 경우, 엄마가 방향을 잡아주는 코칭으로만 아이의 말을 트이게 하는 것이 어렵습니다. 그래서 조기 외국어 노출을 하는 경우는 코칭으로 넘어가기 전에 엄마가 해주어야 하는 역할이 있는데, 바로 언어의 기초공사를 함께해주는 것이랍니다. '가르치는 것'도 아니고 '코칭하는 것'도 아닌 '함께 공부하기'! 엄마의 역할은 언어를 배우는 올바른 자세를 모델링해주는 것이지요. 언어를 익히는 모든 과정을 함께해주는 것이랍니다.

아이가 기초단어 800개 정도와 간단한 문장을 익히고 쉬운 회화체 문장을 외울 때까지만, 즉, 단어+패턴+동요+생활 회화의 기초 뼈대가 설 때까지만 기초를 함께 공부하면서 역할을 제대로 해주면, 아이는 외국어로 책을 읽고 영상을 보면서 조금씩 홀로서기를 해갑니다.

이때부터는 당연히 조금씩 엄마보다도 외국어를 더 잘하게 되고, 엄마는 아이가 관심이 있는 컨텐츠를 빨리 발굴하여 길을 제시해주고 응원해주는 코치의 역할로 전환되는 것이랍니다.

엄마가 못해서 아이도 못하면 어떡하지? 이런 불안함은 우선 내려놓고, 엄마의 언어 읽기 공부와 기초 인터넷 강의를 시작해보세요. 처음에는 이게 더 더디게 가는 길인 것 같지만, 결국 기초를 아는 사람만 응용을 할 수 있게 되니 궁극적으로는 더 빠르게 더 멀리 갈 수 있답니다.

고민할 시간에
시작하고,
여유가 없어지면
내려놓자

다개국어 로드맵

가장 중요한 것은 엄마의 소신

다개국어를 할 때 어려운 점은 '엄마의 소신'을 유지하는 것입니다. 여러 언어를 동시에 할 때는 절대적으로 시간이 부족합니다. 그리고 처음에는 당연히 하나의 언어에 집중하는 아이보다 각각의 언어의 발전이 느리다고 느껴질 수도 있습니다. 결국 빨리 가는 것에 집중할 것인가 아니면 다른 길을 더 멀리 가보는 것에 집중할 것인가의 문제라고 볼 수 있어요. 아이가 어릴수록 잘 할 수 있는 것에 집중해야 하기 때문에 '예체능'과 '언어'에 집중하고, 또한 언어 안에서도 어릴수록 더 잘할 수 있는 '듣기'와 '말하기'에 시간을 많이 쓰는, 엄마의 흔들리지 않는 마음가짐이 중요합니다.

다개국어를 제대로 하기 위해서는 멀리 볼 수 있는 마음이 필요합니다.

그리고 내가 많은 자료를 수집하고 책도 구입해서 진행하던 언어를 과감하게 일정 기간 내려놓을 수 있는 '용기'도 필요합니다.

아이의 인생을 길게 봤을 때 언어에 집중할 수 있는 시기는 '초등학교'와 '대학교 이후'입니다. 아이를 우리 나라의 교육 과정에서 키우게 된다면, 중고등학교 시기에는 언어를 따로 '공부'할 수 있는 시간은 낼 수 없는 것이 당연합니다. 즉 그 전까지 이미 해당 언어로 노래를 듣고 영화를 보는 것이 '쉬는 시간'이라고 느낄 정도로 편해진 언어는 살아남을 수 있지만, 따로 외우고 공부해야 된다고 느끼는 언어는 절대 진행할 시간을 낼 수 없는 거죠. 잠시 내려놓고 대학교 이후에 아이가 정말 그 언어가 필요하다고 생각할 때 다시 시작하면 됩니다.

다들 학과 공부를 하기도 바쁜 시기에 우리 아이는 혼자 스페인어 문법을 공부하는 모습을 상상할 수 있나요? 잠시 다 내려놓고 쉴 수 있는 용기도 필요하고 10세 이후에는 각 언어별로 아이가 계속 진행하고 싶은지 아닌지를 선택할 수 있는 선택권도 열어주어야 합니다.

그렇습니다. 결국 엄마가 아이를 도와서 언어에 집중할 수 있는 시기는 '유치원~초등학교'까지의 시기입니다. '조바심 왕국' 한국에서는 영어는 초등학교 때 이미 대학수학능력평가시험을 1등급으로 통과할 수 있을 정도는 끝내놔야 된다는 말이 있을 정도입니다. 이런 현실에서 다개국어를 시작하려면, 모국어로도 완벽하게 이해할 수 없는 영어 단어를 외우며 나이에 맞지 않는 인증시험 점수를 따면서 시간을 쓰는 것이 아니라, 그 시간에 다양한 언어를 접하며 문화를 접하고 아이에게 맞는 적기 교육을 하겠다는 각오를 해야 시작할 수 있어요.

즉 정말 역설적이지만, 엄마가 오히려 상대평가에서 오는 많은 불필요한 과열 경쟁에 대한 욕심을 버리고 다른 아이와 비교하지 않고, 내가 중요하다고 생각한 게 무엇인지에 대한 자신의 소신을 지킬 수 있어야지 가능합니다. 엄마의 소신! 엄마의 균형 감각! 그리고 빨리 가는 것에 대한 욕심 버리기! 이 세 가지가 다개국어를 계속할 수 있는 열쇠랍니다.

시기별로 달라지는 다개국어 정신무장

1. 유치원~ 초등학교 저학년

'유치원~초등학교 저학년'까지는 엄마 주도형으로 외국어를 진행할 수 있는 나이입니다. 그렇기 때문에 앞에서 설명한 영어를 발달시키는 방법이랑 동일하게 엄마가 함께 기초공사부터 시작해서 회화를 잡고 원서를 읽어가는 방식으로 외국어를 습득할 수 있어요. 쌍둥이 언어 교재의 효과를 들어본 적이 있나요?

영어를 학습할 때 사용했던 컨텐츠와 동일한 컨텐츠의 스페인어, 일본어, 중국어 등 다른 언어 버전을 쌍둥이로 노출하면 아이가 이미 익숙한 컨텐츠를 접하는 것이기 때문에 거부감도 적고 뜻을 설명해주는 시간을 줄일 수 있어요. 그러니 자동적으로 유효 노출이 되어서 훨씬 적은 시간에 효율적으로 노출할 수 있지요. 그렇기 때문에 영어를 진행했던 방법과 최대한 유사한 방법으로 다른 언어를 순차적으로 진행하는 것으로 시간을 많이 줄일 수 있어요.

2. 초등학교 고학년 이상

'초등학교 고학년'에 본인이 새로운 언어를 배우고 싶어서 엄마에게 먼저 일본어나 중국어를 배우고 싶다고 이야기를 하는 경우에는 접근 방법을 달리해야 합니다.

이때는 엄마가 주도적인 역할을 할 필요도 없고, 엄마가 같이 그 언어를 공부할 필요도 없습니다. 엄마는 어떤 학습서로 시작하는 것이 가장 효과적인지 그 방향을 제시해주는 역할만 하면 되요.

그리고 어렸을 때 공부했던 아이용 그림책이나 패턴책이 아니라 언어를 학습하는 '주니어 학습서'로 시작하면 됩니다. 외국어 교재를 전문적으로 출판하는 제이플러스, 다락원, 동양북스 등에서 나오는 어린이용 학습서 또는 차이홍, 구몬, 눈높이 등 배우고 싶어하는 언어의 학습지를 시작하는 것도 꾸준히 할 수 있는 좋은 방법이 됩니다.

이미 초등학교 고학년 때 본인이 언어 학습에 흥미를 갖는 아이들은 하나의 외국어에 자신이 있거나 외국어 학습 자체에 관심이 많은 아이니 큰 어려움 없이 진행이 가능할 거예요!

3. 언제 시작해도 다개국어가 전부는 아니다

　시작하지 않은 사람과 노출하다가 잠시 내려놓은 사람이 절대 똑같을 수는 없습니다. 성인인 우리도 하다 못해 고등학교 제2 외국어로 아주 조금이라도 접해본 언어는 다시 공부할 때 태어나서 한 번도 들어보지도 못한 언어보다 훨씬 수월하게 느끼지요. 어렸을 때 호흡하듯 생활해온 언어를 중간에 몇 년 쉬었다고 해서 늦게 공부로 필요한 부분만 골라서 배우는 여타 사람과 같을 수는 없습니다.

　설사 결과가 비슷하다고 할 지라도, 그 정도 실력을 갖추는 데 받는 스트레스와 심적 부담이 같을 수도 없고요. 그렇게 다양한 경험의 일부로 시작하는 다개국어는 설사 대단한 언어 영재가 되지 않는다고 하더라도 잃는 것은 없는 좋은 경험이 될 수 있습니다.

　그렇지만 무엇을 위해 내가 다개국어를 시작했는지도 잊은 채, 언어를 하는 것 자체가 목적이 되어 몰아치게 되면, 모든 언어가 하향 평준화 되고 아이의 기타 영역 발달에 충분히 관심을 기울일 수 없게 되는 불완전한 언어 진행이 될 수 밖에 없습니다.

　저는 오랜 기간 온·오프라인의 조기 외국어를 진행하는 많은 분들을 만나보고 친목을 유지하고 있고, 주변의 언어를 진행하는 여러 케이스를 보고 접했습니다. 처음에는 다양한 언어를 진행하다가 만 4세 이후부터는 순차적으로 아이가 따라오는 속도와 엄마가 도와줄 수 있는 체력에 맞춰 하나씩 언어를 선택하고 집중해서 가능한 만큼 언어를 진행한 엄마들은 큰 후회를 하지 않습니다.

그리고 설사 영어 외의 다른 언어를 모두 접었던 엄마들도 영어에 조금 숨을 돌린 것 같은 느낌을 받으면, '이제 다시 중국어를 한 번 해볼까?' 하며 진행하다가 잠시 내려놓았던 언어를 꺼내와서 같이 진행하기 시작합니다. 혹은 아이가 먼저 우연한 계기로 본인이 진행하던 언어와 관련된 문화를 접한 후 다시 공부해보고 싶다고 말하기도 합니다.

그렇지만 여러 언어를 동일한 비중으로 조금씩 진행하다가 어느 하나의 언어(영어 포함)도 제대로 끌어주지 못하고 기타 학습적인 부분의 발달이 늦어졌다고 느끼는 엄마는, 다시는 다른 언어를 쳐다보지도 않겠다고 결심할 정도로 후회하지요. 결국 가장 중요한 건 시작하는 시기가 아니고 내 아이의 나이에 맞게 완급을 조절하며 호흡을 길게 가져가는 것입니다.

즉 다개국어를 그냥 "신기한 언어를 들어봤고 재미있었다" 정도로 끝내는 것이 아니라, 정말 구사할 수 있는 언어로 느끼면서 발전할 수 있으려면 때로는 영어보다도 제2 외국어의 하루 투자 시간이 더 긴 날도 있을 수 있다는 사실에서 자유로워야 합니다. 때로는 제2 외국어의 노출 시간을 확보하다 보니, 모국어로 책을 읽어줄 시간도 없을 수도 있다는 사실에 대해서도 자유로워야 합니다. 다른 집 아이들이 태양계의 행성에 대해서 과학 전집을 읽고 있을 때, 중국어로 "오줌 마려워요" 문장을 읽고 있을 수도 있다는 것에 대해서도 마음이 자유로워야 합니다.

그렇지 않고 마음의 우선 순위가 자꾸 당장 급해 보이는 것에 머무르면 지치게 되어요. 시간이 없을 때 가장 먼저 놓게 되는 것이 또 제2 외국어니 그만두게 되어요. 만약 그렇게까지 할 수 있는 마음의 여유가 없다면 오히려 어렸을 때 소리 노출만 하다가 전집을 주제별로 활용하며 뼈대를 세우는 기초공사를 하는 단계부터는 영어에 집중하고, 초등학교 이후 영어에 조금 자신감이 생기고 나서 다시 시작하는 것이 일반적인 방법일 수 있습니다.

다개국어를 하는 사람들이 가져야 할 '균형'은 모든 언어를 동일한 비중으로 하는 것을 의미하는 것은 아닙니다. 소리 노출 시기가 끝나고 기초공사를 시작하는 나이가 되면, 하나의 언어에 집중해서 임계점을 넘어서 조금씩 아이가 달라지고 있다는 것을 엄마가 반드시 관찰할 수 있어야 합니다. 만 4세 정도면 기관에서 아주 쉬운 영어 노출이 시작될 나이고, 당연히 진행 언어 중에서는 우선 영어를 집중해야 합니다. 즉 일정 시기는 영어에만 집중하고 중국어는 그냥 간신히 동요나 조금 들려주는 정도로 유지합니다. 이후 또 일정 시기는 중국어에 집중하고 거꾸로 영어는 영상이나 조금 보여주는 정도로 유지합니다. 마음의 여유가 생겨 새로운 언어를 집중적으로 기초공사를 시작할 때는 이전에 진행하던 영어, 중국어도 그냥 소리 노출만 간접적으로 해나가며 장기적 관점에서의 균형을 찾아야 합니다.

본격적인 다개국어 로드맵

1. 언어 노출의 4단계

자, 앞에서 영어를 노출할 때 제가 사용했던 방법을 아래 표로 정리해보았습니다. 제가 언어를 학습서로 공부하는 게 차라리 낫다고 생각하는 연령은 초등학교 고학년부터이기 때문에, 초등학교 저학년까지 내가 원하는 언어를 노출 로드맵으로 4단계까지 끌고 가야 한다고 생각합니다. 아래 표에 있는 나이는 제가 정리했던 로드맵이고, 저는 영어를 기준으로 만 7세를 생각하고 해나갔습니다. 연령은 저의 기준에 불과하니 여러분도 여러분의 로드맵을 만들고, 내가 각 단계별로 어떤 기초를 잡아줄 것인지를 적어보세요!

다개국어, 나만의 로드맵 만들기

1단계	2단계	3단계	4단계
소리 노출	기초공사	회화체 암기	동영상·원서 노출 (의미 노출)
0~4세	5세	6세	7세
• 동요를 들려주자! • 좋아한다면 보여주자! • 엄마표 생활 회화! • 생활습관 노래를 만들어주자!	• 주제별 단어를 노출하자! • 동요를 일주일 한 곡씩 반복하자! • 생활 회화를 문답하자! • 패턴을 주제별 단어와 묶자!	• 엄마표 생활 회화 • 폴리톡 • 랜드시리즈 (애프터스쿨) • 회화체 위주	• 캐릭터 영상 • 기초 원서 (음원 있는 것 위주)

이 로드맵은 언어를 노출을 통해 익히는 것을 전제로 하고 있습니다. 그리고 조기에 외국어를 시작해서 내가 번 시간을 듣기와 말하기에 집중하는 것을 전제로 하고 있습니다. 외국어를 조기 노출했기 때문에 잠수네 등 예비 초등부터 시작되는 학습 방법을 따라가기에는 아이가 너무 어려서 적용이 힘든 엄마들에게, 그 공백을 그 나이에게 가장 잘할 수 있는 듣기와 말하기로 채워보자는 큰 목표를 제시하고 있습니다.

그리고 아직 읽기에 관심이 없는데 읽기를 강요하거나 쓰기를 연습시키지 말고 다른 언어의 듣기·말하기를 더 채워주세요. 설사 이렇게 하다가 초등학교에 입학하면서 영어에 집중한다고 하더라도, 어린 시절 다른 사람들이 해보지 못한 경험을 해본 거예요. 초등학교에 입학해서 학습 능력과 집중력이 생기면 하나의 언어에 2~3시간을 투자하는 방법을 사용할 수도 있고, 음원을 들으면서 쉬운 책부터 읽는 것을 통해 읽기도 잡아줄 수 있으며, 베껴 쓰기를 통해서 쓰기도 천천히 잡아줄 수 있으니까요!

2. 중심 언어 선정과 순차적 진행

							소리 노출

영어	기초공사		회화체		원서		
중국어		기초공사		회화체			원서
스페인어			기초공사		회화체		원서
일본어				기초공사	회화체		
독일어							
러시아어			잠시 내려놓기 마음의 여유가 생기면 다시 시작하기				
프랑스어							

각 언어별 중심을 잡아온 시간 '중심 언어 선정과 단계별 진행'을 그림으로 표현해보았습니다.

첫 번째 원칙, 중심 언어를 선정하여 가장 많은 시간을 투자하라. 동일한 비중이 아니라 중심 언어에 가장 많은 시간을 쓰세요. 즉 3개의 언어를 진행한다고 해서 영어 30분, 중국어 30분, 스페인어 30분 이렇게 동일한 시간을 투자하는 것은 안 하는 것보다는 낫다는 위안과 적당한 수준의 유지는 될 수 있으나, 절대 발전이 있을 수 있는 방법은 아닙니다.

시간이 없어서 더 이상은 못한다고요? 같은 시간이라고 할 지라도 4개월은 영어 50분, 중국어 10분, 스페인어 10분, 그 다음 4개월은 영어 10분, 중국어 50분, 스페인어 10분, 그 다음 4개월은 영어 10분, 중국어 10분, 스페인어 50분을 한다면 1년이라는 시간을 놓고 보면 언어별 투자 시간의 균형이 맞습니다.

두 번째 원칙, 순차적으로 하나씩 기초공사를 시작하라. 표에서 영어를 기초공사 하고 있을 때 나머지 언어는 따로 계획적으로 해나가는 것 없이 그냥 소리 노출만 하고 있는 것이 보이나요?

이렇게 하나의 언어씩 집중을 하면서 순차적으로 진행을 한다면, 최소 가장 중요한 영어는 잡아줄 수 있기 때문에 크게 잃는 것이 없는 투자를 할 수 있어요. 하지만 모든 언어를 만 4세 이전 어렸을 때의 감각으로 동일한 비중으로 가지고 가게 되면 아이가 기관도 다니고 자라면서 점점 시간은 부족해지면서 부작용이 나타나요. 하나도 제대로 되지 않는 느낌에 자신감만 결여되고 괜히 속은 것 같은 기분까지 들면서 시작도 하지 않는 게 더 나았을 것 같다는 생각까지 하는, '잃는 게 얻은 것 보다 많은 다개국어'의 길을 가게 됩니다.

세 번째 원칙, 몇 개의 언어를 하게 될지 미리 결정하지 마라. 몇 개의 언어를 할 수 있는가도 엄마가 미리 결정할 수 있는 게 아니고, 아이의 타고난 언어 감각이 어디까지이며, 엄마가 어디까지 같이 공부를 해줄 수 있는지에 따라서 달라지는 것 같습니다. 기초공사를 하는 데 언어별로 걸리는 시간이

4~6개월이었던 저는 2년 동안 영어, 중국어, 스페인어, 일본어의 기초를 잡고 유지할 수 있었는데, 만약 한 언어를 하는데 1년의 시간이 걸렸다면 영어와 중국어까지 이렇게 2개의 언어까지 해볼 수 있을 테고, 정말 빨라서 3개월에도 가능했다면 6~7개의 언어까지도 할 수 있을 테니까요.

    평범하지 않은 길, 어려운 길, 강하게 마음을 먹고 가야 끝까지 갈 수 있는 길! 누구나 할 수 있고 그냥 조금씩 하다 보면 언젠가는 다 된다는 말은 할 수 없지만, 이렇게 현실적인 조언을 건네 드려요. 만약 해보기로 마음을 먹었다면 가장 힘든 고비가 될 수 있는 중요한 유치원~초등학교 저학년까지의 시기를 마음을 담아 응원하고 함께하고 싶습니다

다개국어 로드맵, 서연맘의 경험담

다개국어 로드맵, 정말 이렇게 체계적으로 또 순차적으로 하는 것이 가능할까요? 처음에는 저도 이렇게 체계적으로 노출해주는 게 익숙하지 않았고 준비하는 데도 시간이 많이 걸렸어요. 영어 기초공사가 시작되니 아이가 적응하는 데도 시간이 걸렸기 때문에 영어에 거의 모든 시간을 투자하고, 나머지 언어는 하루에 동요하나 반복해서 틀어주거나 좋아하는 영상 하나 보여주는 정도로 놓게 되었어요.

중국어의 경우, 서연이가 호비 영상을 좋아했었는데 '이해는 하고 보는 걸까?' 의문이 들었지만, 그래도 중국어까지 돌아볼 시간은 없어서 그거라도 봐주는 것에 감사하는 마음으로 간접 노출만 하며 시간이 흘렀어요. 6개월 정도 지나자 영어 전집을 한 번은 주제별로 제대로 읽어주고 매주 아주 쉬운 기초 회화도 접했다는 생각이 들면서 자신감이 생겼어요. 아이가 평상시에 사용하는 영어도 옹알이 느낌이 아니라, 제대로 생각하고 말하는 것 같은 느낌을 받게 되고요!

그래서 다음으로 중국어도 기초공사를 시작했어요. 역시 처음 중국어를 집중할 때도 다른 언어는 놓게 되었어요. 그런데 신기한 것은 분명 영어, 일본어, 스페인어를 내려놓고 비슷한 양으로 소리 노출만 하고 있는데, 제대로 기초공사를 해놓은 영어는 다르더라고요. 기초공사 기간에 같이 읽었던 책의 음원을 흘려듣기 하고, 가사를 알고 불렀던 20곡에 가까운 동요를 틀어주고, 같이 따라 말하기를 해보았던 문장들을 들려주니 그냥 듣는 것만으로도 유지가 되고, 다른 캐릭터 동영상도 조금씩 보면서 발전을 해 나가더라고요! 기초공사가 중요하다는 것을 느낀 순간이었지요!

그런 집중 노출이 없었던 일본어와 스페인어는 거의 숫자, 색깔만 기억할 정도로 잊어버린 상태가 되었어요. 초조해하지 않았습니다. 지금 기초공사를 하고 있는 중국어는 아직 엄마가 도와주고 계속 같이 해주고 직접적으로 애쓰고 노력하지 않으면 안 되기 때문에, 엄마랑 함께하는 시간 중 많은 시간을 중국어에 투자했어요. 중국어 기초공사에 올인해서 중국어도 기초 패턴과 단어를 익혔고, 따라 부를 수 있는 노래가 20곡 정도 되며 아주 간단한 일상 회화를 하는 수준으로 발전하게 되었습니다.

그 다음 스페인어 기초공사를 시작할 때는 아이가 이미 무엇을 해야 하는지도 정확하게 파악하고 있고, 이미 기초 암기력도 엄청 발달해 있는 상태였기 때문에, 영어 회화체와 스페인어 기초공사를 동시에 진행할 수 있는 상태가 되었어요. 이렇게 '중심 언어 선정'과 '순차 진행' 계획에 따라 차근차근 기초를 준비해서, 모든 언어의 수준이 온라인 도서관으로 책을 들으면서 눈으로 따라가면서 읽을 수 있는 상태가 되면, 그때서야 비로소 각 언어를 2~30분씩 비슷한 비중으로 동시 진행하는 것이 가능합니다. 그 전까지는 당연히 '선택'과 '집중'을 통해서 하나의 언어씩 기초공사를 집중해서 하고, 내려놓을 수 있는 결단력이 필요하다는 겁니다. 절대 모든 언어를 동일 비중으로 해서는 안됩니다.

임계점을 넘기자

선택과 집중, 그리고 암기

다개국어의 특수성

영어 하나만 성공적으로 하는 것과 다개국어를 모두 성공적으로 유지하는 것이 같을 수는 없습니다. 지금까지 제 책을 읽으면서 '체계적이다', '계획적이다', '꾸준하다'라는 것을 느꼈을 거예요. 한편으로는, '그냥 어렸을 때 충분히 노출해주기만 하면 되지 꼭 저렇게까지 해야 되나? 그냥 충분히 영상 보여주고 책을 읽어주고 기다려주고 적절한 환경적인 자극만 줘도 어느 정도 이상은 할텐데 너무 지나치다'라고 부정적으로 생각하는 엄마도 있을 거예요.

네, 저도 동의하는 바입니다. 영어 하나만 '적당히' 하기를 원한다면 분명 이렇게까지 할 이유는 없을 거예요. 지금까지 제 책을 읽으면서 느낀 '독한' 느낌은 아마 평범하지 않은 다개국어를 밑바닥부터 아이와 함께해왔기 때문에, 편하고 즐겁지만은 않았던 과정들을 겪어왔기 때문에, 제가 가지게 된 치밀함을 간접적으로 느꼈기 때문일 거예요.

잠수네 등 엄마표 영어의 성공담을 보면, 하루 3시간 정도의 노출을 꾸준히 하는 것을 기본으로 하고 있습니다. 그렇지만 다개국어를 하게 되면, 현재 집중적으로 노출하고 있는 중심 언어에도 1시간 이상 투자하는 것이 어렵습니다. 하나의 언어에 투자되는 3시간 정도의 시간을 다양한 언어로 나눠서 사용해야 하기 때문에, 한 언어씩 집중하고 있던 시기에도 최대 1시간 30분 이상 시간을 내는 것이 어려웠습니다. 결국 자연스럽게 언어가 습득될 수 있는 노출 시간을 확보할 수 없기 때문에 하나의 외국어만 노출하는 것과는 다르게 접근해야 되는 점이 있습니다.

다개국어, 영어만 하는 것과는 이런 게 다르다

- ⭐ 노출 시간 부족 ⇨ 적극적인 상호작용과 발화 노력 필요
- ⭐ 모국어 방식 어려움 ⇨ 암기 연습 필요
- ⭐ 까먹는 속도가 빠름 ⇨ 철저한 계획
- ⭐ 책, DVD 등 소스 부족 ⇨ 반복! 반복! 반복!

다개국어를 하는 것과 영어만 하는 것의 차이를 한 마디로 요약하면 '시간이 없다'입니다. 그리고 영어를 할 때보다 컨텐츠가 부족하고, 설사 컨텐츠가 있다고 하더라도 엄마가 활용해주기 너무 어려워요. 그래서 아이가 원하는 대로 아이가 가져오는 대로 자연스럽게 노출하는 것이 불가능하고, 일주일 동안 어떤 컨텐츠를 반복해나갈 것인지 계획을 세우고 그 계획을 실천해나가는 것이 중요합니다. 그렇게 부자연(?)스럽게 시작을 하다 보니 가끔씩 아이가 하기 싫어하는 고비를 맞이할 때가 있고, 그때마다 아이에게 다시 동기를 부여해줄 수 있는 이벤트나 보상, 그리고 칭찬 기법과 언어 호기심을 유지하는 다양한 아이디어를 항상 고민해야 합니다.

또한 아이가 낭독을 하고 암기를 해나가는 과정을 촬영하여 포트폴리오를 기록해 나아가야합니다. 이런 기록, 촬영, 녹음은 남에게 보여주기 위함이나 과시하기 위함이 아니라, 다개국어를 하기 때문에 꼭 필요한 습관을 잡아 나가는 과정입니다.

노출 시간을 제대로 확보하기 위해서 아이가 보는 모든 영상은 주말에 불가피한 경우를 제외하고는 외국어로 보여주었어요. 심지어 유치원 친구들과 함께 놀기 위해 시크릿 쥬쥬를 보고 싶어했을 때도 영어로 보여주었고, 후에 에그천사 코코밍이나 페어리루를 보고 싶어했을 때도 일본어로 보여주었어요.

대화 상대가 없는 상태에서 말할 수 있는 기회를 최대한 확보하기 위해서 듣고 따라 말하기를 거쳐서 최종 목표는 암기로 잡고 계속 반복하였어요.

다양한 컨텐츠를 통하여 노출할 수 있는 것이 아니기 때문에, 기본은 암기하고 가야 된다는 생각이었어요. 결국 현재 많은 언어를 유지할 수 있는 것도 점점 암기력이 좋아져서 암기가 빨라졌기 때문에 기초를 암기하는 데 걸리는 시간이 줄어들었기에 가능한 일이에요. 만약 영어의 기초를 잡는 데 드는 시간만큼 다른 언어에 시간이 필요했다면 다개국어를 하는 것은 불가능 했겠지만, 점점 언어 추론 능력도 좋아지고 언어를 듣고 기억하는 작업 기억력도 좋아졌기 때문에 동시에 많은 언어를 진행하는 것이 가능했습니다.

장기적으로 꼭 필요한 습관

대화 상대가 없어요 | 동영상 촬영 & 음성 녹음

아이가 따라 말하기를 하는 것과 암기하는 것을 동영상으로 촬영하든지 음성 녹음을 하든지 기록하는 습관을 들여보세요. 아이도 촬영이나 녹음을 하게 되면 훨씬 더 긴장감을 가지고 잘하려는 마음을 가진답니다. 저는 짧은 패턴을 암기하는 것은 동영상으로 촬영하고 책을 낭독하는 것은 음성 녹음으로 꾸준히 기록을 했습니다.

말할 기회가 없어요 | 따라 말하기 & 암기

아이가 거부하지 않고 듣는 것에만 만족하지 말고, 아이가 소리에 익숙해지면 따라 말하기와 암기를 시도해보세요. 한 문장을 다 듣고 따라 말하는 습관을 잡는 것이 먼저입니다. 이렇게 따라 말하기 습관이 잡히고 나면, 반복을 통하여 조금씩 암기를 시도해볼 수 있습니다.

잊지 말아야 할 것은 '외우자'가 목표가 되는 것이 아니라, '외워질 정도로 반복해서 말해보자'가 되어야 한다는 것입니다. 즉 암기는 반복의 결과인 것이 처음부터 암기에 부담을 가지면 오히려 더 외워지지 않는 경우가 발생합니다. 분명히 몇 주간 반복한 내용이라서 이미 대부분을 외우고 있는 데도, 외워야 한다는 생각을 가지면 오히려 못하겠다고 자신감을 잃어버리는 경우를 너무도 많이 봤어요.

잊지 마세요! 몇 번을 따라 말하고 반복해야 아이가 암기에 가깝게 갈 수 있는지를 관찰한 다음에 그만큼을 반복한 결과로 암기가 가능했던 것이지, 처음부터 '무조건 외워!'로 접근하면 그 스트레스가 너무 커질 수 있습니다.

노출할 시간이 없어요 | 영상은 가능한 외국어로!

아이가 자유 시간에 보는 동영상을 항상 외국어로 틀어주세요. 뽀로로, 코코몽 등 아이가 그냥 쉴 때 보는 캐릭터 영상도 가능한 외국어로 보여주세요. 그렇게 외국어로 영상을 보는 습관이 제대로 잡히면 자발적인 노출 시간을 점점 늘려갈 수 있습니다.

2단계: 다개국어 기초공사 가이드라인

이제, 기초공사를 시작해볼까요? 지금 집중적으로 노출을 하겠다고 마음을 먹은 언어가 있으면 최소 40분 이상 노출을 할 수 있는 계획을 세워야 합니다. 특히나 엄마도 함께 언어를 공부하면서 노출해줘야 하기 때문에, 단어, 동요, 패턴, 생활 회화 4개 기둥 중에서도 주제별 패턴 전집에 시간을 가장 많이 써야 합니다.

    아래 표는 제가 세웠던 중국어 노출 계획이에요. 이렇게 한 주의 계획을 세우고, 아이에게 노출해주고 싶은 주제의 기초 책을 엄마가 주말에 공부를 끝낸 후 일주일 동안 아이와 반복 노출 하는 것을 목표로 잡으면 됩니다.

단어	애니메이션 사전 or 리틀 스마티(5분) 네이버 사전으로 중국어 단어 알려주기(수시로)
주제 (패턴)	가족 family 오톡 : 중국어 가족(5분) 패턴 : 나는~를 사랑한다 단어 치환(5분) 동영상 : 유튜브 가족 단어(5분) 동요 : Finger family(5분)
동요 & 생활 회화	율동놀이(5분) 생활 회화 1과(5분)
집중하는 언어 : 최소 40분 이상	

    영어와 마찬가지로, 반복되는 주제를 따라서 일주일에 하나의 주제씩 모든 주제를 한 번 노출하는 데 약 4개월~6개월의 시간이 필요합니다. 기초 공사를 할 때는 한 번에 하나의 언어씩 순차적으로 진행한다는 것을 잊지 마세요! 조바심이 들어서 동시에 모든 언어를 하려고 하는 것이 매번 추가 언어를 그만두는 이유가 된답니다.

기초공사 1단계

모든 추가 언어의 기초를 단어 / 패턴 / 생활 회화 / 동요 암기에서 시작했어요.

1단계의 목표

1. 300개 정도의 일상 단어와 말하기에 필요한 기본 패턴을 함께 암기
2. 엄마가 일주일에 한 과씩 생활 회화를 외워 아이에게 역할극 형태로 보여주기
3. 일주일에 한 곡씩 동요를 반복 노출하여 가사의 뜻을 아는 동요 20곡 정도 만들어주기

기초 패턴+단어

준비물	오톡Oh! Talk 다개국어 교재
진도	하나의 책을 일주일 단위로 반복 암기
팁	지루하지 않게 반복하기 위해, 유튜브에서 주제어로 영상을 검색하여 연계
확장	주제에 맞는 다른 책이 있으면 함께 노출

생활 회화

준비물   엄마표 생활 회화책

진도   일주일에 하나의 상황

팁   목표 언어의 하나의 상황을 엄마가 일상 생활에서 사용하기

동요

준비물   가사가 있는 동요 책

진도   일주일에 한 곡

팁   율동, 그림, 영상으로 동요의 뜻을 설명해주기
             아이가 따라 부를 수 있도록 유도하기

여기서 가장 힘들게 느껴지는 것은, 일주일 동안 동일한 주제를 계속 반복 노출 해야 한다는 점입니다. 동일한 책을 반복하더라도 영상이라도 다양하게 보여주어야 합니다. 영어는 DVD가 같이 있는 전집을 통해 기본적으로 함께 보여줄 수 있는 영상이 존재하지만, 영어 외의 언어는 유튜브에서 영상을 직접 찾아야 합니다.

처음에는 검색해서 보여주는 것이 너무 번거롭다고 생각이 들 수도 있습니다. 하지만 점점 아이가 선호하는 채널도 생기고 다시 보여달라고 하는 영상도 늘어나기 때문에 손쉽게 아이에게 맞는 컨텐츠를 찾아줄 수 있습니다.

항상 유튜브에서 검색을 제대로 하기 위해서는 해당 언어로 직접 검색하는 것이 중요하다는 것을 강조했습니다. 행여 해당 언어로 검색해서 원하는 영상을 찾을 수 없다면, 한국어보다는 영어로 검색해야 더 다양한 영상을 찾을 수 있습니다.

유튜브에서 주제별 영상 검색하기

1단계 : 다개국어 채널 동영상 목록 스캔

가장 쉽게 아이의 수준에 맞는 동영상을 찾아낼 수 있는 방법은 기초 노출 단계에서 나왔던 '핑크퐁', '베이비버스', 'Pocoyo' 동영상 목록에서 내가 필요한 주제어를 찾는 것입니다. 제가 언어별로 제시한 검색어 목록을 활용하여 아이가 선호하는 다개국어 채널에서 필요한 영상을 찾아내면 난이도 걱정 없이 당장 활용할 수 있는 영상을 빠른 시간에 찾을 수 있습니다.

2단계 : 유튜브 검색어로 검색

다개국어 채널에서 원하는 영상을 찾지 못할 때는, 검색창에 직접 검색어를 입력해서 원하는 영상을 찾을 수 있습니다.

1. 중국어 | 주제어 + 儿歌 孩子 (동요 아이)

   주제어 + 单词 孩子 (단어 아이)

2. 스페인어 | 주제어 + palabras para niños (words for kids)

   주제어 + vocabularios para niños (vocabularies for kids)

   주제어 + canciones para niños (songs for kids)

3. 일본어 | 주제어 + うた こども (동요 아이)

주제어 + たんご こども

언어별 주제어 입력법

중국어　① '네이버 중국어 사전'에 주제어의 병음을 입력

　　　　② 해당 한자 찾기

　　　　③ 한자를 복사해서 추가 검색어와 함께 검색

일본어　① '네이버 일본어 사전'에 주제어의 발음을 한글로 입력 (ex. 가조쿠, 이로)

　　　　② 해당 히라가나를 찾기

　　　　③ 히라가나를 복사해서 추가 검색어와 함께 검색.

스페인어　① 제시어를 영어로 입력

3단계 : 영어로 검색

1. 일본어 | 주제어 vocabularies Japanese
2. 스페인어 | 주제어 vocabularies Spanish
3. 중국어 | 주제어 vocabularies chinese

주방 물건에 대한 단어를 찾고 싶을 때

In the kitchen vocabularies Japanese

In the kitchen vocabularies Spanish

In the kitchen vocabularies Chinese

중국어 35가지 주제 및 검색어

~ 儿歌 孩子 / 单词 孩子

숫자 数字 [shùzì]	색깔 颜色 [yánsè]	가족 家人 [jiārén]	장난감 玩具 [wánjù]	동물 动物 [dòngwù]
마실 것 饮料 [yǐnliào]	간식 零食 [língshí]	음식 食物 [shíwù]	얼굴&몸 脸 [liǎn] 身体 [shēntǐ]	과일 水果 [shuǐguǒ]
채소 蔬菜 [shūcài]	탈 것 交通工具 [jiāotōng gōngjù]	집안 장소 家里 [jiā·li] 屋子里 [wūzǐli]	동작 动作 [dòngzuò]	옷 衣服 [yīfu]
놀이터 游乐场 [yóulèchǎng] 操场 [cāochǎng]	마트 超市 [chāoshì]	맛, 오감 味道 [wèi·dao] 五种感官 [wǔzhǒng gǎnguān]	일상 我的一天 [wǒdeyìtiān]	거실 물건 客厅里 [kètīngli]

방 물건 卧室里 [wòshìli]	화장실 물건 洗手间里 [xǐshǒu jiānli]	부엌 물건 厨房里 [chúfángli]	기분 心情 [xīnqíng] 表情 [biǎoqíng]	취미 爱好 [àihào]
날씨 天气 [tiānqì]	계절 季节 [jìjié]	직업 职业 [zhíyè]	동네 城市名称 [chéng shìmíng chēng]	반대말 反义词 [fǎnyìcí]
모양 形状 [xíngzhuàng]	요일 星期几 [xīngqī jǐ]	위치 上下左右 [shàng xiàzuǒyòu] 方向 [fāngxiàng]	인사말 你好 [nǐhǎo]	자연 大自然 [dàzìrán]

스페인어 35가지 주제 및 검색어

~ palabras/vocabularios/canciones para niños

숫자 Número	색깔 Color	가족 Familia	장난감 Juguete	동물 Animal
마실 것 Bebida	간식 alimento	음식 comida	얼굴&몸 cara & cuerpo	과일 fruta
채소 verdura	탈 것 vehículo, transporte	집안 장소 partes de la casa	동작 acción, verbo	옷 ropa
놀이터 patio de recreo	마트 super mercado	맛, 오감 sabor, gusto,	일상 rutina diaria	거실 물건 en la salsa de estar
방 물건 en la habitación	화장실 물건 en el baño	부엌 물건 en la cocina	기분 emoción	취미 pasatiempo, hobby
날씨 tiempo	계절 estación	직업 trabajo, ocupación	동네 mi pueblo, mi ciudad	반대말 oppuesto
모양 figura	요일 dia de la semana	위치 dentro, sobre, debajo	인사말 saludo	자연 naturaleza

일본어 35가지 주제 및 검색어

~うた[歌] /たんご [単語] こども [子供]

숫자 すうじ [数字]	색깔 いろ [色]	가족 かぞく [家族]	장난감 おもちゃ [玩具]	동물 どうぶつ [動物]
마실 것 のみもの [飲(み)物]	간식 おやつ [間食]	음식 たべもの [食べ物]	얼굴&몸 かお [顔]& からだ [身体]	과일 くだもの [果物]
채소 やさい [野菜]	탈 것 のりもの [乗(り)物]	집안 장소 いえ [家]のなか	동작 アクション, どうし [動詞]	옷 ふく [服]
놀이터 あそびば [遊び場]	마트 かいもの [買(い)物]	맛, 오감 あじ [味] ごかん [五感]	일상 まいにち [毎日]	거실 물건 リビングの なか, かぐ[家具]
방 물건 へやのなか	화장실 물건 トイレ	부엌 물건 だいどころ ようひん [台所用品]	기분 きもち [気持(ち)]	취미 しゅみ [趣味]
날씨 てんき [天気]	계절 きせつ [季節]	직업 おしごと	동네 まち[町]	반대말 はんたい ことば
모양 かたち [形]	요일 ようび [曜日]	위치 うえなか よこした	인사말 おはよう	자연 しぜん [自然]

다개국어를 진행할 때는 노출 시간이 부족하니, 기초공사 한 번을 해도 사용하지 않으면 금방 까먹는 일이 빈번하게 발생하여, 영어 외의 언어는 기초공사를 2번 진행했습니다.

복습을 위한 기초공사를 진행할 때는, 기본 패턴 교재인《오톡Oh!Talk》을 기초로 하여 단어를 확장하는 것을 목표로 하였습니다. 기초공사를 처음 할 때는 한 권을 일주일 정도 반복해야 기본적인 단어를 기억하는 것이 가능했다면, 기초공사 2단계를 진행할 때는 하루에 기초 패턴 교재 한 권씩 한 달이면 전체 주제에 복습이 가능할 정도로 속도가 빨라집니다. 또한 가끔 단어를 너무 많이 잊어버렸을 때는, 주말 중 하루를 이용하여 하루에 30권을 모두 읽어보면서 다시 단어를 상기시키는 날도 필요합니다.

기초공사 1단계를 통해 학습하는 단어양은 300개 정도인데, 회화체 및 영상 노출과 책 읽기로 편안하게 넘어가기 위해서는 800~1000개 정도 단어를 인지할 수 있어야 따로 단어를 찾아보는 공부 없이도 자연스럽게 노출하며 언어를 익힐 수 있습니다.

영어는 전집 종류가 다양하고 기초 영상도 더 많이 찾을 수 있기 때문에, 다양한 전집을 모아서 노출하는 것만으로도 800~1000개의 단어를 익힐 수 있지만, 다개국어의 경우는 같은 책을 계속 반복하게 되는 경우가 많아 '그림 단어 사전'을 구입해서 패턴 교재와 함께 주제별로 묶어서 단어를 의도적으로 확장해주는 것이 필요합니다. 주제별 단어를 묶어서 확장하여 빈틈없이 일상적인 주제의 기초 단어가 갖춰지고 나면 말할 수 있는 문장의 수는 기하급수적으로 늘어나게 됩니다. 그리고 패턴을 중심으로 단어를 교체해서 문장을 만드는 연습을 많이 한 아이는 문장을 의미단위도 나눠서 그 뜻도 훨씬 빨리 파악하고, 어떤 부분을 치환하여 새로운 문장을 만들 수 있는지도 감각적으로 파악하기 때문에 빠르게 말을 늘려갈 수 있어요.

기초공사 2단계

2단계의 목표

1. 언어별 기초 패턴 복습하기

2. 일상에서 자주 사용하는 단어를 800~1000개로 늘리는 것입니다.

준비물

기초 패턴 책(오톡 스페인어)

그림 단어장(테마별 2300 단어 스페인어)

기초 패턴 책에는 한 권에 8~10개 정도의 주제별 단어가 존재합니다. 어휘 확장을 위해서 주제별 단어 수가 훨씬 많은 《테마별 2300 단어 스페인어》를 준비합니다. 단어집에서 내가 복습하고 싶은 기초 패턴 책과 같은 주제의 단어 목록을 찾습니다.

이미 패턴 책에서 여러 번 듣고 읽어서 익숙한 문장에 단어장에 나온 새로운 단어를 바꿔 넣어서 말하는 연습을 합니다. 예를 들면, 단어장을 통해 'primo(사촌)'라는 단어를 새로 접했다면, "Yo amo a mi primo (I love my cousin)" 이렇게 새로운 단어를 넣어서 문장을 만들어 보는 방법입니다. 이렇게 하면 문장과 기본 패턴을 복습을 하면서 자연스럽게 어휘도 확장할 수 있게 됩니다.

그리고 주제에 맞게 두 사람이 알고 있는 단어를 번갈아 말하기 게임을 해서, 누가 더 많은 단어를 말할 수 있는지를 겨루는 게임을 통해 주제별 단어를 복습하고 늘려갑니다.

3단계: 다개국어 회화체 암기 가이드라인

기초공사를 할 때도 엄마가 일주일에 하나씩 회화체를 공부해서 아이에게 역할극으로 보여주는 형식으로 회화체를 노출하고 접하기는 했지만, 기초 패턴과 단어가 쌓인 이후에는 아이가 직접 회화체를 암기하는 것을 시도해 봅니다. 암기를 하기 위해서는 따라 말하기의 습관이 먼저 잡혀야 하고, 자주 반복해서 따라 말해보며 조금씩 암기를 해나갈 수 있습니다. 아직 영어 등 메인 언어도 따라 말하기 습관이 전혀 없는 경우는 회화체 따라 말하기를 기초 패턴을 익히는 단계에 병행해도 됩니다.

'그냥 자주 쓰는 말만 우선 익히는 게 더 빠를 것 같은데 굳이 기초 단어를 많이 익히고 나서 회화체를 암기하는 것이 필요할까?'라는 생각을 하는 엄마에게 하고 싶은 말은 "기초 단어와 어순이 없이는 암기가 불가능하니 한 문장을 외우는 것이 그냥 한 문장으로 끝나게 되기 때문에 그냥 문장 몇 개 나열하는 것 이상으로 말이 늘기 어렵다"는 것입니다. 예를 들면 "너 뭐 마시고 싶니? 우유 마시고 싶어요"라고 엄마표 생활 회화 표현이 나와 있을 때, 이미 기초 간식 단어가 머릿속에 다양하게 들어 있는 아이는 '물 마시고 싶어요', '오렌지 주스 마시고 싶어요', '사과 주스 마시고 싶어요', '포도 주스 마시고 싶어요' 등 엄청난 양의 활용이 가능하기 때문에 한 문장으로 몇 십 문장의 효과를 낼 수 있지만, 기초 단어가 없는 경우는 그냥 "Yo quiero beber leche(스페인어 : 나는 우유를 마시고 싶어요)" 하고 외운 한 문장으로 끝나지요. 그러니 실제 생활에서 활용이 되지 않고, 그래서 힘들게 한 문장을 외우고 그 문장을 까먹는 시간만 계속 반복하게 됩니다. "얼른 일어나", "지금 몇 시에요", "8시야"라는 대화를 외운 경우에도, 기초 숫자를 말할 수 있는 아이는 지금이 몇 시든 이 대화를 응용할 수 있지만, 아직 숫자도 제대로 모르는 경우는 역시나 힘들게 정해진 대화만 외우는 데서 끝나게 되요.

    기초 패턴을 익히는 단계에서 엄마가 생활 회화를 써주는 것은 엄마가 쓰는 표현을 그대로 외워서 사용하는 목적이라기 보다는, '내가 새로 배우는 이 언어도 사람들이 정말 일상 생활에서 사용하는 언어구나'라는 것을 아이가 느끼고 흥미를 유지하기 위한 목적입니다. 3단계에서 회화 문장을 다시 외워가는 과정은 아이가 정말 말문이 터지는 데 결정적인 역할을 하게 됩니다. 그리고 알아 듣고 말할 수 있는 것들이 많아지면서 당연히 언어의 흥미도 높아지기 때문에 다양한 동영상의 자발적 노출이 가능합니다.

    회화를 암기할 때는 아이의 언어 숙련도 및 암기력에 맞춰서 목표량을 조절하면 되는데, 보통 일주일에 한 과 정도의 양이 처음 시작할 때는 가장 적당한 것 같습니다. 계속 하다 보면 자주 쓰이는 표현은 반복되다 보니 점점 속도가 빨라지는데, 그럼 또 속도에 맞춰서 일주일에 2과 등 조금씩 목표를 조절하면서 진행하세요.

- 회화체 암기 방법 | 158페이지 회화체 뼈대 잡기 챕터의 서연맘's 회화체 뼈대 잡기 3가지 방법을 참고하세요.
- 회화체 교재 | 401페이지 4개 기둥 세우기의 언어별 생활 회화 추천 교재를 참고하세요.

4단계: 다개국어 원서 읽기 가이드라인

당연히 종이책으로 읽어주는 것이 더 좋다는 것을 알고 있지만, 다개국어 원서를 읽을 때는 우선 온라인 도서관을 적극적으로 활용해야 합니다. 온라인 도서관에서 접할 수 있는 책은 이미 아이의 연령대·주제·난이도에 맞게 정리가 되어 있기 때문에, 책의 내용을 제대로 보지 못하고 책을 잘못 구입하여 활용도 하지 못하고 책장에 전시만 해두는 일을 방지할 수 있기 때문입니다.

또한 가장 좋은 것은 온라인 도서관에 있는 책들은 '읽어 주기' 기능을 이용하여 음원을 들으며 책을 보는 것이 가능하기 때문에 엄마도 읽어줄 수 없고 아이도 아직 읽기 독립이 되지 않았을 때부터 사용할 수 있습니다.

서연맘's 실전 TIP

다개국어, 온라인 도서관을 적극 활용하자

라즈키즈(Raz kids) | 영어 & 스페인어

네이버에서 라즈키즈를 검색하면 1년 구독권을 3만원이라는 저렴한 가격으로 구입할 수 있습니다. 다양한 장르의 책을 a부터 z까지 분류된 난이도로 이용할 수 있고, 영어와 스페인어가 쌍둥이로 제공되기 때문에, 스페인어를 공부하는 아이에게 적극 추천하는 온라인 도서관입니다.

리틀팍스(Little fox) | 영어 & 중국어

네이버에서 리틀팍스 중국어를 검색하면 홈페이지에 들어갈 수 있습니다. 현재 영어는 유료로, 중국어는 컴퓨터를 통해 보는 것은 무료로 운영되고 있습니다. 중국어 스토리를 단편부터 시리즈까지 이용할 수 있고, 1~5

단계로 단계도 구분되어 있고, 책도 무료로 프린트 할 수 있습니다. 중국어 다독을 시도할 때 가장 도움을 많이 받은 온라인 도서관입니다.

피보(PIBO) | 일본어

앱스토어에서 'PIBO'를 검색하면 무료로 앱을 다운로드받을 수 있습니다. 일본어의 유아 동화책을 하루 3권 무료로 읽을 수 있는 앱이고, 소리도 지원합니다. 연령대별, 관심사별로 책이 분류되어 있어 난이도에 맞는 책을 찾아서 읽어주기에도 편리합니다. 하루 3권 꾸준히 일본어 책을 함께 보는 습관을 들일 때도 좋습니다.

에픽(Epic) | 영어 & 스페인어

안드로이드 마켓에서 Epic을 검색해보세요. 픽처 북이나 이미 종이책으로도 유명한 책들을 온라인으로 접할 수 있고, 역시나 책을 읽어주는 기능도 있습니다. 스페인어 논픽션이나 이야기책도 많이 있기 때문에, 영어와 스페인어를 동시에 진행하는 엄마에게 유용해요.

온라인 도서관을 통하여 원서 읽기에 자신감이 붙었다면, 이제 아이가 읽을 수 있는 책을 구하기 위해 각 언어별 온라인 주문이 가능한 서점을 이용하면 됩니다. 특히나 요즘에는 중국어로 된 어린이용 책은 영어만큼이나 쉽게 구할 수 있습니다. 중국어 전문 서점을 이용하면, 아이들이 즐겨 읽는 중국어 동화를 음원, 병음 자료 등 공부를 하기 위해서 필요한 자료와 함께 구입할 수 있고, 카테고리 분류에 난이도 분류도 되어 있기 때문에 수준에 맞게 동화책을 구입할 수 있습니다.

일본어는 교보문고 일본어 서점이 가장 분류가 잘 되어 있습니다. 일본에는 소리나는 전자책이 많기 때문에, 처음 어떤 책을 사는 게 좋은 지 고민되는 엄마는 '교보문고 일본어 서점' 소리나는 전자책 코너에서 히라가나 사운드북, 키티 동요 사운드북, 가타카나 사운드북, 일본어 사전 등을 먼저 구입할 수 있고, 이후 어린이 동화책에서 마음에 드는 책을 찾아서 구입할 수 있습니다. 아직 일본어 동화책을 제대로 읽지 못할 때는 책보다는 오히려 어린이용 잡지를 구입하는 것을 추천합니다. 일본어 잡지는 그림도 많고 아이들이 좋아하는 캐릭터가 많이 나오기 때문에 오히려 쉽게 매달 읽어줄 수 있습니다.

서연맘's 추천 도서

추천 일본어 잡지

요이코노 쿠니 교보문고 일본어 서점에서 '요이코노 쿠니(よいこのくに)'를 히라가나로 검색하면 찾을 수 있습니다. 일본 유치원 아이들이 보는 월간지에요. 내용도 쉽고 가타카나는 모두 히라가나 병기가 되어있어서 아이가 쉽게 볼 수 있고, 액티비티가 많아서 지루하지 않아요. 종이접기나 만들기가 소개된 페이지도 있어서 일본어로 놀 때 활용하기도 좋습니다.

메바에 교보문고 일본어 서점에서 '메바에(めばえ)'라고 검색하면, 가격대가 더 비싼 증간본들이 나오는데, 증간본을 구입하는 것을 추천합니다. 증간본에는 캐릭터 DVD가 딸려 있기 때문에, 아직 읽기가 서툴 때는 DVD와 함께 활용할 수 있어요. 호빵맨, 도라에몽, 헬로키티 등 아이들이 좋아하는 캐릭터가 잔뜩 나와요.

스페인어 책을 구입하고 싶은 엄마는 직구를 해야 합니다. 배송 대행지 없이, 또 배송료도 없이 쉽게 책을 구입할 수 있는 사이트가 바로 '북디파짓토리'입니다. 이 사이트를 통하여 스페인어 책을 집까지 무료로 배송 받을 수 있습니다. 처음 스페인어 책을 구입하는 엄마에게 추천하는 검색어는 'Spanish edition'입니다. 그리고 카테고리에서 'Children book'을 선택하면 유명한 영어 동화책의 스페인어 버전 표지들을 볼 수 있습니다. 무슨 뜻인지 알겠죠? 온라인에서 책을 구입하면서 책 제목만 보고 아무 정보도 없이 사는 것은 위험하니, 아이가 이미 영어로 읽었던 책 중에서 좋아했던 책을 스페인어로 구해주는 것이 가장 안전한 방법입니다. 이미 내용을 알고 있어 스페인어로 재미있게 읽을 수 있습니다.

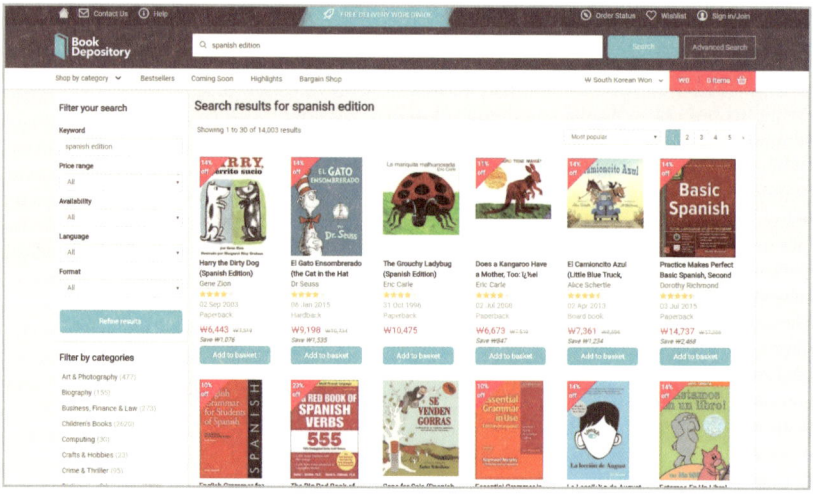

www.bookdepository.com

다개국어, 이젠 원서 읽기를 시작하고 싶다면 - 전문 서점

중국어 서점 | 샨샨어린이중국어서점https://www.shanshan.co.kr

마마파이 어린이중국어전문서점https://www.shanshan.co.kr

하오하이즈 중국어서점http://www.haohaizi.kr

일본어 서점 | 교보문고 일본어코너http://www.kyobobook.co.kr

스페인어 서점 | 북디파짓토리https://www.bookdepository.com

05

유효 노출의 4개 기둥 '단어, 패턴, 노래, 생활 회화', 어떻게 준비할까?

다개국어 실전,
4개 기둥 세우기

다개국어를 빈틈없이 공략할 수 있는 '소리 노출 → 기초공사 → 회화체 암기 → 온라인 도서관을 통한 원서 읽기'의 단계를 설명했습니다. 아무래도 영어보다 다개국어 교재는 이름도 생소하기 때문에, 특히나 소리 노출 단계를 지나서 처음 기초공사를 시작할 때 사용할 수 있는 기초 교재를 '단어, 패턴, 노래, 생활 회화' 4개의 기둥으로 정리했어요.

항상 처음 시작할 때가 가장 막막하기 때문에 시작할 때 필요한 컨텐츠만 한 눈에 정리해서 보고 갖추고 나면, 진행하면서 더 필요한 것들은 아이의 수준이 높아지는 것에 맞춰서 조금씩 정보를 얻게 되고 새로운 책들도 구할 수 있을 거예요.

단어

책	테마별 중국어 단어 2300, 비타민북
	보고 듣고 따라하는 그림 중국어 단어, 제이플러스
멀티미디어	리틀 스마티 중국어
	애프터스쿨 애니메이션 사전
	네이버 중국어 사전
무료(유튜브)	Pocoyo Chinese 碰碰狐
	핑크퐁 중국어 워드파워

패턴

책	오톡 중국어 30권 세트
	My First Chinese words set
	첫 그림 중국어 사전, YBM
	SingSing English (중국어 가이드)
멀티미디어	리틀핌 중국어
무료(유튜브)	Fun to read Chinese
	(I can read Chinese lv.1-3)

노래

책　　　　　율동 중국어 1, 2, 동양북스

　　　　　　샤오팡 중국어 동요

　　　　　　키싱 차이니즈

무료(유튜브)　碰碰狐(핑크퐁 중국어) 동요

　　　　　　贝瓦儿歌 (beiba erge)

　　　　　　BabyBus Chinese song

생활 회화

책　　　　　말문이 빵 터지는 세 마디 중국어, 노란 우산

　　　　　　말문이 빵 터지는 엄마표 생활 중국어, 노란 우산

　　　　　　톡톡 플레이타임 잉글리시 (중국어 가이드)

멀티미디어　　폴리톡 중국어

　　　　　　애프터스쿨 랜드 시리즈

무료(유튜브)　Fun Fun Elmo

　　　　　　(qiaohu) - 호비 중국어

단어

책　　　　테마별 일본어 단어 2300, 비타민북

　　　　　보고 듣고 따라하는 그림 일본어 단어, 제이플러스

멀티미디어　애프터스쿨 애니메이션 사전

　　　　　네이버 일본어 사전

무료(유튜브)　Pocoyo English

　　　　　Pinkfong Japanese (워드 파워)

　　　　　Punipuni japanese vocabulary

　　　　　まめきゅんのたんご

패턴

책　　　　오톡 일본어 30권 세트

　　　　　SingSing English (일본어 가이드)

멀티미디어　리틀핌 일본어

무료(유튜브)　Punipuni japanese grammar

노래	
책	キティとたのしく てあそびうた (헬로키티 일본어 동요집) 0~5才 だいすきピアノえほん (0~5세 다이스키 피아노 그림책)
무료(유튜브)	Pinkfong Japanese (동요) てあそび (테아소비) - 손가락 놀이 Babybus Japanese song Super simple songs in Japanese

---

생활 회화	
책	말문이 빵터지는 세 마디 일본어, 노란우산 일본어 일기 표현사전, 넥서스 하나짱의 신나는 일본어, 제이플러스
멀티미디어	폴리톡 일본어 애프터스쿨 랜드 시리즈
무료(유튜브)	しまじろ - 호비 일본어 ポンポンポロロ - Pororo Japanese (뽀로로 일본어)

단어

책　　　　　테마별 스페인어 단어 2300, 비타민북

멀티미디어　　Little reader Spanish
　　　　　　(http://www.brillkids.com)
　　　　　　Google 번역기 (English⇨Spanish)

무료(유튜브)　Pocoyo Spanish
　　　　　　Pinkfong Spanish (word power)
　　　　　　Learn Spanish-Learn Spanish Vocabulary with Pictures

패턴

책　　　　　오톡 스페인어 30권 세트
　　　　　　Spanish Emergent Readers(Lakeshore)

멀티미디어　　리틀핌 스페인어

노래

책	Let's Sing and Learn in Spanish(McGraw-Hill)
	Hop, Skip, and Sing Spanish (McGraw-Hill)
무료(유튜브)	Pinkfong Spanish song
	Babybus Spanish song
	Super Simple Songs in Spanish
	hooplakidz en español canciones

생활 회화

책	말문이 빵터지는 엄마표 생활 스페인어, 노란 우산
	Play and learn Spanish(McGraw-Hill)
	Teach Me Everyday Spanish
멀티미디어	폴리톡 스페인어
무료(유튜브)	Minimalito Spansih
	Pororo Spanish
	Plim Plim Spanish
	Peppa pig Spanish
	Caillou Spanish

서연맘's 추천 도서

다개국어라서 생소한 교재 한눈에 보기

테마별 2300 단어, 비타민북스

《테마별 2300 단어》 시리즈에는 다양한 나라를 다루고 있어요. 관심 있는 언어로 구입해서 어휘를 확장하실 때 활용

보고 듣고 따라하는 단어, 제이플러스

어휘를 확장할 때 사용할 수 있는 기초 단어장

오톡(Oh, Talk!), 디자인패러다임

http://www.ohtalk.co.kr

원하는 언어를 구입해 가장 기초 교재로 활용할 수 있는 주제별 전집

말문이 빵 터지는 엄마표, 노란우산

엄마표 생활 회화를 위한 기본 교재!

일본어 일기 표현사전, 넥서스

꼭 필요한 생활 일본어 표현들을 찾아보기 위해 필요한 책

폴리톡, 인탑시스템

http://www.polytalk.co.kr/

생활 회화를 챗트 및 다이얼로그를 통해 익힐 수 있는 멀티미디어 프로그램

씽씽영어, 한국헤르만헤세

일본어 & 중국어 가이드북

씽씽영어 전집을 구입하면 해당 책을 일본어와 중국어로 확인할 수 있는 가이드북 무료로 제공

톡톡 플레이타임 잉글리시, 글뿌리

일본어 & 중국어 가이드북

《톡톡 플레이타임 잉글리시》를 구입하면 소리를 일본어와 중국어로도 들을 수 있고, 홈페이지를 통해 일본어, 중국어 pdf 다운 가능

리틀 스마티, 언어세상

http://www.littlesmarty.co.kr

영어와 중국어로 260일간 매일 단어를 학습할 수 있는 프로그램. 1년간 매일 노출할 수 있는 커리큘럼을 자동으로 제공하므로, 매일 한 번씩 노출해주고 게임으로 확인할 수 있음. 단어 노출과 읽기 학습을 동시에 할 수 있는 프로그램

Little reader, brillkids

http://www.brillkids.com

스페인어, 러시아어, 영어, 중국어, 태국어 등 다양한 언어를 260일간 단어 학습을 할 수 있는 프로그램. 언어세상의 리틀스마티도 이 제품을 수입한 것으로, 스페인어 등 특수어를 도전하시는 사람은 국내 수입 버전을 구할 수 없으니 리틀리더 홈페이지에서 프로그램을 유료로 구입하고 다운로드

애프터스쿨, ㈜EPL에듀

http://www.ieafter.com

영어, 중국어, 일본어로 회화 프로그램 및 단어 프로그램을 접할 수 있는 멀티미디어 교육 프로그램

Teach me everyday 시리즈, Teachme

노래와 회화를 CD를 들으면서 배우는 프로그램

일본어, 독일어, 러시아어, 한국어, 영어, 스페인어, 프랑스어 등 다양한 언어로 구입 가능. 특히 동양 언어보다는 서양언어를 배우는 사람에게 강력 추천

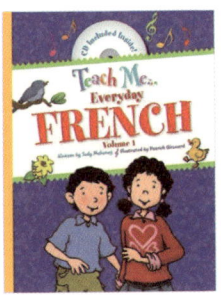 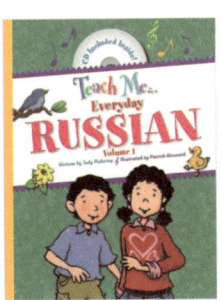 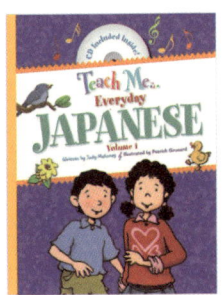

epilogue
끝이 아닌 시작

우리는 정보 과잉의 시대에서 살고 있습니다. 영어를 들려줄 수 있는 소스가 없어서 못 들려주고 있나요? 아니죠. 들려주는 방법을 제대로 모르고, 아이의 거부를 제대로 대처하지 못해서 노출하지 못합니다. 구할 수 있는 영어책이 없어서 영어책을 읽어주지 못하고 있나요? 아니잖아요. 오히려 영어책이 너무 많아서 아이가 정말 이해할 때까지 진득하게 반복을 하지 못하고 있지는 않나요?

이 책은 어떤 재료를 사용할지 What를 알려주는 책이 아니라, 어떤 재료든 바르게 사용할 수 있는 법 How을 알려주는 책입니다. 아이에게 읽어줄 수 있는 그림책 리스트나 정보, 레벨 별 책 리스트, 학습서의 단계별 로드맵을 기대했다면 실망했을 수도 있겠어요. 이 책에서는 'How'에 관해 제 경험담을 바탕으로 체계적으로, 하지만 딱딱하지는 않게 전달하려고 노력했습니다.

이제 시작입니다. 체계적으로 노출해 듣기와 말하기가 시작되고 외울 정도로 반복한 컨텐츠가 많은 아이는 읽기의 방법도 남들과는 다를 수 밖에 없습니다. 쓰기 방법도 다르지요. 기술적인 부분만 살짝 알려주면 술술 써내려 갑니다. 이미 문장 구조가 머릿속에 있기 때문이지요.

'Input'에서 'Output'이 나오는 시기! 듣기에서 말하기를 이끌어내는 시기! 그 시기만 제대로 잡으면 다른 것은 놀랄 정도로 쉽게 넘어갑니다. 가장 중요한 것이 이미 해결된 상태라 여유를 가지고 아이를 기다려줄 수도 있습니다.

아이가 자라는 것에 맞춰서 저도 조금씩 성장하고 있습니다. 오늘과 내일이 다르니, 내일은 또 새로운 시작입니다. 과연 종착역이 어디가 될 지는 아직 모르겠습니다. 앞으로 아이가 공부도 잘할 것이고, 성공적으로 잘 자랄 것이라는 말도 할 수 없습니다. 어려서 습관이 잘 잡혀있으니 슬럼프가 없을 것이라는 말도 할 수 없습니다. 엄마랑 유대관계가 좋으니 사춘기가 없을 것이라는 말도 할 수 없습니다. 오로지 매일 최선을 다할 것이라는 다짐밖에요. 유예기간만 늘려가는 엄마표 외국어가 아니라 적기에 자극을 주는 엄마표 외국어를 계속할 것입니다.

항상 끝이 아니라 시작입니다. 더 망설이지 말고 오늘 시작하세요. 중간에 슬럼프를 겪었다면 내일 다시 시작하세요.

내 소중한 딸 서연이,
그리고 가족들,
서연이와 함께 성장해가고 있는 소중한 친구들,
너무 고맙고 사랑합니다.

서연맘 이지나

초판 1쇄 발행	2018년 6월 25일
초판 4쇄 발행	2019년 4월 1일

지은이	이지나
발행인	이원주

임프린트 대표	김경섭
책임편집	정인경
기획편집	정은미 · 권지숙 · 정상미 · 송현경
디자인	정정은 · 김덕오
마케팅	윤주환 · 어윤지 · 이강희
제작	정웅래 · 김영훈

발행처	지식너머
출판등록	제2013-000128호
주소	서울특별시 서초구 사임당로 82 (우편번호 06641)
전화	편집 (02) 3487-2814, 영업 (02) 3471-8044

ISBN   978-89-527-9115-3 13590

이 책의 내용을 무단 복제하는 것은 저작권법에 의해 금지되어 있습니다.
파본이나 잘못된 책은 구입하신 곳에서 교환해드립니다.